佛教文化经典丛书

白话法华经

全译 文白对照

注译 ◎ 李利安

陕西新华出版 三秦出版社

图书在版编目（CIP）数据

白话法华经 / 李利安 注译. —西安：三秦出版社，2021.11（2025.9 重印）

（佛教文化经典丛书）

ISBN 978-7-80628-163-5

Ⅰ. ①白… Ⅱ. ①李… Ⅲ. ①法华经-注释 ②法华经-译文 Ⅳ. ① B942.1

中国版本图书馆 CIP 数据核字（2002）第 064242 号

佛教文化经典丛书

白话法华经

李利安　注译

出版发行	三秦出版社
社　　址	西安市雁塔区曲江新区登高路1388号
电　　话	（029）81205236
邮政编码	710061
印　　刷	三河市兴达印务有限公司
开　　本	720mm×1000mm　1/16
印　　张	25.5
字　　数	288千字
版　　次	2021年11月第2版
印　　次	2025年9月第7次印刷
标准书号	ISBN 978-7-80628-163-5
定　　价	78.00元
网　　址	http://www.sqcbs.cn

总　序

佛教于公元前6世纪诞生在印度次大陆，西汉时期传入中国，与中国固有文化发生冲突和融合，使得中国传统文化变得更加丰富多彩，博大精深，逐渐形成了以儒家文化为主、以道家文化和佛教文化为辅的文化格局。这种格局几乎贯穿于整个中国封建时代。要真正了解中华传统文化，就必须了解中华佛教文化。随着社会历史的风云际会，文化潮流的峰回路转，在人类迈入新世纪之时，越来越多的人们开始把目光投向神秘的佛教文化。

佛教文化的载体就是各个时代传下来的汗牛充栋的佛教经典。正如儒家典籍分为经、史、子、集一样，佛教典籍也细分为经、律、论三大类，号称"佛法三藏"。"经"的地位最高，是佛陀为指导弟子修行所宣说的理论。因此，今天的人们最为关注的也就是这些"佛经"。

人们激赏、关注佛经，有着各种各样的动机。不管怎样，佛经毕竟已经不再局限于佛教内部，不再只是佛门弟子朝夕诵读的宝卷。学者们探幽发微，极力领悟通达无碍的大乘般若，解读出神入化的因明思辨，进而把握佛教文化与中国文化的脉络。普通人出于修身养性的需要，在接受了儒家和道家四书五经、道德南华的洗礼之后，自然而然地渴求从佛家的经典中汲取智慧和精神营养。如果说读书是千古风雅之事，那么读佛经更是被看做雅中之雅。正如明代学者陈继儒所言："闭门阅佛书，开门接佳客，出门寻山水，此人生三乐。"相信不少人就是抱着这种心态去读佛经的。

读佛经固然富有禅意，可是佛经却并非人人都能读懂，除了少数学者外，即使是终日诵习的佛门弟子，也常常受到"文字障"的困扰，更不用说一般读者了。有鉴于此，我社应读者的要求，组织国内佛教研究专家，编写了这套"佛教文化经典丛书"，选取十一部在佛教史上影响最大、在中国僧俗群众中名气最大的著名经典，详加注解破译，以便让深邃精妙的禅机法慧，化作为大众所喜闻乐见的菩提甘泉，滋溉读者的心田。这十一部经典是：《金刚经》《法华经》《圆觉经》《地藏菩萨本愿经》《六祖坛经》《楞伽经》《楞严经》《阿弥陀经》《无量寿经》《观无量寿经》《胜鬘经》。注译者抱着高度负责的态度，发扬当年译经大德的精神，潜心体悟，字斟句酌，力求使"二次传译"保持原经文的神韵，而又不失质朴和通俗晓畅。我们真诚地希望广大读者提出宝贵的意见，以便使丛书越出越好。

目　录

序 ……………………………………… 001
叙品第一 ……………………………… 001
方便品第二 …………………………… 026
譬喻品第三 …………………………… 058
信解品第四 …………………………… 095
药草喻品第五 ………………………… 114
授记品第六 …………………………… 124
化城喻品第七 ………………………… 135
五百弟子授记品第八 ………………… 169
授学无学人记品第九 ………………… 182
法师品第十 …………………………… 190
见宝塔品第十一 ……………………… 202
提婆达多品第十二 …………………… 217
劝持品第十三 ………………………… 227
安乐行品第十四 ……………………… 234

从地涌出品第十五 …… 252

如来寿量品第十六 …… 267

分别功德品第十七 …… 278

随喜功德品第十八 …… 292

法师功德品第十九 …… 300

常不轻菩萨品第二十 …… 317

如来神力品第二十一 …… 326

嘱累品第二十二 …… 332

药王菩萨本事品第二十三 …… 335

妙音菩萨品第二十四 …… 349

观世音菩萨普门品第二十五 …… 360

陀罗尼品第二十六 …… 372

妙庄严王本事品第二十七 …… 380

普贤菩萨劝发品第二十八 …… 390

序

王亚荣

两千多年来,在东方文化的发展过程中,涌现出了许许多多著名的佛教经典,《妙法莲华经》便是其中流传最广的几部经典之一。

《妙法莲华经》,简称《法华经》。"妙法"意为所说教法微妙无上;"莲华"比喻经典的纯洁无瑕。该经产生于公元前后的古印度,后秦时代的三藏法师鸠摩罗什于公元406年在长安译成汉语,共7卷27品,后人增添为7卷28品。另外,现存还有西晋竺法护的《正法华经》和隋代阇那崛多与达摩笈多的《添品妙法莲华经》两种译本,但因其译作的质量稍逊,历史上很少流行,所以,古来所谓的《法华经》即专指鸠摩罗什的译本。

此经以大乘佛教最著名的般若理论为基础,集大乘思想之大成,蕴含着很多极为重要的佛学义理。对于流传于世的各类佛法,经中进行了宏观的把握与整理,认为释迦牟尼佛久远以来以各种方便法门说了各种各样的法义,但诸法归一,都是为了说明最终成佛的大乘,即佛乘。经中把佛的全部说法划分为三乘,特别强调"三乘归一",以调和大小乘佛教的义理。在说明"会三归一"的过程中,广泛开演大乘教义,阐释了宇宙万象非实假有的法性实相说及无所执着、洒脱坦荡的无住理论,此外还有人人皆可成佛的佛性论思想、往生净土思想、大愿济世思想以及密咒护持思想、多佛多世界思想等等,可谓义海掀涌,宗风浩荡,加之辞畅文雅,深入浅出,颇具文学色彩,所以,该经在整个佛教思想史、佛教文学史上均具有不朽的价值。

自从鸠摩罗什的汉译本问世以来,此经在中国及整个东亚地区一直盛行不衰,成为古来流传最广的几部佛经之一。例如:在总括历朝佛门高僧的四部《高僧传》中所列举的讲经、诵经者当中,以讲、诵此经的人数最多;在号为佛法宝藏的敦煌写经中,以此经所占的比重最大;在历史上因诵经而获得神奇感应的故事中,以持诵此经者最多;在所有的经典注解论疏中也以此经的注疏最多。隋代智𫖮依据此经立说,从而创立了天台宗,由此该经传习更盛。除天台宗外,此经还对中国佛教的判教学说、佛性论学说、隋唐时期的三阶教、流传极广的观音信仰、法事仪轨以及中国古代的文学、艺术、戏剧、民俗、书法等均产生了很大的影响。明成祖朱棣曾赞之曰:"是经乃诸佛如来秘密之藏,神妙叵测,广大难明,所以拔滞溺之沉流,拯昏迷之失性,功德宏远,莫可涯涘。"

在日本,此经也是至尊无比,畅行不衰。自圣德太子注该经义疏以后,此经即成为日本镇护国家的三部经典之一。最澄开创日本天台宗后,该经更成为佛教教学的中心内容。13世纪日莲专奉此经与经题创立日莲宗,该经之声势弥隆。现代新兴的创价学会,立正佼成会、妙智会等教团都以专奉此经与经题为根本原则,更显示了该经持久不衰的魅力。近代以来,此经又传入欧美等地,现已有英、俄、德、法、日等多种文本(现存还有梵、藏文本)。

对此经的研究历来十分盛行,成果很多。这些研究大致可分为四类:一是佛教界学者以信仰的角度对义理进行的分析与阐释;一类是近代以来以西方学者为主从语言文字、版本校勘、流传及东西方文化交流等方面进行的整理与研究;一类是中日及部分西方宗教、哲学界学者从宗教理论和哲学理论角度进行的纵向和横向研究;一类是中日文学、艺术等学术领域的学者从文学艺术等方面进行的研究。近年来还有一些学者开始从心理学、社会学、人类学、养生学、民俗学以及气功、特异功能等方面研究或说明,可谓百花齐放,异彩纷呈。一部经典能引起人们这么大的兴趣,这本身就是一个值得研究的文化现象。

当代社会已进入了一个文化昌明的时代,世界范围内的文化交流与融合使古老的东方文化重新焕发出勃勃生机。在这股文化复苏的潮流之中,佛教文化越来越受到人们的关注与喜爱。作为佛教文化的重要载体,佛教经典便成为人们了解、研究佛教文化的基础。而在浩若烟海的佛教经典中,最能反映大乘佛教理论特色并最广流传的经典就是《妙法莲华经》。历史上《法华经》的注疏几逾千家,但它们多从各自的信仰立场出发而大加敷演,原义常有隐没,特别是文辞艰涩,今人阅读极不方便,难禆实用。最近几年相继出版了一些白话佛经作品,但令人颇感奇怪的是,这部流传最广、至今依然十分盛行的《法华经》却未引起应有的重视。虽然已出过一种今译之作，但约占全经三分之一的偈颂却全未翻译。

李利安先生曾就高杨教授学习佛教历史和佛教哲学，说起来还与我有些同门之谊。他研究生毕业后一直从事佛教的研究工作，曾相继在海内外出版、发表著作和论文总计逾百万字。他的《白话金刚经》自出版以来，连续多次重印，受到读者的普遍欢迎。这一次，他又在长期精心研究的基础上，以严肃的态度，平实的笔调，对《法华经》全文进行白话翻译，文义详洽，词理清简，相信同样会得到读者的认同。

妙法莲华经

后秦三藏法师鸠摩罗什译

叙品第一

【经文】

如是我闻：

一时，佛住王舍城耆阇崛山中，与大比丘众万二千人俱。皆是阿罗汉，诸漏已尽，无复烦恼，逮得己利，尽诸有结，心得自在。其名曰：阿若憍陈如、摩诃迦叶、优楼频螺迦叶、伽耶迦叶、那提迦叶、舍利弗、大目犍连、摩诃迦旃延、阿㝹楼驮、劫宾那、憍梵波提、离婆多、毕陵伽婆蹉、薄拘罗、摩诃拘絺罗、难陀、孙陀罗难陀、富楼那弥多罗尼子、须菩提、阿难、罗睺罗，如是众所知识、大阿罗汉等。复有学、无学二千人，摩诃波阇波提比丘尼与眷属六千人俱，罗睺罗母耶输陀罗比丘尼亦与眷属俱。菩萨摩诃萨八万人皆与阿耨多罗三藐三菩提不退转，皆得陀罗尼乐说辩才，转不退转法轮，供养无量百千诸佛，于诸佛所，植众德本，常为诸佛之所称叹，以慈修身，善入佛慧，通达大智，到于彼岸，名称普闻无量世界，能度无数百千众生。其名曰：文殊师利菩萨、观世音菩萨、得大势菩萨、常精进菩萨、不休息菩萨、宝掌菩萨、药王菩萨、勇施菩萨、宝月菩萨、月光菩萨、满月菩萨、大力菩萨、无量力菩萨、越三界菩萨、跋陀婆罗菩萨、弥勒菩萨、宝积菩萨、导师菩萨，如是等菩萨摩诃萨八万人俱。

【白话】

以下教法是我亲身从释迦牟尼佛那里听说的：

那时，释迦牟尼佛住在王舍城的耆阇崛山中。与佛随行共处的有一万二千多名大和尚，他们都已达到阿罗汉的果位，所以，他们已没有各种欲望和杂念，再也不会产生愚昧者日夜缠身的烦恼，使自身获得了真正的实惠。由于他们均已修炼到超出三界外、不在五行中的精神境界，所以，个个身心快乐，逍遥自在。这些大和尚中有阿若憍陈如、摩诃迦叶、优楼频螺迦叶、伽耶迦叶、那提迦叶、舍利弗、大目犍连、摩诃迦旃延、阿㝹楼驮、劫宾那、憍梵波提、离婆多、毕陵伽婆蹉、薄拘罗、摩诃拘絺罗、难陀、孙陀罗难陀、富楼那弥多罗尼子、须菩提、阿难、罗睺罗等大众所熟悉的大阿罗汉。还有未达到阿罗汉果位须继续学习修炼者及已无须继续学习者二千人。释迦牟尼佛的姨母摩诃波阇波提比丘尼与其眷属亲朋六千人以及释迦牟尼佛出家前的妻子、罗睺罗的母亲耶输陀罗比丘尼与其眷属亲朋也都来到耆阇崛山佛的住处。另有大菩萨八万人也来到今日的法华会上，这些大菩萨们皆已证得佛的无上圣智，并在此圣智道上精进不息，无论是果位、心念、还是行为，皆不倒退。他们精通一切咒语，又获乐说辩才，常转法轮，弘法利生。这些菩萨们已曾供养过成百上千以至无数无量个佛，并于这么多的诸佛世界中持戒修福，积德行善,植下了众德之本,时常受到诸佛的称扬赞叹。他们以慈悲之心修身养性,善于获得佛的智慧,所以,他们都通达大智大慧,均已达到了涅槃解脱的彼岸。他们不但自身解脱,而且还以慈悲之心,救度成百上千以至数不清的芸芸众生,他们的名称传遍了无量无数个世界。他们的名字是:文殊师利菩萨、观世音菩萨、得大势菩萨、常精进菩萨、不休息菩萨、宝掌菩萨、药王菩萨、勇施菩萨、宝月菩萨、月光菩萨、满月菩萨、大力菩萨、无量力菩萨、越三界菩萨、跋陀婆罗菩萨、弥勒菩萨、宝积菩萨、导师菩萨等大菩萨。此类大菩萨一共有八万多人。

【经文】

尔时,释提桓因与其眷属二万天子俱,复有明月天子,普香天子,宝光天子,四大天王与其眷属万天子俱。自在天子、大自在天子与其眷属三万天子俱。娑婆世界主梵天王、尸弃大梵、光明大梵等与其眷属万二千天子俱。有八龙王:难陀龙王、跋难陀龙王、娑伽罗龙王和修吉龙王、德叉迦龙王、阿那婆达多龙王、摩那斯龙王、优钵罗龙王等,各与若干百千眷属俱。有四紧那罗王:法紧那罗王、妙法紧那罗王、大法紧那罗王、持法紧那罗王,各与若干百千眷属俱。有四乾闼婆王:乐乾闼婆王、乐音乾闼婆王、美乾闼婆王、美音乾闼婆王,各与若干百千眷属俱。有四阿修罗王:婆稚阿修罗王、佉罗骞驮阿修罗王、毗摩质多罗阿修罗王、罗睺阿修罗王,各与若干百千眷属俱。有四迦楼罗王:大威德迦楼罗王、大身迦楼罗王、大满迦楼罗王、如意迦楼罗王,各与若干百千眷属俱。韦提希子阿阇世王,与若干百千眷属俱。各礼佛足,退坐一面。

【白话】

　　那时，在天界作王的释提桓因与其眷属二万人同时来到法华会上。还有明月天子、普香天子、宝光天子、四大天王各与其眷属一万多天子以及自在天子、大自在天子与其眷属三万多天子等也齐赴法华盛会。娑婆世界的主梵天王、尸弃大梵、光明大梵等也各自率领自己的眷属一万二千多人来到释迦佛说法的道场。八大龙王与其眷属若干人也来了。这八个龙王分别是难陀龙王、跋难陀龙王、娑伽罗龙王、修吉龙王、德叉迦龙王、阿那婆闼多龙王、摩那斯龙王、优钵罗龙王。四紧那罗王与其眷属若干人也到了说法的地点，这四紧那罗王是：法紧那罗王、妙法紧那罗王、大法紧那罗王、持法紧那罗王。四乾闼婆王：乐乾闼婆王、乐音乾闼婆王、美乾闼婆王、美音乾闼婆王各与其眷属百千之众也来到法会现场。四阿修罗王：婆稚阿修罗王、佉罗骞驮阿修罗王、毗摩质多罗阿修罗王、罗睺阿修罗王，也各与百千眷属同赴法会。四迦楼罗王：大威德迦楼罗王、大身迦楼罗王、大满迦楼罗王、如意迦楼罗王，各与若干眷属同赴法会。韦提希的儿子阿阇世王也走出王宫，与其亲朋及文武百官一起，来到耆阇崛山听佛说法。他们各自对佛的双足行礼之后，便退坐一旁。

【经文】

　　尔时世尊，四众围绕，供养、恭敬、尊重、赞叹。为诸菩萨说大乘经，名无量义，教菩萨法，佛所护念。佛说是经已，结跏趺坐，入于无量义处三昧，身心不动。是时，天雨曼陀罗花、摩诃曼陀罗花、曼殊沙花、摩诃曼殊沙花，而散佛上及诸大众。普佛世界，六种震动。尔时会中，比丘、比丘尼、优婆塞、优婆夷、天龙、夜叉、乾闼婆、阿修罗、迦楼罗、紧那罗、摩睺罗伽、人非人及诸小王、转轮圣王,是诸大众,得未曾有,欢喜合掌,一心观佛。尔时,佛放眉间白毫相光,照东方万八千世界,靡不周遍。下至阿鼻地狱,上至阿迦尼吒天,于此世界,尽见彼土六趣众生;又见彼土现在诸佛及闻诸佛所说经法;并见彼诸比丘、比丘尼、优婆塞、优婆夷、诸修行得道者;复见诸菩萨摩诃萨,种种因缘、种种信解、种种相貌,行菩萨道;复见诸佛般涅槃者,复见诸佛般涅槃后,以佛舍利,起七宝塔。

【白话】

这时的世尊,已被四众弟子团团围住。大家纷纷供养佛、顶礼佛、尊重佛、赞叹佛。佛为诸菩萨宣讲大乘经典,经名叫《无量义经》,这是教化大乘菩萨的一个方法,深得佛的护持与眷念。佛说完此经后,便打起坐来,进入了义趣无穷的实相之定,从而达到身心寂静、默然不动的境界。就在这时,天空中下起了五彩缤纷的天花,如小白花、大白花、小红花、大红花。这些天花散落在佛及法会现场所有大众的身上。整个佛世界也同时出现了震、吼、击、动、涌、起等六种震动。参加这次法会的比丘、比丘尼、优婆塞、优婆夷等四众弟子以及天龙八部即:天、龙、夜叉、乾闼婆、阿修罗、迦楼罗、紧那罗、摩睺罗伽,还有人、非人以及诸小王,转轮圣王等所有大众从没有遇见过这种祥瑞的景象,他们深感惊奇,欢喜不已,纷纷合掌致礼,个个都目不转睛地注视着佛陀。这时,只见佛陀眉间放出白毫相光,照耀于东方一万八千多个世界,无不周遍。下至阿鼻地狱,上至阿迦尼吒天，这个世界各个部分中生活着的六类众生即地狱众生，饿鬼、畜生、阿修罗、人、天等都能清清楚楚地看见。除过这六凡之外，还能看见这个世界中的现在诸佛，并能听见诸佛所说的经法；同时还看见诸比丘、比丘尼、优婆塞、优婆夷以及那些修行得道者；还看见诸菩萨和大菩萨们以种种因缘修种种法门，通过对种种法门的信解，而呈现出各种各样非凡的相貌和神通，并由此而行菩萨道，大慈大悲，普度众生。通过佛的白毫相光，大家还看到了已经涅槃的诸佛以及诸佛涅槃后以佛的舍利所建起的七宝佛塔。

【经文】

尔时，弥勒菩萨作是念：今者，世尊现神变相，以何因缘而有此瑞？今佛世尊入于三昧，是不可思议，现希有事，当以问谁？谁能答者？复作此念：是文殊师利法王之子，已曾亲近供养过去无量诸佛，必应见此希有之相，我今当问。尔时，比丘、比丘尼、优婆塞、优婆夷及诸天龙、鬼神等，咸作此念：是佛光明神通之相，今当问谁？尔时，弥勒菩萨欲自决疑，又观四众比丘、比丘尼、优婆塞、优婆夷及诸天龙、鬼神等，众会之心，而问文殊师利言："以何因缘而有此瑞神通之相？放大光明照于东方万八千土，悉见彼佛国界庄严？"

【白话】

这时，弥勒菩萨心想：今天，世尊现出这般神变之相，到底是因为什么而得有此祥瑞？现在世尊业已进入一种不可思议的禅定之中，这是一般人很难达到的一种非常少有的奇事，到底应该去问谁呢？谁又能回答这样的问题呢？弥勒菩萨转念又想：文殊师利菩萨是上座法王子，他曾亲近供养过过去世中的无量个佛，所以，肯定会见过这种稀有的瑞相，我今天可以去问他。与此同时，法会上的比丘、比丘尼、优婆塞、优婆夷以及天龙、鬼神等都在这样想：佛陀的这种光明神通之瑞相，今天当向谁去寻问？那时，弥勒菩萨很想消除自己的疑惑，加上又发现四众弟子即比丘、比丘尼、优婆塞、优婆夷以及诸天龙、鬼神等与会大众也心存这种疑惑，于是向文殊菩萨问道："到底是什么原因，佛陀今天现出这般祥瑞神通之相，并放射出如此绚丽的光彩，照耀于东方一万八千多个国度，从而尽见这些佛世界中的种种庄严之象？"

【经文】

于是，弥勒菩萨欲重宣此义，以偈问曰：文殊师利，导师何故？眉间白毫，大光普照。雨曼陀罗、曼殊沙花，栴檀香风，悦可众心。以是因缘，地皆严净，而此世界，六种震动。时四部众，咸皆欢喜，身意快然，得未曾有。眉间光明，照于东方，万八千土，皆如金色，从阿鼻狱，上至有顶，诸世界中，六道众生。生死所趣，善恶业缘，受报好丑，于此悉见。又睹诸佛，圣主师子，演说经典，微妙第一。其声清净，出柔软音，教诸菩萨，无数亿万，梵音深妙，令人乐闻，各于世界，讲说正法。种种因缘，以无量喻，照明佛法，开悟众生。若人遭苦，厌老病死，为说涅槃，尽诸苦际，若人有福，曾供养佛，志求胜法，为说缘觉，若有佛子，修种种行，求无上慧，为说净道。

【白话】

于是,弥勒菩萨想重新表达这种意思,便以偈颂形式问道:"文殊师利,我们的导师释迦牟尼佛何故眉间白毫大放光明,普照世间呢?这时,天空降下了白色和红色的曼陀罗及曼殊沙花,不但色彩美丽,而且散发出栴檀香味,使众人大饱眼福,心情欢畅。天花下过之后,大地一片庄严洁净,就在这时,世界又产生了六种震动。四众弟子都因看到此种瑞相而身心畅快,这是前所未有的壮观景象。佛陀的眉间光明照耀于东方一万八千多个国度,天地一下子都变成了金色的瑞相。从阿鼻地狱一直到三界的最高处,各个世界中的六类众生,生生死死、死死生生,总在六道之中轮回,行善作恶之业缘及其各自引发的好与丑的果报,皆在佛的白毫光中一展无余。在释迦佛的白毫光中,还看见了圣中之主,犹如兽中狮子一般的诸佛,他们在为众生演说最为微妙的经典。佛的声音非常清朗,非常柔和,以这种动听悦耳的声音讲经说法,教化无数亿万菩萨,其法音之深奥微妙,令众生百听不厌,深信不疑。同时,他方世界的每个佛也都在各自的世界中以这样的清净微妙之声,讲说正法。由于众生有种种根机及种种习气毛病,所以,诸佛以无量无数的比喻,揭示佛法真谛,开导众生觉悟。如果众生遭受到各种苦难,惧怕衰老、疾病、死亡,那么,佛便为他们讲说涅槃寂灭、清净解脱之法,从而度脱无边的苦海。如果众生积德行善、广种福田,并曾供养于佛,一心追求殊胜的妙法,那么佛便为他们宣讲十二因缘之法,使他们观察世间因缘,觉悟人生本质,从而获得开悟。如果佛弟子,止恶行善,持戒修福,追求至高无上的圣智,那么,佛便为他们讲说至清至净的佛道。

【经文】

　　文殊师利,我住于此,见闻若斯,及千亿事,如是众多,今当略说,我见彼土,恒沙菩萨,种种因缘,而求佛道,或有行施,金银珊瑚,真珠摩尼,砗磲玛瑙,金刚诸珍,奴婢车乘,宝饰辇舆,欢喜布施,回向佛道,愿得是乘,三界第一,诸佛所叹,或有菩萨,驷马宝车,栏楯花盖,轩饰布施,复见菩萨,身肉手足,及妻子施,求无上道。又见菩萨,头目身体,欣乐施与,求佛智慧。文殊师利,我见诸王,往诣佛所,问无上道,便舍乐土,宫殿臣妾,剃除须发,而被法服。

【白话】

　　文殊师利菩萨,我住在这个娑婆世界,借助于佛的白毫光,而得以看到如此奇妙的景象,我所见之佛境,所闻之佛音还有成千上亿种之多,如此众多的见闻,我今日将向您大略地叙说一下。我看到在那些世界中,有恒河沙数那么多的菩萨,他们在各种各样的条件背景下,以各种方法、各种途径,广泛地修身积德,以求成佛解脱。他们有的慷慨布施,将世间的各种珍宝如金银、珊瑚、珍珠、摩尼、砗磲、玛瑙、金刚等都奉献出来,甚至连自家的佣人、车子包括那些装饰豪华的高级车乘也都高高兴兴地拿出来布施,以此追求成佛大业,表现出趋向佛道的宏大誓愿。成佛解脱是欲界、色界、无色界中最彻底、最圆满的解脱,三界中的六道众生若能以成佛为志向,并为此而精进努力,那么,他们必然会受到诸佛的赞叹。在佛的白毫光中,我还看到有的菩萨以驷马宝车、栏楯花盖等装饰华贵的宝物进行布施。我还看见一些菩萨以自己的肉体、手足甚至自己的妻子进行布施,以求获证无上圣道。我还看见有的菩萨为了追求佛的无上智慧，欣然将自己的头颅、眼睛以至整个躯体用来布施。文殊师利菩萨，我还看见有许多国王都到佛居住的地方寻求无上圣道，经佛讲解教化之后，这些国王纷纷舍弃享乐的国土以及所有宏丽雄伟的宫殿和臣子、妻妾，剃除自己的须发，穿上了出家僧人的袈裟，跟随佛陀一心修道去了。

【经文】

或见菩萨，而作比丘，独处闲静，乐诵经典。又见菩萨，勇猛精进，入于深山，思惟佛道。又见离欲，常处空闲，深修禅定，得五神通。又见菩萨，安禅合掌，以千万偈，赞诸法王。复见菩萨，智深志固，能问诸佛，闻悉受持。又见佛子，定慧具足，以无量喻，为众讲法，欣乐说法，化诸菩萨，破魔兵众，而击法鼓。又见菩萨，寂然宴默，天龙恭敬，不以为喜。又见菩萨，处林放光，济地狱苦，令入佛道。又见佛子，未尝睡眠，经行林中，勤求佛道。又见具戒，威仪无缺，净如宝珠，以求佛道。又见佛子，住忍辱力，增上慢人，恶骂捶打，皆悉能忍，以求佛道。又见菩萨，离诸戏笑，及痴眷属，亲近智者，一心除乱，摄念山林，亿千万岁，以求佛道。

【白话】

我还看见有的菩萨以和尚的面目出现，他们独自呆在空闲寂静的地方，一心一意地读诵经典。有的菩萨目标远大，意志坚定，不断进取，为了冷静地思考体悟佛道之理，他们进入深山老林之中。那些离欲之人，经常在空旷郊外修习禅定，毫无间断，从而获得了天眼通、天耳通、他心通、宿命通、神足通等五种神通。还有一些菩萨，安住于禅定之中，并端心一意，恭敬合掌，以千偈万颂赞叹三世十方一切佛的功德。又有一些菩萨，智慧深邃，志向坚定，他们能经常向佛请问佛法，听佛讲解之后便依教奉行，受持不怠。我还看到一些佛弟子们，不但定力深厚，而且智慧具足，他们通过无数种比喻为众生讲解佛法。他们乐于从事这种讲经说法的善举，从而教化菩萨，破除邪魔，使法鼓常击，法音常鸣。又有一些菩萨打坐入定，心清意净，不为外境而动念，天龙神圣前来恭敬礼拜，他们也不会因此而生出欢喜之心。另有一些菩萨在山林之中打坐入定，功行圆满，身上发出清净的光芒，直照地狱深处，从而使地狱中受苦受难的众生获得救助，使他们都进入圣洁的佛道。那些苦行菩萨，终日不坐不卧，一刻也不睡眠，他们游荡于森林之中，极其勤奋地寻求着成佛的道路。我还看见那些受持具足圆满的清净大戒的修行者，他们在日常生活中，事无巨细，皆循规蹈矩，一切以佛法戒律为准，从而具足了完满无缺的威仪，犹如明净的宝珠一样，纯洁无瑕，他们试图通过这种方法求取无上佛道。又有一部分佛弟子，他们专心致志地修忍辱行门，那些傲气凌人的低俗之辈无论如何对他们恶意辱骂，甚至施暴捶打，他们都能忍受，毫无怨气。他们想借助于这种高超的忍辱功夫以达到佛的境地。还有一些不苟言笑、清净脱俗的菩萨，他们远离那些愚痴不化的亲朋眷属，亲近功行圆满、智慧具足的善者。他们专心一意，消除散乱，收摄心念于山林之中，在千年万载的岁月长河里，矢志追求着成佛解脱的道路。

【经文】

或见菩萨，肴膳饮食，百种汤药，施佛及僧。名衣上服，价值千万，或无价衣，施佛及僧。千万亿种，旃檀宝舍，众妙卧具，施佛及僧。清净园林，花果茂盛，流泉浴池，施佛及僧。如是等施，种种微妙，欢喜无厌，求无上道。或有菩萨，说寂灭法，种种教诏，无数众生。或见菩萨，观诸法性，无有二相，犹如虚空。又见佛子，心无所著，以此妙慧，求无上道。文殊师利，又有菩萨，佛灭度后，供养舍利。又见佛子，造诸塔庙，无数恒沙，严饰国界。宝塔高妙，五千由旬，纵广正等，二千由旬。一一塔庙，各千幢幡，珠交露幔，宝铃和鸣。诸天龙神，人及非人，香花伎乐，常以供养。文殊师利，诸佛子等，为供舍利，严饰塔庙。国界自然，殊特妙好，如天树王，其花开敷。

【白话】

我还看见有这样一些菩萨，他们将世间最美妙的东西都布施给佛陀与僧人，如：美味佳肴、名贵汤药、华丽服饰、包括一些价值千万甚至无价的珍贵衣服、千万种用檀香木作成的宝舍、各种精雅的卧具、清净无染的园林、茂盛鲜嫩的花果、清澈明净的流泉浴池，等等。他将诸如此类的微妙之物欣然尽情地拿来布施，以求证得无上的佛道。还有一部分菩萨，大慈大悲，以种种方便之门教化无数众生，为他们讲说涅槃寂灭之佛法。我也看到有的菩萨以智慧之力，观察万事万物的本质，体悟到一切事物和现象非实非虚，非真非假，犹如虚空一样，无形无象。一些佛弟子们体悟到这种法性空寂的道理，从而在其内心对任何事情都无所执着，他们通过这种般若妙慧而求趋无上圣道。文殊师利菩萨，我还看到有的菩萨在佛灭度后，供养佛的舍利。有些佛弟子们建造起恒河沙数那么多的塔庙，以庄严佛国世界。这些宝塔高大而美妙，其高约五千由旬，四面各宽约二千由旬。每座塔庙上都布置着上千幅宝幢和宝幡，并以珠交罗作露塔幔，风吹宝铃，发出雅和之音。诸天神、龙神、人及非人时常以各种香、花、伎乐供养这些塔庙。文殊师利菩萨，诸佛弟子为了供养舍利，建造并装饰塔庙，使各佛国世界出乎自然，美妙殊胜，就像长在帝释天园内的天树王一样，花开四方。

【经文】

佛放一光，我及众会，见此国界，种种殊妙。诸佛神力，智慧稀有，放一净光，照无量国，我等见此，得未曾有。佛子文殊，愿决众疑，四众欣仰，瞻仁及我。世尊何故，放斯光明？佛子时答，决疑令喜。何所饶益，演斯光明？佛坐道场，所得妙法，为欲说此，为当授记。示诸佛土，众宝严净，及见诸佛，此非小缘。文殊当知，四众龙神，瞻察仁者，为说何等。

【白话】

释迦牟尼佛所放的白毫光，使我及法会中的大众得见一万八千国土中的各种殊妙之象。诸佛神力高绝，智慧稀有，放出一道清净之光即可照到无数个国土，我们见到这种景象真是三生有幸。文殊菩萨，您是佛的大弟子，就请您为我们解答疑问吧。所有的比丘、比丘尼、优婆塞、优婆夷都欣然仰慕于你我二人。他们都看着我们，心里在问，世尊到底为什么要放出这种白毫相光？请您现在就回答他们，以决其疑惑，令其欢喜。今天，释迦牟尼佛是为了饶益什么，而放出如此的光明？佛端坐于道场之中,是为了演说自己所得的微妙之法?还是为了给大家授菩提记呢?佛通过白毫相光为我们展示出各种佛国世界,各世界之中,众宝严饰,洁净无染,我们甚至还看到了各世界之中的许多佛。我们能遇到如此难得的盛事,这可不是很小的因缘啊!文殊菩萨,您应当知道,在座的比丘、比丘尼、优婆塞、优婆夷以及各类龙神,都在仰望观察着您,您就为大家讲讲其中的奥妙吧!

【经文】

尔时,文殊师利语弥勒菩萨摩诃萨及诸大士、善男子等:"如我惟忖,今佛世尊欲说大法,雨大法雨,吹大法螺,击大法鼓,演大法义。诸善男子,我于过去诸佛,曾见此瑞,放斯光已,即说大法。是故,当知今佛现光,亦复如是,欲令众生,咸得闻知一切世间难信之法,故现斯瑞。诸善男子,如过去无量无边不可思议阿僧祇劫,尔时有佛,号日月灯明如来、应供、正遍知、明行足、善逝、世间解、无上士、调御丈夫、天人师、佛、世尊,演说正法,初善、中善、后善,其义深远,其语巧妙,纯一无杂,具足清白梵行之相。为求声闻者,说应四谛法,度生老病死,究竟涅槃。为求辟支佛者,说应十二因缘法。为诸菩萨,说应六波罗蜜,令得阿耨多罗三藐三菩提,或一切种智。次复有佛,亦名日月灯明,次复有佛,亦名日月灯明,如是二万佛,皆同一字,号日月灯明。又同一姓,姓颇罗堕。弥勒当知,初佛后佛,皆同一字,名日月灯明,十号具足,所可说法,初中后善。

【白话】

这时,文殊师利菩萨对弥勒菩萨及诸大众说:"让我看来,今天释迦牟尼佛将要说大乘佛法,如下大法雨滋润众生,吹大法螺号召众生,击大法鼓惊醒迷梦,演大法奥义,觉悟众生。诸位善男子,我在过去世随诸佛修行的时候曾见过这样的瑞相。以我的经验,凡是放出这种神奇的佛光,必然会讲说大乘无上之法,所以,你们应当知道,今日释迦牟尼佛现出这种瑞光,也同过去诸佛一样。他是想让众生都能听闻知悉一切世间之中最神妙难信的佛法,所以才现出这种瑞相的。各位善男子,譬如过去不可思议无数无量劫中,有一古佛名叫日月灯明如来——应供、正遍知、明行足、善逝、世间解、无上士、调御丈夫、天人师、佛、世尊。此佛为众生演说纯正的佛法,从初期到中期,再到后期,始终义趣深远,语言巧妙,纯一圆顿之法门,具足清白梵行之相。日月灯明佛随机说法,因人施教,他为求声闻乘者说苦、集、灭、道等四谛之法,以使他们度脱生、老、病、死,进入涅槃解脱的境界。他为求辟支佛乘者说十二因缘之法。他为诸菩萨说六波罗蜜之法,以使他们证得无上佛智,从而断除无明,达到无所不知的一切种智。此佛之后又有一佛,其名也叫日月灯明佛。在此之后还有一佛同样名叫日月灯明佛。如此一共有二万位佛都是同一名字,号日月灯明,也是同一个姓,即都姓颇罗堕。弥勒菩萨,你应当知道,最初的佛和后边的佛都是一个名字,叫日月灯明,所有的佛都是十种称号具足,他们演说佛法也都分初、中、后三个阶段。

【经文】

"其最后佛,未出家时,有八王子,一名有意、二名善意、三名无量意、四名宝意、五名增意、六名除疑意、七名响意、八名法意。是八王子，威德自在，各领四天下。是诸王子，闻父出家得阿耨多罗三藐三菩提，悉舍王位，亦随出家，发大乘意，常修梵行，皆为法师。已于千万佛所，植诸善本。是时，日月灯明佛说大乘经，名无量义、教菩萨法，佛所护念。说是经已，即于大众中，结跏趺坐，入于无量义处三昧，身心不动。是时，天雨曼陀罗花、摩诃曼陀罗花、曼殊沙花、摩诃曼殊沙花，而散佛上及诸大众，普佛世界，六种震动。尔时，会中比丘、比丘尼、优婆塞、优婆夷、天龙、夜叉、乾闼婆、阿修罗、迦楼罗、紧那罗、摩睺罗伽、人非人及诸小王、转轮圣王等，是诸大众，得未曾有，欢喜合掌，一心观佛。尔时，如来放眉间白毫相光，照东方万八千佛土，靡不周遍，如今所见，是诸佛土。

【白话】

"最后那位日月灯明佛未出家时，有八位王子，其一名叫有意，其二名叫善意，其三名叫无量意，其四名叫宝意，其五名叫增意，其六名叫除疑意，其七名叫响意，其八名叫法意。这八位王子皆有威仪德行，各自统领四天下。诸王子听说其父出家修行，已获无上圣智，便都舍弃王位，跟随父王出家为僧，发誓要求证大乘佛法。他们一心修习清净的法门，成为福慧具足的大乘法师。这些王子已于成千上万的佛面前，种植下了众善的根本。那时，日月灯明佛正在演说大乘经典，经名叫《无量义》。这是教化菩萨的法门，深受佛的护持眷念。这位日月灯明佛说完《无量义经》后，便于大众中结跏趺坐，进入义趣无穷的禅定之中。

入定中的佛陀,身体安稳不动,心地纯净不乱。这时,天空中下起了曼陀罗花、大曼陀罗花、曼殊沙花、大曼殊沙花。这些天花散在日月灯明佛及听法大众的身上。与此同时,大地也产生了六种形式的震动。这时,法会中的比丘、比丘尼、优婆塞、优婆夷、天龙、夜叉、乾闼婆、阿修罗、迦楼罗、紧那罗、摩睺罗伽、人、非人以及诸小王、国王等皆惊喜不已,叹为观止,他们都双手合十,目不转睛地看着日月灯明佛。忽然,佛在其眉间放出一道白毫相光,这束佛光灿烂无比,绚丽多姿,一直照到东方一万八千多个佛国世界,所到之处,无不明亮清晰,就像今天大家所见到的那些佛国世界一样。

【经文】

"弥勒当知,尔时,会中有二十亿菩萨,乐欲听法。是诸菩萨,见此光明普照佛土,得未曾有,欲知此光所为因缘。时有菩萨,名曰妙光,有八百弟子。是时,日月灯明佛从三昧起,因妙光菩萨说大乘经,名妙法莲华,教菩萨法,佛所护念,六十小劫,不起于座。时会听者,亦坐一处,六十小劫,身心不动,听佛所说,谓如食顷。是时众中,无有一人,若身若心而生懈倦。日月灯明佛于六十小劫说是经已,即于梵、魔、沙门、婆罗门及天、人、阿修罗众中而宣此言:如来于今日之夜,当入无余涅槃。时有菩萨,名曰德藏,日月灯明佛即授其记。告诸比丘,是德藏菩萨,次当作佛,号曰净身、多陀阿伽度、阿罗诃、三藐三佛陀。佛授记已,便于中夜,入无余涅槃。

【白话】

"弥勒菩萨,你应当知道,那时法会中共有二十亿菩萨,个个喜欢听佛说法。这些菩萨看见佛的白毫相光照耀东方诸佛土后,都深感自己从未见过,所以很想知道这种佛光之所以发放的有关因缘。那时,有一位菩萨,名叫妙光,他一共有八百个弟子,都随他一起来日月灯明佛的居处听法。日月灯明佛从禅定之中起来后,为妙光菩萨讲说大乘经典,经名叫《妙法莲华经》。此乃教化大乘菩萨的无上法门,常受诸佛的护持与关怀。日月灯明佛讲说《妙法莲华经》一共历时六十小劫(注:相当于十几万年的一种时间单位)。在这么长的时间里,佛一直端坐不动,身心不乱。那时,法会中的听众也都各坐一处,不起于座,历时六十小劫而身心不动。他们听佛宣讲如此妙法,个个全神贯注,如醉如痴,六十小劫犹如一顿饭工夫就过去了。当时,法会之中的所有听众,没有一人身体疲倦,心神懈怠。日月灯明佛历经六十小劫,说完此经后,便当着梵天王、魔王、沙门、婆罗门以及天神、人众、阿修罗等大众宣布道:如来佛将于今天夜里进入无余涅槃。那时,在场的众人中有一位名叫德藏的菩萨,日月灯明佛当众为他授记,告诉比丘们说:这位德藏菩萨将在我涅槃后成佛,其号为净身、多陀阿伽度、阿罗诃、三藐三佛陀。日月灯明佛授完记后,便于半夜之时,入于无余涅槃。

【经文】

"佛灭度后,妙光菩萨持妙法莲华经,满八十小劫,为人演说。日月灯明佛八子,皆师妙光。妙光教化,令其坚固阿耨多罗三藐三菩提。是诸王子供养无量百千亿万佛已,皆成佛道。其最后成佛者名曰然灯。八百弟子中，有一人，号曰求名，贪著利养，虽复读诵众经而不通利，多所忘失，故号求名。是人亦以种诸善根因缘故，得值无量百千万亿诸佛，供养、恭敬、尊重、赞叹。弥勒当知，尔时妙光菩萨岂异人乎？我身是也。求名菩萨，汝身是也。今见此瑞，与本无异，是故惟忖，今日如来当说大乘经，名妙法莲华，教菩萨法，佛所护念。"

【白话】

"日月灯明佛灭度后，妙光菩萨便传承师说，一心受持《法华经》，广为众生演说开示，历时八十小劫。日月灯明佛的八位王子皆师从于妙光，妙光则诲之不倦，殷勤教化，使诸王子坚定了求证佛智的信心。这八位王子为了追求无上圣智而恭敬供养了成千上万个佛，最后终于自身成佛。其中最后一位成佛者名叫然灯。妙光菩萨的八百弟子中有一位名叫求名的人。此人贪求名利，追求享乐，虽然也在读诵各类佛经，但总是理解不了，读过之后便全忘了，所以称其为求名。不过，此人虽然慧业未修圆满，但其所植福业不小，善根深厚，他曾在千万个佛面前，供养、恭敬、尊重、赞叹。弥勒呀，你可知道，那时的妙光菩萨是谁？他不是别人，正是我的前生。那位求名菩萨正是你的前身。今天，我看见释迦牟尼佛所现的这种瑞相，与过去日月灯明佛说法时的瑞相没有什么区别，所以，我想今天如来佛将是要说大乘经了，这经即是《法华经》，一部教化大乘菩萨，常受诸佛护持的无上妙法。"

【经文】

尔时,文殊师利于大众中,欲重说此义而说偈言:我念过去世,无量无数劫,有佛人中尊,号日月灯明。世尊演说法,度无量众生,无数亿菩萨,令入佛智慧。佛未出家时,所生八王子,见大圣出家,亦随修梵行。时佛说大乘,经名无量义,于诸大众中,而为广分别。佛说此经已,即于法座上,跏趺坐三昧,名曰无量处。天雨曼陀花,天鼓自然鸣,诸天龙鬼神,供养人中尊。一切诸佛土,即时大震动。佛放眉间光,现诸希有事,此光照东方,万八千佛土,示一切众生,生死业报处。有见诸佛土,以众宝庄严,琉璃玻璃色,斯由佛光照。及见诸天人,龙神夜叉众,乾闼紧那罗,各供养其佛。又见诸如来,自然成佛道。身色如金山,端严甚微妙,如净琉璃中,内现真金像。世尊在大众,敷演深法义。一一诸佛土,声闻众无数。因佛光所照,悉见彼大众。或有诸比丘,在于山林中,精进持净戒,犹如护明珠。又见诸菩萨,行施忍辱等,其数如恒沙,斯由佛光照。又见诸菩萨,深入诸禅定,身心寂不动,以求无上道。又见诸菩萨,知法寂灭相,各于其国土,说法求佛道。

【白话】

这时,文殊师利菩萨想复述刚才所讲的故事,便以偈颂形式对大家说道:

"我回想过去无量无数劫中,有一位人中至尊的古佛,号日月灯明。这位世尊广宣佛法,度脱了无量无数的众生,使数亿菩萨证悟了佛的大智大慧。佛未出家前所生的八王子见大圣出家修行，也都跟着出家习佛。当时，这位如来佛正在大众之中广泛演说一部名叫《无量义》的大乘经典。佛讲完此经后，便在法座上打坐，进入深妙的禅定之中。这时，天空下起曼陀罗花，天鼓也自然鸣响。诸天众、龙众以及各类鬼神都来虔诚地供养这位人中最尊的如来佛。忽然间，大地震动起来。日月灯明佛眉间放出夺目的瑞光，显现出稀奇而美妙的景象。

"日月灯明佛的这束白毫相光一直照耀到东方一万八千多个佛国世界，展示出一切众生善恶业报、生生死死、死死生生，不断轮回的全景。通过这种佛光，我看到了各佛国世界的庄严景象，那里的一切均由琉璃玻璃等珍宝构成，佛光照来，一片璀璨。诸天神、人类、龙神、夜叉、乾闼婆、紧那罗等都前来供养自己的佛陀。各世界中的如来佛皆是累劫修行从而顺理成章地成就了成佛大业。这些如来佛身体像金山一样光亮明净，端庄威严，妙不可言。犹如洁净的琉璃一般，内外莹澈，现出真金之像。这些佛都在大众之中敷演深奥的佛法义理，教化各自世界中的众生。各个佛世界中的众生芸芸难数，其中随佛听法的声闻弟子也多得难以统计。由于佛光的照耀，所有这些大众都清清楚楚地展现在眼前。有的比丘居住于深山老林之中，刻苦修道，勤勉不息，严守清净大戒，昼夜六时毫不懈怠，犹如守护明珠一样，持戒守律，洁身净心，朝着解脱的目标前进。有些菩萨从事布施、忍辱等修行，其数目多得像恒河沙一样，都处在佛光的照耀之下。我还看见有的菩萨在修习禅定之功，他们入定极深，整个身心皆已寂然不动，这部分人是想以此禅定之功求证无上的佛道。另有一些菩萨已了知万物空寂无实、本性寂灭的道理，他们在各自的佛国之中到处讲经说法，教化众生，以此来积功累德，成就佛道。

【经文】

尔时四部众,见日月灯佛,现大神通力,其心皆欢喜,各各自相问,是事何因缘。天人所奉尊,适从三昧起,赞妙光菩萨,汝为世间眼,一切所归信,能奉持法藏,如我所说法,唯汝能证知。世尊既赞叹,令妙光欢喜。说是法华经,满六十小劫,不起于此座,所说上妙法,是妙光法师,悉皆能受持。佛说是法华,令众欢喜已,寻即于是日,告于天人众,诸法实相义,已为汝等说,我今于中夜,当入于涅槃。汝一心精进,当离于放逸,诸佛甚难值,亿劫时一遇。世尊诸子等,闻佛入涅槃,各各怀悲恼,佛灭一何速。圣主法之王,安慰无量众,我若灭度时,汝等勿忧怖。是德藏菩萨,于无漏实相,心已得通达,其次当作佛,号曰为净身,亦度无量众。佛此夜灭度,如薪尽火灭,分布诸舍利,而起无量塔。比丘比丘尼,其数如恒沙,倍复加精进,以求无上道。

【白话】

那时候,四众弟子看见日月灯明佛现出如此巨大的神通,个个内心充满欢喜,他们相互询问,佛的这般瑞相到底因何而来?正在这时,天人所供奉尊重的日月灯明佛从甚深的禅定之中起来。他当着大众的面,赞叹妙光菩萨说:"妙光菩萨,你是世间一位明眼善士,一切天人终将皈依信奉于你,因为你能奉持如来佛的佛法宝藏,我今天所说的微妙法旨,只有你才能证知。世尊的这番赞叹,使妙光菩萨惊喜不已。接着,日月灯明佛开始讲说《妙法莲华经》,历时六十小劫,不起于法华座席。佛所讲说的这种至高无上、深奥微妙的法义，妙光法师都能领悟信受。佛宣讲这部法华经，也使法会中其他所有的众生倍感欣喜。日月灯明佛于讲完法华经的当日又告诉天人大众说："诸法实相的妙义今天已全部为你们讲说了，我将于今天半夜入于涅槃。往后，你们应当自勉，一心精进，切莫懈怠放逸。要知道诸佛是非常难遇的，亿万劫中才会出现一位，所以，你们应牢记法华经句，发奋图强，勇猛精进。"日月灯明佛的八个儿子听说父亲将要涅槃，无不悲伤万分，感叹佛这么快就要入灭。这时，身为众圣之主，佛法之王的日月灯明佛安慰大家说："如果我灭度时，你们不必忧伤恐惧，我虽离你们而去，但尚有德藏菩萨，他现在已通达无漏实相之法，继我之后将要成佛，号为净身如来，到时，他也将像我一样，教化度脱无量众生。"那天夜里，日月灯明佛入于涅槃，犹如薪尽火灭一样，寂然而化。世人将佛的舍利分散各地，建起无数个佛舍利塔，供养起该佛的法身。佛灭度后，如恒河沙数那么多的比丘、比丘尼皆遵从佛的遗志，更加精勤修行，专心致志地追求至高无上的圣道。

【经文】

是妙光法师，奉持佛法藏，八十小劫中，广宣法华经。是诸八王子，妙光所开化，坚固无上道，当见无数佛。供养诸佛已，随顺行大道，相继得成佛，转次而授记。最后天中天，号曰然灯佛法，诸仙之导师，度脱无量众。是妙光法师，时有一弟子，心常怀懈怠，贪著于名利，求名利无厌，多游族姓家，弃舍所习诵，废忘不通利，以是因缘故，号之为求名。亦行众善业，得见无数佛，供养于诸佛，随顺行大道，具六波罗蜜，今见释师子，其后当作佛，号名曰弥勒，广度诸众生，其数无有量。彼佛灭度后，懈怠者汝是。妙光法师者，今则我身是。我见灯明佛，本光瑞如此，以是知今佛，欲说法华经。今相如本瑞，是诸佛方便，今佛放光明，助发实相义。诸人今当知，合掌一心待，佛当雨法雨，充足求道者。诸求三乘人，若有疑悔者，佛当为除断，令尽无有余。

【白话】

这位妙光法师遵照日月灯明佛的遗嘱，奉持佛法宝藏，在八十小劫之中，广泛宣讲法华经。日月灯明佛的八位王子也受到妙光菩萨的教化，从而坚定了求证无上圣道的信念。也正因为如此，八王子必将于当来之世，得见无数位如来佛。他们依次恭敬供养这些佛之后，必然会随顺诸佛而行无上佛道，所以，他们最终也必将相继成佛，辗转依次而得授记。其中最后一位天中天、圣中圣名叫燃灯佛，他是诸仙的导师，到处说法教化，度脱了无量众生。那时，这位妙光法师有一弟子，身心懈怠，不守戒律，贪求名利，经常出入于名门大户，舍弃了所习诵的佛法经典，荒废了道业，以至什么也不能领悟。为此，大家才称其叫求名。不过，他也作了许多善事，积下了一些福业，所以，还有机会遇见无数个佛，并供养于诸佛，从而潜移默化，随着佛的道法修行，慢慢地具足布施、持戒、忍辱、精进、禅定、智慧等六种解脱成佛之法门，由此历尽无量劫的严净修持，终于在今日遇见释迦牟尼佛，并将继释迦牟尼佛之后作佛，号为弥勒佛。到时，此佛将主持教化，超度无量无数的众生。日月灯明佛灭度后的那位懈怠者不是旁人，就是你。那位妙光法师就是我。我看日月灯明佛的瑞光同今日释迦牟尼佛的瑞光是相同的，所以我知道今日的释迦佛是要说《法华经》了。诸佛所现说法之瑞相,是一种善巧方便之法。现今释迦牟尼佛所放的这种光明是扶助开发实相义门,所以,大家应当心中有数,恭敬合掌,一心等待佛的说法。众生等待佛法,犹如干渴思饮,所以佛将广施大法之雨,普润一切众生之心,满足一切求道者的要求。那些追求声闻、缘觉和菩萨三乘的人,若还有什么怀疑、后悔的话,佛将为其讲说法要,以断其疑根,除其悔退,使其再无任何疑惑,而一心修行大乘之法。

方便品第二

【经文】

尔时,世尊从三昧安详而起,告舍利弗:"诸佛智慧甚深无量,其智慧门难解难入,一切声闻、辟支佛所不能知。所以者何?佛曾亲近百千万亿无数诸佛,尽行诸佛无量道法,勇猛精进,名称普闻。成就甚深未曾有法,随宜所说,意趣难解。舍利弗,吾从成佛已来,种种因缘,种种譬喻,广演言教,无数方便,引导众生,令离诸著。所以者何?如来方便知见波罗蜜,皆已具足。舍利弗,如来知见,广大深远,无量无碍。力、无所畏、禅定、解脱三昧,深入无际,成就一切未曾有法。舍利弗,如来能种种分别,巧说诸法,言辞柔软,悦可众心。舍利弗,取要言之,无量无边未曾有法。佛悉成就。止,舍利弗,不须复说,所以者何?佛所成就第一稀有难解之法,唯佛与佛,乃能究尽诸法实相。所谓诸法如是相、如是性、如是体、如是力、如是作、如是因、如是缘、如是果、如是报、如是本末究竟等。"

【白话】

这时，世尊结束禅定，安详地告诉舍利弗说："诸佛的智慧深奥无比，难解难入，所有声闻、辟支佛二乘之人不得知晓。为什么呢？因为佛之所以能成为佛，关键在于他曾亲近供养过成百上千、数万数亿以至无量无数个佛，并随顺诸佛修习，尽行诸佛无量种道法，勇猛无畏，精进不怠，名声普闻于大千世界，成就了前所未有的深妙法门。佛随宜说法，因机施教，所演法义微妙难解。舍利弗，我自成佛以来，曾为众生广泛宣讲过去、现在、未来种种善恶因缘，还曾以各种各样的譬喻为众生讲解佛法，通过无数巧妙方法的教化，引导众生转迷成智，远离各种执着系缚，获得开悟和解脱。为什么呢？因为如来虽然是从真如实相中如实而来得以成佛，但他同时又具备了权巧方便的法门，能以种种因缘譬喻广演言教。佛这种权实并用、事理圆融的知见波罗蜜之法，全都完整具备。舍利弗，如来佛的知见，广大而深远，无数无量，无有障碍。佛的十种特有力量和四种无所畏惧，佛的禅定和解脱之定等皆深奥无边，为亘古未有的法门。舍利弗，如来佛能通过各种不同方式，非常巧妙地宣说各种法门，其说法之辞柔和细软，使众生听后无不欢心愉快。舍利弗，取要言之，如来佛已成就了无量无边、亘古未有的法门。算了，舍利弗，不必再说了。为什么呢？因为，如来佛所成就的第一稀有难解之法，只有诸佛与释迦牟尼佛才能穷究尽底，领悟诸法实相非实非虚，无相而无不相的微妙理趣。而诸法实相则是从诸法的相、性、体、力、作、因、缘、果、报、本末究竟等十个方面来把握的。所谓相即外观形相；性即本性；体即众生之质体；力即事物所具有的功能；作即身、口、意三业的作为；因即业因、根源；缘即辅助原因；果即结果；报即报应、果报；如是本末究竟等指本末皆空。

【经文】

尔时，世尊欲重宣此义，而说偈言："世雄不可量，诸天及世人，一切众生类，无能知佛者。佛力无所谓，解脱诸三昧，及佛诸余法，无能测量者。本从无数佛，具足行诸道，甚深微妙法，难见难可了。于无量亿劫，行此诸道已，道场得成果，我已悉知见。如是大果极，种种性相义，我及十方佛，乃能知是事。是法不可示，言辞相寂灭，诸余众生类，无有能得解。除诸菩萨众，信力坚固者，诸佛弟子众，曾供养诸佛，一切漏已尽，住是最后身，如是诸人等，其力所不堪。假使满世间，皆如舍利弗，尽思共度量，不能测佛智。正使满十方，皆如舍利弗，及余诸弟子，亦满十方刹，尽思共度量，亦复不能知。辟支佛利智，无漏最后身，亦满十方界，其数如竹林，斯等共一心，于亿无量劫，欲思佛实智，莫能知少分。新发意菩萨，供养无数佛，了达诸义趣，又能善说法，如稻麻竹苇，充满十方刹，一心以妙智，于恒河沙劫，咸皆共思量，不能知佛智。不退诸菩萨，其数如恒沙，一心共思求，亦复不能知。

【白话】

这时，世尊想重宣此义，便以偈颂形式说道："世间和出世间惟一的大英雄——佛，确实是高深莫测的，无论天上的神众，还是地上的世人，所有一切众生都不知道佛的深妙境界。佛的十种智力和四种无所谓，佛的各种解脱之道和诸多禅定，还有佛的其他道法，都是无法测度的。我本已跟从过无数个佛，具足了他们的所有道法，这些道法个个甚深微妙，一般人很难见到，也很难明了。佛已在无量亿劫以前，广泛地修持诸佛的道法，终于在修法行道的处所得成正果。所有这些，我已悉知悉见。像刚才所说的十种大果报，尤其是其中法性与法相的深奥义趣，只有我和十方诸佛才能明白。因为这种法不可以随便就讲给人听，它是究竟实相的法门，在这里没有用言语表述的路，也没有用心思考的余地，它是超言绝象、绝对寂灭的一种至高境界，无论是哪类众生都不能理解其中的义趣。除过信力特别坚固的大菩萨之外，佛的其他弟子，即使曾供养过许多佛，消除了一切烦恼和欲望，只余下最后这一次轮回果报之身，行将获得最终解脱，他们也是无法测知佛的智慧的。假使全世界的人都像舍利弗那样富有智慧，他们即使穷尽思想和智力来揣测佛的智慧，也是揣测不到的。别说一个世界，就是十方所有世界中的众生都像舍利弗或其他所有的佛弟子那样智力超群，挖空心思，共同来度量、揣测佛的智慧，也还是不能理解的。因为这些声闻弟子的智慧只是权宜之智而非体悟实相境界的实智。比声闻乘更高一级的辟支佛乘具有锐利的智慧，他们已断尽烦恼，即将最后解脱。可就是这些辟支佛，即使像竹林一样密密麻麻地布满十方世界，他们万众一心，在亿万劫那么长的时间里，共同思量佛的实智，也是连一点点都无法知道的。初发心的菩萨，已曾供养过无数的佛，他们对佛法的道理宗趣都通达无碍，而且还善于讲说。假使这些初发心的菩萨像稻子、麻、竹子和芦苇那么充满了十方世界，他们一心一意，用其微妙的智慧，在恒河沙劫那么长的时间里，共同思量，也无法知道佛的智慧。那些发心之后不再后退的菩萨，即使像恒河之沙那么多，他们一心共求佛的智慧，也是不得知晓的。"

【经文】

又告舍利弗,无漏不思议,甚深微妙法,我今已具得。唯我知是相,十方佛亦然。舍利弗当知,诸佛语无异。于佛所说法,当生大信力。世尊法久后,要当说真实。告诸声闻众,及求缘觉乘,我令脱苦缚,逮得涅槃者,佛以方便力,示以三乘教,众生处处著,引之令得出。

【白话】

释迦牟尼佛又告诉舍利弗说:"这种清净超凡、不可思议、甚深微妙的实相之法,我今天已全部证得。只有我和十方诸佛才知道实相之法的深妙义趣。舍利弗,你应当知道,十方三世一切佛的话语是没有什么两样的,都说的是真实的、同样的妙法,所以,对于佛所说的各种法,都应当坚信不疑。我说法已很长时间了,各个时期所说之法皆不相同,在这说法的最后时期,我就应该将所有真实的、终极的佛法和盘托出。过去,我说四谛法教化声闻乘弟子,说十二因何缘法教化缘觉乘弟子,都是为了让他们脱离痛苦的系缚,迅速达到涅槃解脱的彼岸。佛善于随宜说法,因机施教,针对不同时期、不同众生,佛示以声闻乘、缘觉乘、菩萨乘等三乘之教,其中菩萨乘才是最真实的、最终极的教法。众生不理解这种终极之法,处处执着,看不破,放不下,从而难以获得彻底的解脱,不得达到佛的境界。今天,我将宣说这种终极之法,以使众生从执着束缚之中解放出来。"

【经文】

尔时,大众中有诸声闻漏尽阿罗汉,阿若憍陈如等千二百人及发声闻、辟支佛心，比丘、比丘尼、优婆塞、优婆夷，各作是念：今者世尊何故殷勤称叹方便，而作是言，佛所得法，甚深难解，有所言说，意趣难知，一切声闻、辟支佛所不能及。佛说一解脱义，我等亦得此法，到于涅槃，而今不知是义所趋。尔时，舍利弗知四众心疑，自亦未了而白佛言："世尊，何因缘殷勤称叹诸佛第一方便、甚深微妙、难解之法？我自昔来，未曾从佛闻如是说。今者四众咸皆有疑，惟愿世尊敷演斯事，世尊何故殷勤称叹甚深微妙难解之法？"

【白话】

那时，参加法会的大众之中有些修习声闻小乘，已断除烦恼的阿罗汉如阿若憍陈如等一千二百多人，还有些发心求声闻乘和辟支佛乘的比丘、比丘尼、优婆塞、优婆夷等，他们各自都在想：今天，世尊为什么要反复而周备地称赞诸佛随机施教的方便法门呢？今天，他为什么要反复强调佛所证悟的妙法甚深难解，他所讲的佛法，其真实的旨趣都是很难理解的，所有声闻弟子和辟支佛都不能领会其中的奥妙。佛以前所讲的那种涅槃解脱的法义，我们都已领会，并将依此进入涅槃境界。可是，现在佛的意思是说以前所讲的法并不是究竟彻底的实法，只是权宜方便的权法；以前说的并非实智，而是权智。佛这么一说，把我们都搞糊涂了，不知佛所说的到底是什么意思，究竟的义理到底是什么。当此之时，舍利弗知道大家心中的疑惑，加之他自己也不明白，于是问佛道："世尊，您今天为何再三称赞三世诸佛那些灵活方便而又深奥的法门呢？我舍利弗自从跟着您学法修行以来，已四十多年了，还从来没有听您这样说过。今天，四众弟子对此都不明白，恳望世尊为我们讲讲其中的道理，今天您到底为何要如此殷勤地赞叹如来佛的奥妙难解之法门？"

【经文】

尔时，舍利弗欲重宣此义而说偈言：慧日大圣尊，久乃说是法，自说得如是，力无畏三昧，禅定解脱等，不可思议法，道场所得法，无能发问者，我意难可测，亦无能问者，无问而自说，称叹所行道，智慧甚微妙，诸佛之所得，无漏诸罗汉，及求涅槃者，今皆堕疑网，佛何故说是，其求缘觉者，比丘比丘尼，诸天龙鬼神，及乾闼婆等，相视怀犹豫，瞻仰两足尊，是事为云何，愿佛为解说，于诸声闻众，佛说我第一。我今自于智，疑惑不能了，为是究竟法，为是所行道，佛口所生子，合掌瞻仰待，愿出微妙音，时为如实说。诸天龙神等，其数如恒沙，求佛诸菩萨，大数有八万，又诸万亿国，转轮圣王至，合掌以敬心，欲闻具足道。

【白话】

这时，舍利弗想再复述一下自己的想法，便以偈颂形式说道：

"世尊啊，您是最尊贵的圣人，您的智慧好比太阳一样无与伦比。好多年以来，您为众生演讲这些佛法，循循善诱，勤勉不息。您说您自己已证得如是诸法：十种智力、四无所畏、种种神通三昧、四禅八定、八种解脱等一系列不可思议的法门。佛通过长期修道所得到的微妙之法是实智，而不是权智，所以，声闻、缘觉之人都不明白,也没有人能够发问。这种法只有佛自己才能明白,佛所达到的这种意境,是很难揣摩测度的,所以,也是没有人能发问的。没有人问,世尊便自己宣说这种法,并称扬赞叹佛所行的无上圣道。由此佛道而得的真实智慧与权宜之智不同,它是极其微妙的,只有诸佛才能得到的。经佛这么一说,如今,不论是已断除烦恼的罗汉,还是求证涅槃的辟支佛等众弟子们都已堕入疑网之中,他们都在暗自发问,佛为何今日又这么说呢?那些追求缘觉的比丘、比丘尼以及诸天神、龙神、鬼神,还有乾闼婆等大众疑虑重重,面面相觑。他们都望着释迦牟尼佛,期待着佛为他们解释其中的原由。在所有声闻弟子中,佛说我是智慧第一,但即使以我的智慧,如今也不能理解佛的意思了。到底什么法是究竟的法门,什么道是佛所行的圆满之道?作为佛口所生的真子——菩萨,都已合起掌来,恭敬地看着佛,等待着佛开口说法,盼望佛说出最美妙的法音,道出最真实的道理。如恒河之沙那么多的天龙八部神,约八万多求证佛果的各类菩萨,以及亿万国土上的国王等都来到佛的面前,他们都合起掌来,虔心敬佛,想听闻世尊演说所修证的这种具足圆满的无上菩提大道的真实义理。"

【经文】

尔时,佛告舍利弗:"止!止!不须复说。若说是事,一切世间诸天及人皆当惊疑。"

舍利弗重白佛言:"世尊,惟愿说之!惟愿说之!所以者何?是会无数百千万亿阿僧祇众生,曾见诸佛,诸根猛利,智慧明了,闻佛所说,则能敬信。"尔时,舍利弗欲重宣此义,而说偈言:

法王无上尊，惟说愿勿虑，

是会无量众，有能敬信者。

佛复止舍利弗："若说是事，一切世间天、人、阿修罗皆当惊疑，增上慢比丘将坠于大坑。"尔时，世尊重说偈言：

止止不须说，我法妙难思，

诸增上慢者，闻必不敬信。

【白话】

这时，佛对舍利弗说："算了！算了！不必再说了。若说这种至高无上的奥秘之法，一切世间的诸天神和人类都会惊异怀疑的。"

舍利弗又对佛说："世尊啊，请您说吧！请您说吧！为什么呢？参加这次法华盛会的亿万众生皆曾见到过佛，他们的根性非常敏捷、非常聪明，他们的智慧也都十分明亮通达。他们听过佛的宣说之后，就会产生出敬信之心来的。"接着，舍利弗想重新表达自己的意思，便以偈颂形式说道：

"妙法之王，世间最尊贵的佛啊，您不必担心，就为我们讲解无上道法的奥秘吧。这次法会中有无量无数的众生，肯定有能够敬信奉持的弟子。"

佛又制止舍利弗说："如果我宣讲这种佛法，一切世间中的天神、人众、阿修罗都会惊惧而怀疑的，尤其是那些虚伪傲慢比丘，他们自以为一切佛法都懂了，不会相信还有未解的妙法的。这些人的后果是不堪设想的，他们将堕于地狱、饿鬼或畜生道中。"这时，世尊又以偈言形式复述道："算了！算了！不必说了。我这种甚深微妙的法门一般人是想象不来的，那些虚伪傲慢之辈听后肯定不会恭敬信受的。"

【经文】

尔时,舍利弗重白佛言:"世尊,惟愿说之!惟愿说之!今此会中,如我等比百千万亿,世世已曾从佛受化,如此人等,必能净信,长夜安隐,多所饶益。"尔时,舍利弗欲重宣此义,而说偈言:无上两足尊,愿说第一法,我为佛长子,惟垂分别说,是会无量众,能敬信此法,佛已曾世世,教化如是等,皆一心合掌,欲听受佛语,我等千二百,及余求佛者,愿为此众故,惟垂分别说,是等闻此法,则生大欢喜。

【白话】

这时,舍利弗又对佛说道:"世尊啊,请您为我们宣说吧!请您为我们宣说吧!在今天的这个盛大法会中,与我同辈份的弟子们足有亿万之众,他们世世代代接受佛的教化,这样的人必然会对佛所说的妙法产生虔诚的信仰的。他们一旦听闻佛说这样的妙法,就会在漫漫的长夜之中,身心安稳,得到无穷的益处。"这时,舍利弗想再说一遍,于是又以偈颂形式说道:"至高无上、福慧双圆的世尊啊,请您为我们宣讲这独一无二的妙法吧。我舍利弗是佛的大弟子,今日恳请您详细地分别解说。请您放心,这次法会中的无量众生都会恭敬信受您的妙法的。他们已多生多世蒙佛教化,怎能忘记佛的法乳之恩呢?您看他们都已诚心敬意,虔诚合掌,静等着听受您的话语了。我等一千二百人及其他一些求证佛果的弟子,愿为在座的大众请法于您,恳请您分别解说佛的无上妙法。我们这些人如果能听到这等微妙之法,必定会皆大欢喜。"

【经文】

尔时,世尊告舍利弗:"汝已殷勤三请,岂得不说?汝今谛听,善思念之,吾当为汝分别解说。"

说此语时,会中有比丘、比丘尼、优婆塞、优婆夷五千人等,即从座起,礼佛而退。所以者何?此辈罪根深重及增上慢,未得谓得,未证谓证,有如此失,是以不住。世尊默然而不制止。尔时,佛告舍利弗:"我今此众,无复枝叶,纯有贞实,舍利弗,如是增上慢人,退亦佳矣。汝今善听,当为汝说。"

舍利弗言:"唯然!世尊,愿乐欲闻。"

【白话】

这时,世尊告诉舍利弗说:"你已连续三次恳切请求,我怎好不说呢?现在,你就洗耳恭听,仔细思考,我将为你们分别解说。"

就在如来佛说这话时,法会中有部分比丘、比丘尼、优婆塞、优婆夷等约五千人立即从其座位上站立起来,对佛行礼之后,退出了法会。这些人为什么要退出法会呢?因为他们前世种下的罪恶之根太深重了,这些人福薄慧浅,毛病很多,尤其是骄傲自满,他们本来没有得到上人法,却说自己已经得到;本来还没有证得某种果位,却自认为已经证得。这些人有如此的过失,所以他们又坐不住了,看来,他们是无缘听法华经的。对此,世尊默然而不加制止。接着,释迦牟尼佛对舍利弗说:"现在留下的已不再有碎枝杂叶,全是有善根,有真纯信心的人,舍利弗,这些傲慢浅薄的人走了也好,你们喜欢听,我就为你们说吧。"舍利弗连忙说："太好了！世尊，我们非常喜欢听您说法。"

【经文】

佛告舍利弗："如是妙法，诸佛如来时乃说之，如优昙钵花，时一现耳。舍利弗，汝等当信佛之所说，言不虚妄。舍利弗，诸佛随宜说法，意趣难解。所以者何？我以无数方便、种种因缘，譬喻言辞，演说诸法。是法非思量分别之所能解，唯有诸佛乃能知之。所以者何？诸佛世尊唯以一大事因缘故，出现于世。舍利弗，云何名诸佛世尊唯以一大事因缘故，出现于世？诸佛世尊欲令众生开佛知见，使得清净故，出现于世；欲示众生佛之知见故，出现于世；欲令众生悟佛知见故，出现于世；欲令众生入佛知见道，出现于世。舍利弗，是为诸佛以一大事因缘故，出现于世。"

【白话】

佛告诉舍利弗说："这种妙法不是任何时候都能听到的，只有在各种条件成熟时，诸佛如来才宣示它于众生，就好比优昙钵花一样，只是到了一定时间才开放。舍利弗，你们这些人应当相信佛所说的教法，佛说过的一切话语都是真实不虚的。舍利弗，诸佛为了显示真实的法旨而以一种权宜之法随机施教，因人说法，这其中的道理是不容易明白的。为什么呢？多少年来，我一直以种种方便法和因缘法，并举出许多譬喻的言辞来演说诸法。这种法不是一般的认识所能理解的，只有诸佛才能知道这种法的奥妙。这是什么原因呢？因为所有的佛都只是为着一件大事才出现于世的。舍利弗，怎样理解诸佛只是为着一件大事才出现于世呢？诸佛见众生为无明所缚，生生死死，轮回受苦不得解脱，为了使众生打开佛知、佛见之门，从而剔除愚昧，洞明诸法实相，证到清净的果位。所以，诸佛才出现于世，为了给众生指示佛知、佛见，使他们明白人人都有佛知、佛见，所以，诸佛才出现于世；为了使众生觉悟自身本有的佛知、佛见，使他们内心深处真正领受，所以，诸佛才出现于世；为了使众生实际证入佛知、佛见，从而证得佛果，最终解脱，所以，诸佛才出现于世。舍利弗，这就是诸佛因为一件大事的缘故才出现于世的道理。可见，所谓大事因缘，实际上就是欲令众生开、示、悟、入佛知、佛见，从而了脱生死，离苦解脱。"

【经文】

佛告舍利弗："诸佛如来但教化菩萨，诸有所作，常为一事，唯以佛之知见，示悟众生。舍利弗，如来但以一佛乘故，为众生说法，无有余乘，若二、若三。舍利弗，一切十方诸佛，法亦如是。舍利弗，过去诸佛以无量无数方便、种种因缘、譬喻言辞而为众生演说诸法，是法皆为一佛乘故。是诸众生，从诸佛闻法，究竟皆得一切种智。舍利弗，未来诸佛，当出于世，亦以无量无数方便、种种因缘、譬喻言辞而为众生演说诸法，是法皆为一佛乘故。是诸众生从佛闻法，究竟皆得一切种智。舍利弗，现在十方无量百千万亿佛土中，诸佛世尊多所饶益、安乐众生，是诸佛亦以无量无数方便、种种因缘、譬喻言辞而为众生演说诸法，是法皆为一佛乘故。是诸众生从佛闻法，究竟皆得一切种智。舍利弗，是诸佛但教化菩萨，欲以佛之知见示众生故，欲以佛之知见悟众生故，欲令众生入佛之知见故。

【白话】

释迦牟尼佛接着又对舍利弗说："诸佛如来只是教化，让他们明白，所有一切作为常常就为着这一件事，即惟以佛知、佛见，开示、觉悟众生。舍利弗，如来佛仅仅以惟一的佛乘来为众生说法，除此佛乘之外，再没有其他什么乘了，既无所谓大、小二乘，也无所谓声闻、缘觉、菩萨三乘。舍利弗，所有十方诸佛所说的法也都是如此，只有惟一的乘，而无其他的乘。舍利弗，过去世中的诸佛以无数方便权宜之法，通过种种因缘果报、各类譬喻、美妙的言辞等为众生演说了一系列佛法。这些佛法无论是以小乘、大乘，还是以声闻乘、缘觉乘、菩萨乘的形式出现，佛的本怀只是为了演说这惟一的佛乘。众生跟从诸佛听法修习，最终将获证一切种智，即唯佛具有的中道智慧。舍利弗，未来世中的诸佛，他们出世之后，也将以无数方便之法，借助于种种因缘、种种譬喻以及美妙的言辞，为众生演说一系列佛法。这些佛法无论以何种形式出现，它们最终的目标都是为了说明惟一的佛乘。未来世中的众生随佛听法，最终也将证得无所不知的一切种智，从而成佛解脱。舍利弗，现在世中的十方无数佛国中，所有的佛都在饶益众生，使众生得到安稳和快乐。这些佛也是以无量方便之法，利用各种因缘、譬喻和言辞为众生演讲各类佛法。这些佛法都是围绕着惟一的佛乘而展开的。十方世界的众生听佛说法，终将获得佛的无上圣智。舍利弗，所有过去、现在、未来的佛的宗旨就是教化菩萨，欲以佛的知见指示众生，欲以佛的知见觉悟众生，欲使众生证得佛的知见，从而得到佛的圣智，达到佛的果位。

【经文】

"舍利弗,我今亦复如是,知诸众生有种种欲,深心所著,随其本性,以种种因缘,譬喻言辞,方便力而为说法。舍利弗,如此皆为得一佛乘,一切种智故。舍利弗,十方世界中,尚无二乘,何况有三。舍利弗,诸佛出于五浊恶世,所谓劫浊、烦恼浊、众生浊、见浊、命浊。如是,舍利弗,劫浊乱时,众生垢重,悭贪嫉妒,成就诸不善根故。诸佛以方便力,于一佛乘,分别说三。舍利弗,若我弟子,自谓阿罗汉、辟支佛者,不闻不知诸佛如来,但教化菩萨事,此非佛弟子,非阿罗汉、非辟支佛。又舍利弗,是诸比丘、比丘尼,自谓已得阿罗汉,是最后身,究竟涅槃,便不复志求阿耨多罗三藐三菩提,当知此辈皆是增上慢人。所以者何?若有比丘实得阿罗汉,若不信此法,无有是处。除佛灭度后,现前无佛。所以者何?佛灭度后,如是等经,受持、读诵、解义者,是人难得。若遇余佛,于此法中,便得决了。舍利弗,汝等当一心信解受持佛语。诸佛如来,言无虚妄,无有余乘,唯一佛乘。"

【白话】

"舍利弗,我如今也是这样。我深知众生有各种各样的欲望,这些欲望已深刻地植根在众生的心念之中,所以,我便随顺众生的本性,用各种因缘果报、譬喻故事及其他各种方便之力而为他们说法。舍利弗,我这样教化众生,也都是为了使他们理解惟一的佛乘,从而最终获证无所不知的佛智,达到佛的境地。舍利弗,十方世界中尚且没有二乘之分,更何况还有什么三乘呢！舍利弗，诸佛出现于五浊恶世，所谓五浊是指劫浊，即整个世代灾难不断；烦恼浊，即众生充满贪欲、恼怒、愚痴等各种烦恼；众生浊，即众生不信善恶报应，不持禁戒，而受众苦；见浊，即众生持邪恶或错误的见解，佛教正法日益衰替；命浊，即众生因作恶业，寿命极短。所以说，舍利弗，当劫浊大乱之时，众生的罪垢非常严重，悭吝、贪婪、嫉妒，从而种植下了不善之根。所以，诸佛便以其方便之力，分别讲说三种佛法，以逐渐引导他们归入佛乘。舍利弗，如果我的弟子中有人说自己已是阿罗汉、辟支佛，但却不闻不知诸佛如来以方便法门教化菩萨证入佛果的微妙之法，那么，他们便不是佛的弟子，不是阿罗汉，不是辟支佛。另外，舍利弗，这些比丘、比丘尼自认为已证得阿罗汉果，已处在最后一次轮回果报之身，以后将不再轮回转生，将证入究竟的涅槃，所以，这些人便不再发心追求无上圣智了。要知道这种人都是些骄傲无知之徒。为什么呢？如果有的比丘的确已证得阿罗汉果位，但他若不再信受这部妙法的话，也是绝对不正确的。除非在佛灭度后，众生面前没有佛。为什么呢？因为佛灭度后，像《妙法莲华经》这样的经典，很难找到能受持、读诵、理解义趣的人。如果能遇到其他的佛，那么，对于《妙法莲华经》中的这种开权显实的道理便会明白了解。舍利弗，你们应当专心一意地信仰、理解、受持佛所说的这种法。诸佛所说的话语没有虚妄不实的，没有其他什么乘，只有惟一的佛乘。"

【经文】

尔时，世尊欲重宣此义，而说偈言：比丘比丘尼，有怀增上慢，优婆塞我慢，优婆夷不信，如是四众等，其数有五千，不自见其过，于戒有缺漏，护惜其瑕疵，是小智已出，众中之糟糠，佛威德故去，斯人鲜福德，不堪受是法，此众无枝叶，唯有诸真实，舍利弗善听，诸佛所得法，无量方便力，而为众生说。众生心所念，种种所行道，若干诸欲性，先世善恶业，佛悉知是已，以诸缘譬喻，言辞方便力，令一切欢喜，或说修多罗，伽陀及本事，本生未曾有，亦说于因缘，譬喻并祇夜，优婆提舍经，钝根乐小法，贪著于生死，于诸无量佛，不行深妙道，众苦所恼乱，为是说涅槃，我设是方便，令得入佛慧，未曾说汝等，当得成佛道。所以未曾说，说时未至故，今正是其时，决定说大乘。

【白话】

这时，世尊想再说一遍刚才的意思，于是以偈颂形式说道：

"比丘、比丘尼中有些傲慢浅薄的人，优婆塞中也有这样的人，包括优婆夷中的那些狐疑不信者，这四类人一共有五千人。他们持戒不严，看不见自己的过错，而且还护着自己的毛病。这些小智之人已经出去了，他们是大众之中的糟粕，因惧怕佛的威仪和德行，所以才离开了。这些人福薄德寡，不能信受这样的妙法。现在留在法会中的人已没有碎枝残叶，全是真实的具有大乘根器的人。舍利弗善于听闻诸佛所得之法。诸佛的教法都是以无量的方便之力而为众生随机演说的。每个众生心里所想，他们各种各样的行为，各种各样的欲望和根性，他们前生所造的善业和恶业，这一切，如来佛全都知道，因此，佛就用种种因缘法、譬喻法、并使用一些美妙恰当的言辞来为众生讲经说道，以使所有听法者都能心领神会，欣然接受。也正因为如此，在长期的说法生涯中，佛曾说过各种形式的法，有时说长行直述的契经即修多罗，有时说每句字数固定的偈颂即伽陀，有时说弟子们前世因缘的本事，有时说自己前世因缘的本生，有时说佛显现种种神通的稀有之事，即未曾有，有时说各种因缘，有时说各种譬喻，有时说重宣契经教义的重颂即祇夜，有时说阐释佛法意义的论议即优婆提舍。那些愚钝的人眼光短浅，看不到大乘佛法的微妙旨趣，只喜欢小乘之法，这些人看不透生死，贪著于人生。他们过去在无量个佛面前未曾修行深奥微妙的佛道，所以，生生世世遭受诸苦，心恼意乱，无由解脱。对于这些人，我就讲说涅槃解脱之法，先将他们从生死贪著之中解放出来。通过这种随宜施教的权且之策，引导他们逐步证入佛的无上圣智。过去，我从来没有明确说过你们这些人都会证成佛果。之所以没有这样说，是因为时机尚未成熟。今天正是时候，我决定要说这大乘的妙法。

【经文】

我此九部法，随顺众生说，入大乘为本，以故说是经，有佛子心净，柔软亦利根，无量诸佛所，而行深妙道。为此诸佛子，说是大乘经，我记如是人，来世成佛道。以深心念佛，修持净戒故。此等闻得佛，大喜充遍身，佛知彼心行，故为说大乘，声闻若菩萨，闻我所说法，乃至于一偈，皆成佛无疑。

十方佛土中，唯有一乘法，无二亦无三，除佛方便说，但以假名字，引导于众生，说佛智慧故，诸佛出于世，唯此一事实，除二则非真，终不以小乘，济度于众生，佛自住大乘，如其所得法，定慧力庄严，以此度众生，自证无上道，大乘平等法，若以小乘化，乃至于一人，我则堕悭贪，此事为不可。若人信归佛，如来不欺诳，亦无贪嫉意，断诸法中恶，故佛于十方，而独无所畏。我以相严身，光明照世间，无量众所尊，为说实相印，舍利弗当知，我本立誓愿，欲令一切众，如我等无异，如我昔所愿，今者已满足，化一切众生，皆令入佛道。

【白话】

"我这九部法门，都是随顺众生的根性和各种机缘而说的，最终目的都是引导众生归入大乘佛法，因此我今天才说这部《妙法莲华经》。其实，有许多佛弟子本来已具备了大乘的根基，他们心地清净，性情柔和，头脑聪明。这部分人已在无量个佛那里修行过深奥微妙的佛道。今天，我就为这一类人说此大乘经典，并为他们授记：这些人来世必将成佛。由于他们内心深处非常敬慕佛，多少年来一直严持净戒，所以，一旦听说自己也将成佛，他们肯定会充满欢乐的。佛深知此类众生的思想和修行，所以才为其讲说大乘无上法门。无论是小乘声闻弟子，还是大乘菩萨弟子，只要听了我的这次说法，甚至只听了一句偈颂，他们将来都会毫无疑问地证成佛的无上果位。

"在十方所有的佛国世界之中，只有惟一的佛乘之法，没有大小乘之分，也没有声闻、缘觉、菩萨三乘之别，除过佛的各种权宜方便说法之外。不过，佛的这些权宜法门仅仅是以假借的名言概念来引导众生修证佛智佛慧的。为了宣说佛的智慧，诸佛出现于世，只有这件事是真实的，其他如二乘或者三乘等都不是真的，只能算作方便权巧的法门。可是诸佛终究并不以小乘之法济度众生。佛本身就住在大乘法中，与其所证得的无上妙法融为一体。所以说，佛是用最深的定力和最高的智慧武装起来的，佛也是用这种无上的佛法来救度众生的。佛自己已证得了无上的佛道，即大乘的平等之法，所以，我如果还以小乘之法教化众生，即使是一人，便算我堕于悭吝与贪婪，这是绝对不可能的事。

"如果有人信仰佛法，皈依于佛，佛就会以诚相待，绝不欺诳，也没有任何贪婪、嫉妒之意，佛将谆谆教化，使其断除恶业，一心向善。所以，佛是最大公无私、光明磊落的人，他能于十方世界中泰然自居，毫无畏惧。我释迦牟尼佛以各种殊妙的相状庄严自身，我的光明已照遍一切世间，引起无量众生对佛的尊崇，这都是为了今天演说微妙的实相法印。舍利弗，你应当知道我的本意，我早已立下誓愿，要使一切众生证成佛果，与我毫无不同之处。昔日的誓愿如今已付诸实施，即教化一切众生，使他们都证入佛道。

【经文】

若我遇众生，尽教以佛道，无智者错乱，迷惑不受教，我知此众生，未曾修善本，坚著于五欲，痴爱故生恼，以诸欲因缘，坠堕三恶道，轮回六趣中，备受诸苦毒，受胎之微形，世世常增长，薄德少福人，众苦所逼迫，入邪见稠林，若有若无等，依止此诸见，具足六十二，深著虚妄法，坚受不可舍，我慢自矜高，谄曲心不实，于千万亿劫，不闻佛名字，亦不闻正法，如是人难度。

是故舍利弗，我为设方便，说诸尽苦道，示之以涅槃。我虽说涅槃，是亦非真灭，诸法从本来，常自寂灭相。佛子行道已，来世得作佛。

我有方便力，开示三乘法，一切诸世尊，皆说一乘道。今此诸大众，皆应除疑惑，诸佛语无异，唯一无二乘，过去无数劫，无量灭度佛，百千万亿种，其数不可量，如是诸世尊，种种缘譬喻，无数方便力，演说诸法相，是诸世尊等，皆说一乘法，化无量众生，令入于佛道，又诸大圣主，知一切世间，天人群生类，深心之所欲，更以异方便，助显第一义。

【白话】

"如果我遇着众生，全讲些高深无上的佛道，那么，没有智慧的人便会思想混乱，迷惑不明，所以，也就不会信奉。我知道这些众生未曾修行善业，没有种下善根，他们贪著于财、色、名、食、睡等五种欲望，愚痴爱恋，穷追不舍，从而产生了种种烦恼。由于贪著于五欲，造下了无尽的恶业，所以他们总是轮回转生于地狱、饿鬼、畜生等三恶道之中，或是在整个六种轮回之道中生生死死，死死生生，备受诸苦的煎熬。受孕胞胎，生微末之形，今世出牛胎，下生入马腹；今生张家子，来世李家女，生生世世，轮回不息。功德微薄、福业很少的人总是要受各种痛苦的逼迫的。这些人已陷入邪见的密林之中，他们或执着于有，或执着于无，坚持此等错误的观点，其数共有六十二种之多。这六十二种观点全是荒谬不实之法，可他们却坚定信受，不愿放弃。还有，他们傲慢自大，善于谄媚奉承，不正直坦率，心地不诚实。这些人于千万亿劫之中，连佛的名字都没有听过，也从没有听闻过真正的法义，所以说，这类人的确难以度化。

"舍利弗，由于这些人福慧太浅，邪见太深。所以，我便为他们设计了一套权宜之法，给他们讲断除诸苦的办法，为他们指示出清净妙乐的涅槃解脱境界。我虽然为他们说涅槃寂灭之法，但这只是权巧方便之计，并非究竟真实的寂灭之法。其实，任何东西本来就是自性空无，寂灭无实的。佛弟子只要依佛的教法修行，循序渐进，回小向大，必然会体悟到一切非真，本自寂灭的实相妙法，所以，他们终将在未来的世代里证果成佛。

"我通过方便权巧之力，为众生开示三乘法门。虽然有声闻乘、缘觉乘、菩萨乘的区分，但从本质上讲，所有的佛都只是说一乘的道法。说三乘之权教，是为显示一乘之实教，从开始的三乘必将会归于一乘。所以，今天在座的所有大众皆应该消除疑惑，要知道，诸佛的话语没有两样，他们所说之法只是一乘而无二乘。在过去世的漫长岁月中，曾有过无量无数的佛相继灭度，其种类成千上亿，多得不可思量。所有这些佛都通过各种因缘法、譬喻法等许多方便法门为众生演说佛法，引导他们体悟真实之法相。这些佛其实讲的都是一乘佛法，他们相继教化无量无数众生，使其最终证入佛道。这些大圣之主的佛知道一切世间的天众、人众等各类众生内心深处的各种欲念，所以才随宜巧设种种方便法门，借此来显出第一义的佛乘。

【经文】

若有众生类，值诸过去佛，若闻法布施，或持戒忍辱，精进禅智等，种种修福慧，如是诸人等，皆已成佛道，诸佛灭度后，若人善软心，如是诸人等，皆已成佛道，诸佛灭度已，供养舍利者，起万亿种塔，金银及玻璃，砗磲与玛瑙，玫瑰琉璃珠，清净广严饰，庄校于诸塔，或有起石庙，栴檀及沉水，木密并余材，砖瓦泥土等。若于旷野中，积土成佛庙，乃至童子戏，聚沙为佛塔，如是诸人等，皆已成佛道。若人为佛故，建立诸形像，刻雕成众相，皆已成佛道，或以七宝成，输钴赤白铜，白镴及铅锡，铁木及与泥，或以胶漆布，严饰作佛像，如是诸人等，皆已成佛道，彩画作佛像，百福庄严相，自作若使人，皆已成佛道，乃至童子戏，若草木及笔，或以指爪甲，而画作佛像，如是诸人等，渐渐积功德，具足大悲心，皆已成佛道，但化诸菩萨，度脱无量众。

若人于塔庙，宝像及画像，以花香幡盖，敬心而供养，若使人作乐，击鼓吹角贝，箫笛琴箜篌，琵琶铙铜钹，如是众妙音，尽持以供养，或以欢喜心，歌呗颂佛德，乃至一小音，皆已成佛道，若人散乱心，乃至以一花，供养于画像，渐见无数佛，或有人礼拜，或复但合掌，乃至举一手，或复小低头，以此供养像，渐见无量佛，自成无上道，广度无数众，入无余涅槃，如薪尽火灭，若人散乱心，入于塔庙中，一称南无佛，皆已成佛道。

【白话】

"如果有这样一类众生，他们在过去生中，曾遇到过许多佛，只要他们能听闻佛法，并依法修行，即布施度悭贪、持戒度毁犯、忍辱度瞋恚、精进度懈怠、禅定度散乱、智慧度愚痴，如此修持六度万行，增长福业慧根，那么，这些众生都已成佛了。诸佛灭度之后，如果有人怀着纯善温软之心，修习正法，日积月累，功德圆满，那么，这些众生也均已证成佛道了。诸佛灭度之后，那些供养佛舍利的人，修建起成千上万个佛塔，并以金银、玻璃、砗磲、玛瑙、玫瑰、琉璃、珍珠等清净庄严的宝物进行全面的妆饰，同时，还用铰链庄严诸塔。或者有人建造石庙，用栴檀香及沉水香恭敬供养，或者以香木及其他木材和砖瓦泥土等盖起佛庙，或者在旷野之中，积土成一座佛庙，或者小孩子玩耍时，聚沙为佛塔，等等，像这样的人，都该证果成佛了。如果有人要为佛树立各种形象，用种种不同的材料雕刻成佛像，这些人皆已证成佛道了。或者以七种宝物，鍮石、赤铜、白铜、白镴、铅、锡、铁、木、泥、塑胶、漆布等作成佛像，这样的人也都成佛了。如果有人彩画佛像，将佛像画得非常圆满庄严，这些人无论是自己画，还是请别人画，他们也都成佛了。甚至小孩子玩耍时，用草、树枝、笔或者指甲等画作佛像，这类人渐渐积累功德，具备大悲之心，从而最终证成佛果，并在佛位上教化菩萨，度脱无量众生。

"如果有人在塔庙之中，面对佛的庄严宝像或画像，以鲜花、诸香、宝幡、宝盖等恭敬地进行供养；或者请人演奏音乐，如击鼓、吹奏长角、贝螺、笙箫、竹笛、箜篌、弹琴、琵琶，敲打铙钹、铜钹，等等，将所有这些美妙的音乐全用来供养佛，或者以欢快喜悦的心情，歌唱梵音，赞颂佛的德行，甚至于只唱了一句微小的声音，像这样的人都已证成佛位了。有的人定力不足，心常散乱，这类人如果能在画像佛面前，用甚至一朵小花进行供养，那么，他们将慢慢地见到无数个佛。或者有人以礼拜、合掌，甚至只举一手或只稍微低一低头等方式供养佛像，他们也会逐渐见到无数个佛。这些由最初的一念发心，渐积功德直到得见无数佛的修行者，自然而然地会证成至高无上的佛道，并广行教化，度脱无数的众生，使他们都进入无余涅槃的解脱彼岸，就像薪尽火灭一样，永远解除众生的痛苦。另外，如果有人精神散乱，但只要能到塔庙中念一声'南无佛'，他们最终皆可证成佛的无上圣道。因为，万德圆融始于一念，以这最初一念所种的佛因，将来必定得结佛果。

【经文】

于诸过去佛,在世或灭后,若有闻是法,皆已成佛道,未来诸世尊,其数无有量,是诸如来等,亦方便说法,一切诸如来,以无量方便,度脱诸众生,入佛无漏智,若有闻法者,无一不成佛,诸佛本誓愿,我所行佛道,普欲令众生,亦同得此道,未来世诸佛,虽说百千亿,无数诸法门,其实为一乘,诸佛两足尊,知法常无性,佛种从缘起,是故说一乘,是法住法位,世间相常住,于道场知已,导师方便说,天人所供养,现在十方佛,其数如恒沙,出现于世间,安隐众生故,亦说如是法,知第一寂灭,以方便力故,虽示种种道,其实为佛乘,知众生诸行,深心之所念,过去所习业,欲性精进力,及诸根利钝,以种种因缘,譬喻亦言辞,随应方便说,今我亦如是,安隐众生故,以种种法门,宣示于佛道,我以智慧力,知众生性欲,方便说诸法,皆令得欢喜。

【白话】

"如果有人在过去世当中,无论是过去诸佛在世时,还是灭度后,只要能听到《妙法莲华经》这样的佛法,那么,他们就都已成佛了。未来世中的佛有无数之多,这些佛也都是通过方便法门来说法的。任何时代,任何世界的佛都以无量无数的权宜方便之法,演说权教,显示实教,引导众生逐渐证入佛的清净圣智。所以,只要听过佛的说法,就没有不成佛的。一切佛当初的誓愿都是,不但自己要修行佛道,而且还要让所有的众生也都来修行他们所修行的佛道,并最终证得这种无上的佛道。未来世中的诸佛有百千上亿的法门，但无论有多少方便法门，其最真实的法只是一乘法。十方诸佛都是福慧具足的两足尊，他们了知诸法本无自性，不过佛种种的法门是从缘而生起的，所以，为这一乘的佛教，才显说其他的各种教门，如藏教、通教、别教等。这种一乘佛法所住的法位总是在世间，不能离开世间去追求这种无上的佛法。我释迦牟尼佛在菩提道场成佛以后，明白了这种道理，所以，如今我作为你们的导师，便用世间的种种方便法门来阐释这种微妙的一乘佛法。

"天上和人间所一致恭敬供养的佛，在现世的十方之中足有恒河沙数那么众多。所有这一切的佛为了使众生得到安稳，故而出现于世，他们也都在讲说这部《妙法莲华经》。这些佛都知道最彻底、最圆满的寂灭之法，知道万法寂灭的实相妙义，可是他们若一开始就讲这种至高无上的实相妙理，就不会有人明白，于是他们便以方便之力，显示出各种各样的道法，当然，这一切方便法门，究其真实，都是为了显示惟一的佛乘，使所有众生最终都能成佛，从而获得至高无上的解脱。佛知道众生的一切行为，知道他们内心深处的所思所想，知道他们前生所习染的各种业果，也知道众生欲望、本性及其精进之力，还知道众生的天赋聪慧或愚钝，所以，佛便以各种因缘、各种譬喻和各种不同的言辞，随顺众生的各种不同根性、不同状况而应机说法，方便教化。

今天，我也是如此，为了使众生获得安乐隐逸，以各种各样的法门宣示佛道。我以佛的无上智慧之力，深知众生的各种欲望和本性。所以，我才通过各种权宜之法为众生演说各类法门，以使他们都能法喜充满，欣然奉行。

【经文】

舍利弗当知，我以佛眼观，见六道众生，贫穷无福慧，入生死险道，相续苦不断，深著于五欲，如犛牛爱尾，以贪爱自蔽，盲冥无所见，不求大势佛，及与断苦法，深入诸邪见，以苦欲舍苦，为是众生故，而起大悲心。我始坐道场，观树亦经行，于三七日中，思惟如是事，我所得智慧，微妙最第一，众生诸根钝，著乐痴所盲，如斯之等类，云何而可度，尔时诸梵王，及诸天帝释，护世四天王，及大自在天，并余诸天众，眷属百千万，恭敬合掌礼，请我转法轮，我即自思惟，若但赞佛乘，众生没在苦，不能信是法，破法不信故，坠入三恶道。我宁不说法，疾入于涅槃。

寻念过去佛，所行方便力，我今所得道，亦应说三乘，作是思惟时，十方佛皆现，梵音慰喻我，善哉释迦文，第一之导师，得是无上法，随诸一切佛，而用方便力，我等亦皆得，最妙第一法，为诸众生类，分别说三乘，少智乐小法，不自信作佛，是故以方便，分别说诸果，虽复说三乘，但为教菩萨。

舍利弗当知，我闻圣师子，深净微妙音，称南无诸佛。复作如是念，我出浊恶世，如诸佛所说，我亦随顺行，思惟是事已，即趋波罗奈，诸法寂灭相，不可以言宣。以方便力故，为五比丘说，是名转法轮，便有涅槃音，及以阿罗汉，法僧差别名，从久远劫来，赞是涅槃法，生死苦永尽，我常如是说。

【白话】

"舍利弗，你应当知道，我以佛眼观看，看见天上、人间、阿修罗、畜生、饿鬼、地狱等六道之中的所有众生，他们不懂佛法，不修正业，所以毫无福德，毫无智慧，是真真正正的穷困者。一旦进入这种生生死死、死死生生的险恶之道，就必然会相继轮回转生，世世受苦，绵绵不绝。因为众生为无明所缚，个个深深地执着于钱财、美色、名誉、饮食、睡眠等俗世之欲，无休止地追求眼、耳、鼻、舌、身对色、声、香、味、触五境的快感，就像牦牛贪爱其尾巴一样，由于贪爱的缘故，自我蒙蔽，犹如黑暗之中的盲者什么也看不见，所以，他们也不去寻找威力无比、能救拔一切苦难的如来佛，也不求佛为他们指示断除苦难的方法。如此一来，这些众生便越来越深陷于各种错谬观点之中而不能自拔。痛苦中煎熬的众生要想舍弃他们的苦根是多么的不容易啊！佛看到这些尚在苦海里沉浮又无出期的苦难众生，便产生了大慈大悲的愿力，发誓要救度这些可怜的受苦者。

"我最初成佛坐在道场的时候，在菩提树下静静观察，有时也绕着树漫步，整整二十一天，我都在不停地考虑如何救度众生的问题。我所得到的智慧，微妙难测，是宇宙间至高无上的智慧。可是众生的根基却非常愚钝，他们迷于眼前的欲乐，不知自己的愚痴。像这些没有智慧如同盲人一般的众生，我如何去度化他们呢？这时，色界天的大梵天王、忉利天的帝释天王、守护世界四方的四大天王、住在色界之顶的大自在天王，还有其他许多天神以及各天王的眷属千万之众都来到我的面前，恭恭敬敬地合掌致礼，恳请我讲说佛法。我心中暗想，假若我只称赞、演说惟一的佛乘，而不说那些浅显易懂的小乘方便法门，那么这些沉沦苦海之中、根性愚钝的众生是不会皈信这种高深的佛法的。而且，由于他们不信此法，甚至会毁谤此法，从而造成极大的罪过，将来反而更惨，会轮回堕入地狱、饿鬼、畜生等三恶道之中。这么说来，我宁愿不说这种微妙的佛法，还不如赶快进入涅槃，不要在世间说什么法了。

"忽然，我想起过去世中的诸佛及其所施行的方便之力，由此使我意识到，我今日所证得的无上佛道之法，也应该通过三乘法门演释。当我这么思考时，十方诸佛一下子都显现在我的面前，他们用佛的清净梵音安慰我说：'太好了！释迦文佛！你真不愧是世间第一个大导师，你获得了这种无上的妙道，并依照诸佛的办法，运用权巧方便的力量，为众生分别讲说。我们十方佛也都得到了这种最微妙的第一法，因为众生根性的缘故，我们分说声闻、缘觉、菩萨这三乘法门。愚钝无知的人喜欢小乘之法，他们不相信自己还能成佛，所以，只能用权巧方便的法门，分别讲说初果、二果、三果和四果阿罗汉等声闻果位以及缘觉果位，菩萨果位、直至佛的果位。虽然说了三乘法门，但实际上乃是为教化菩萨修行终极的佛乘法门。'

"舍利弗，你应当知道，当我听见十方诸佛上述极其清净微妙的声音时，我立即口称'南无诸佛'，心中又这样想：我现身于这个娑婆世界，这是一个充满污浊和罪恶的世界。诸佛刚才说得很对，我也应该像他们那样，以各种方便法门教化众生。我这样想过之后，便立即前往波罗奈国的鹿野苑，最初随我修行的那五位侍者至今依然在此修道。我所证悟的佛法是微妙的实相之法，在这种道法里面，一切事物和现象，一切名言和概念都是寂灭无实、性空假有的。这种实相寂灭之法只可理会，不可言传。于是，我便以方便之力，假设了四谛、八正道等种种权宜法门，为憍陈如、阿说示、跋提、十力迦叶、摩诃男拘利等五位最早的比丘讲经说法，这就叫作转法轮。我在鹿野苑初转法轮，为众生指出了一种妙乐寂静的涅槃境界，从此便有了涅槃之音，有了阿罗汉之名，有了苦、集、灭、道等各种法和须陀洹、斯陀含、阿那含、阿罗汉等各种僧的相互差别之名。我从久远劫修持佛道以来，就一直称赞这种涅槃解脱之法。众生若能证得涅槃的妙理，就会永远断除人生的各种痛苦，所以，过去我常常给你们讲这种法。

【经文】

舍利弗当知，我见佛子等，志求佛道者，无量千万亿。咸以恭敬心，皆来自佛所，曾从诸佛闻，方便所说法。我即作是念，如来所以出，为说佛慧故，今正是其时。舍利弗当知，钝根小智人，著相憍慢者，不能信是法。今我喜无畏，于诸菩萨中，正直舍方便，但说无上道。菩萨闻是法，疑网皆已除，千二百罗汉，悉已当作佛。如三世诸佛，说法之仪式，我今亦如是，说无分别说。诸佛兴出世，悬远值遇难，正使出于世，说是法复难。无量无数劫，闻是法亦难，能听是法者，斯人亦复难。譬如优昙花，一切皆爱乐，天人所希有，时时乃一出。闻法欢喜赞，乃至发一言，则为已供养，一切三世佛，是人甚希有，过于优昙花。汝等勿有疑，我为诸法王。普告诸大众，但以一乘道，教化诸菩萨，无声闻弟子。汝等舍利弗，声闻及菩萨，当知是妙法，诸佛之秘要。

以五浊恶世，但乐著诸欲，如是等众生，终不求佛道。当来世恶人，闻佛说一乘，迷惑不信受，破法堕恶道。有惭愧清净，志求佛道者，当为如是等，广赞一乘道。

舍利弗当知，诸佛的法如是，以万亿方便，随宜而说法。其不习学者，不能晓了此，汝等既已知，诸佛世之师。随宜方便事，无复诸疑惑，心生大欢喜，自知当作佛。

【白话】

"舍利弗，你应当知道，我看见佛弟子中立志追求佛道的人足有无量千万亿之众，他们都怀着极其恭敬的心情，来到佛的所在地。这些人过去曾在其他诸佛那里听闻过诸佛用方便法门所说的法。鉴于这种情况，我又在想，如来佛之所以出现于尘世，乃是为了演说佛所证悟的无上妙慧。今天，正是说此佛慧的时候。舍利弗，你应当知道，那些诸根愚钝少有智慧的人，不仅贪著于事事物物的相状，而且自以为是，轻浮傲慢，他们是不会信受这部大乘之法的。现在，这些愚痴傲慢的人都已退出法会了，所以，我已欣喜无畏，在这些菩萨之中，就应该径直舍弃权宜的方便法门，而以开门见山的形式，直截了当地讲说至高无上的佛道。我相信，在座的菩萨们听了这部大乘之法后，笼罩在他们心头的一切疑网将消除无余，在座的一千二百多名罗汉也将与所有菩萨一样，全部证成佛果。

"同过去、现在、未来三世诸佛的说法仪式一样，我今天也说惟一佛乘、更无余乘这种毫无分别的微妙之法。诸佛出现于世是非常难以遇到的，往往要经过极其久远的年代才能碰到一佛出世。即使佛出现于世，但要碰到佛说这部《妙法莲华经》也是非常难得的。就是等无量无数劫这么漫长的时间，要听到这部无上之法也是很困难的。即使佛开始讲这部法，而真正能听到的人，也是极其难得。就像优昙花那样名贵而又难得一见，无论天上诸神还是地上人类，都非常喜欢这种花，可它非到一定的时候，是绝不会开放的。如果有人听了这部《妙法莲华经》之后，欢喜赞扬，甚至只说出一句称赞的话，这也算是已经供养了过去、现在、未来三世十方中的一切佛，这些人是比优昙花更难得、更可贵的。所以，在座诸位能听闻如此妙法，真乃三生有幸，你们切莫怀疑，切莫犹豫，请相信我释迦牟尼佛是诸法之王，我已得到了无上妙乐的真实智慧。今天我就如实普告参加法会的各位以及未来的一切众生，我只用一乘的佛道来教化一切菩萨。在此一乘佛道里面，没有教化声闻弟子的小乘法，也没有声闻弟子所追求的小乘果位。舍利弗，你们这些佛弟子，无论是声闻众还是菩萨众，都应当知道，这部微妙的《法华经》是三世十方一切佛最奥秘、最核心的道法，切莫再生一丝怀疑之心。

"诸位弟子，如今正值五浊恶世，邪见泛滥，贪欲横流，灾祸连绵，污浊不堪。人们只知享乐，欲壑难填。这类迷昧的众生终究是不会追求佛道的。未来世界中的邪恶之人，一旦听闻佛说一乘佛法，肯定会心生疑惑，不能信受，甚至还会毁谤佛法，由此造成无尽的恶业，从而在轮回转生过程中，堕于地狱、饿鬼、畜生等三恶道之中。但是，也有这么一部分众生，他们面对浊恶的世风，生出惭愧之心，有意改恶从善，追求清净，立志求得无上的佛道。对于这一部分人，如来佛就应当为他们宣讲、赞颂《妙法莲华经》的一乘无上道法。

"舍利弗，你应当知道，十方诸佛法都是一样的。为适应时代的特性和众生的根性，他们都以亿万种方便法门而随宜说法，因材施教，化导众生。如果众生不随佛修习，是不会明白其中的道理的。在座诸位现在都已知道这种真实的妙法了。诸佛是世界的导师，他们都是以方便之力随宜说法，对此，你们不要再有什么疑惑了。现在，你们听了这部《妙法莲华经》，应该生大欢喜心，生难遭遇想。你们也该明白，自己将来一定会成佛的。"

譬喻品第三

【经文】

尔时,舍利弗踊跃欢喜,即起合掌,瞻仰尊颜而白佛言:"今从世尊闻此法音,心怀踊跃,得未曾有。所以者何?我昔从佛闻如是法,见诸菩萨受记作佛,而我等不与斯事,甚自感伤,失于如来无量知见。世尊,我常独处山林树下,若坐若行,每作是念,我等同入法性,云何如来以小乘法而见济度?是我等咎,非世尊也。所以者何?若我等待说所因,成就阿耨多罗三藐三菩提者,必以大乘而得度脱。然我等不解方便随宜所说,初闻佛法,遇便信受,思维取证。世尊,我从昔来,终日竟夜,每自剋责。而今从佛,闻所未闻,未曾有法,断诸疑悔,身意泰然,快得安隐。今日乃知真是佛子,从佛口生,从法化生,得佛法分。"

【白话】

这时,舍利弗欢喜无比,心潮起伏,他立即站起身来,双手合十,两眼注视着释迦牟尼佛那副尊严的面孔,开口对佛说道:"今天,我们有幸从世尊这里听到如此微妙的法音,个个心情振奋，莫不叹为观止。为什么这样说呢？我过去曾在佛那里听到这种微妙的佛法，当时我看到各位菩萨都蒙佛授记作佛，心中十分悲伤，感慨自己失却了如来佛慈悲无量的智慧知见。世尊，我以往经常独自一人在山林树下或打坐或漫步。那时，我常这样暗自思索：我们这些人也同样得入如来法性，为何如来佛不教大乘而以小乘之法度化我们呢？想来想去，我终于明白，原来这都怪我们根性低劣，福慧浅薄，并非世尊对我们小乘人不慈悲。为什么呢？如果我们小乘之人听到佛说成就无上圣智的因缘，就必然会以大乘法修行，从而以大乘法获得解脱。但是，我们不了解佛以方便之法，随宜说教，开导众生，所以，刚一听闻佛法，便不折不扣地信奉，以假为真，用功修行，得证果位。世尊，我从修行佛法以来，终日竟夜，常自行克制，不敢放逸。而今从佛这里听闻从未听过、从未有过的妙法，从而断除了心中的诸多疑惑，身心愉快，安稳自得。今天，我才知道自己是真正的佛弟子，是从佛口所生，从佛法化生，真正得到了如来佛的清净法性。"

【经文】

尔时，舍利弗欲重宣此义，而说偈言：我闻是法音，得所未曾有，心怀大欢喜，疑网皆已除。昔来蒙佛教，不失于大乘。佛音堪希有，能除众生恼，我已得漏尽，闻亦除忧恼。

我处于山谷，或在林树下，若坐若经行，常思惟是事。呜呼深自责，云何而自欺？我等亦佛子，同入无漏法，不能于未来，演说无上道。金色三十二，十力诸解脱，同共一法中，而不得此事。八十种妙好，十八不共法，如是等功德，而我皆已失。我独经行时，见佛在大众，名闻满十方，广饶益众生，自惟失此利，我为自欺诳，我常于日夜，每思惟是事，欲以问世尊，为失为不失，我常见世尊，称赞诸菩萨，以是于日夜，筹量如是事。

今闻佛音声，随宜而说法，无漏难思议，令众至道场。

【白话】

这时，舍利弗想复述其义，便说偈道："我听了如来佛这清净微妙的法音后，得到了从未有过的佛道大法，我心中充满了无比的欢喜之情，笼罩在我心头的一切疑网如今终于尽行消除，多少年来蒙佛教诲，总算未失缺这无上的大乘道法。佛的声音真是珍稀难得啊！它是那么的清净，那么的深远，它能扫除所有众生的所有烦恼，包括我这个已证得罗汉果位的人，如今听闻了佛说的《妙法莲华经》，也将所有的忧愁与苦恼消除净尽了。

"从前，我在山谷之中，树林下面，或者打坐，或者漫步，那时，我常想及此事，未免叹息不已，我不停地责备自己，为什么要以小乘小法自欺自弃呢？我等也是佛的弟子，同得佛的清净之法，但却不能于将来演说佛的无上道法。佛的金色之身有三十二种常人所没有的殊妙之相，佛具备十种非凡的智力，佛具足八种解脱之法。可是，我们同处佛的清净法性之中，却不能得到授记成佛具备上述功德的机会。佛还有八十种与众不同的微妙身相，他还具备十八种不共它乘的微妙道法，这些惟佛具有的功德，我全都失去了。我在独自漫步之时，发现佛独尊于大众之中，他的名声普闻于十方世界，为众生带来了巨大的福利。可是我却失去了这些利益，我真是自己欺骗自己，还以为自己修行很到家。多少个日日夜夜，我都想起这些事情。现在请问世尊，我这些利益究竟是失掉没有失掉呢？我常见世尊称赞诸大菩萨，因此，我在日夜间都在筹算这等事情。

"今天，我听了佛的教化之声，知道佛是随众生的机宜而演说妙法，一切方便法门全归于一乘真实之教。这种清净微妙、不可思议的佛法使众生都能获得菩提之道。"

【经文】

我本著邪见，为诸梵志师，世尊知我心，拔邪说涅槃，我悉除邪见，于空法得证。尔时心自谓，得至于灭度，而今乃自觉，非是实灭度，若得作佛时，具三十二相。天人夜叉众，龙神等恭敬，是时乃可谓，永尽灭无余，佛于大众中，说我当作佛，闻如是法音，疑悔悉已除，初闻佛所说，心中大惊疑，将非魔作佛，恼乱我心耶，佛以种种缘，譬喻巧言说，其心安如海，我闻疑网断。佛说过去世，无量灭度佛，安住方便中，亦皆说是法，现在未来佛，其数无有量，亦以诸方便，演说如是法，如今者世尊，从生及出家，得道转法轮，亦以方便说，世尊说实道，波旬无此事，以是我定知，非是魔作佛，我堕疑网故，谓是魔所为，闻佛柔软音，深远甚微妙，演畅清净法，我心大欢喜，疑悔永已尽，安住实智中，我定当作佛，为天人所敬，转无上法轮，教化诸菩萨。

【白话】

"我舍利弗以前曾执着于一种邪知邪见，要作一切婆罗门外道的师父。世尊了解我的根基，于是教导我拔除邪见，为我说涅槃圣果之法，从而使我除尽一切邪知邪见，证得真空之法。那时，我自以为证到四果阿罗汉就是到达最终灭度的境界了。今天，我才发觉，原来我只是证到偏空之理，而非真正的涅槃。假使我将来作佛时，具足三十二种非凡相状，诸天神、人、夜叉、龙神等皆来恭敬供养，那时，才可谓永尽诸苦，得到了真正的无余涅槃。如今，佛已在大众面前说我将来当要作佛，我听了如是的法音，所有的疑虑和后悔消失殆尽。

"回想我最初听佛说法时，心中惊异不已，疑团重重，莫非是魔鬼变成佛来扰乱我的心吗？佛对我非常耐心，他以种种因缘、譬喻以及巧妙的言辞为我再三解释演说，他的心犹如大海一样安稳不动，我听了佛的说法后，心中的惊异与疑惑全都断除了。佛对我说，在漫长的过去世中，曾有过无量无数的佛相继灭度。这些佛在其住世教化时，都是按照这方便法门，为众生说这种佛道之法。现在和未来的佛也是无数无量的，他们同样以种种方便之力演说这种佛道之法。如今的释迦牟尼佛，从降生到出家，从得道成佛到说法教化，也是以各种方便法门，随宜说法，因材施教。世尊现在所说的《妙法莲华经》是真实的智慧，而魔王波旬，他是不会说出这种真理的。由此我知道，肯定不是魔来作佛，只是由于我自己堕入疑网之中，误以为世尊说法是外魔所为。

"现在，我听到释迦牟尼佛这柔和的法音，它是那么的深远，那么的微妙，由此法音演畅出清净的佛法，使我心中充满喜悦。我将永远断除疑惑，永远消灭懊悔，永远安住在真实的智慧中。我将来一定会证成佛果，受天神和人类的敬拜，我将转无上法轮，教化一切菩萨大众。"

【经文】

尔时，佛告舍利弗："吾今于天、人、沙门、婆罗门等大众中说，我昔曾于二万亿佛所，为无上道故，常教化汝。汝亦长夜随我受学。我以方便引导汝故，生我法中。舍利弗，我昔教汝志愿佛道，汝今悉忘，而便自谓已得灭度。我今还欲令汝忆念本愿所行道故，为诸声闻说是大乘经，名妙法莲华，教菩萨法，佛所护念。舍利弗，汝于未来世，过无量无边不可思议劫，供养若干千万亿佛，奉持正法，具足菩萨所行之道，当得作佛，号曰华光如来，应供、正遍知、明行足、善逝、世间解、无上士、调御丈夫、天人师、佛、世尊。国名离垢，其土平正，清净严饰、安隐、丰乐，天人炽盛。琉璃为地，有八交道，黄金为绳，以界其侧。其傍各有七宝行树，常有花果。华光如来，亦以三乘教化众生。舍利弗，彼佛出时，虽非恶世，以本愿故，说三乘法。

【白话】

这时，佛告诉舍利弗说："今天，我当着天神、众人、沙门、婆罗门等大众的面告诉你，我曾于二万亿佛以前的灯明佛那里，为了追求无上的道法，经常教化你。你也长夜跟随我受学，我用种种方便法门引导你，从而使你生于我的佛法之中。舍利弗，我过去曾教化你志愿修成佛道，可你如今竟然忘了，反而以为已得到灭度。我今天还想让你记起当初所发的成就佛道的本愿，所以为诸位声闻弟子说此大乘经典，名《妙法莲华经》。这是教化大乘菩萨的法门，常受诸佛的护持与关怀。

"舍利弗，我现在要为你授记：你于未来无数无边的年代当中，将供养亿万个佛，受持奉行佛的正法，具足菩萨所行诸道，从而证果成佛，名号为华光如来，同时具足十大名号，应供，即应该享受人天的供养；正遍知，即正确遍知一切事物；明行足，即具有能知过去的宿命明、能知未来的天眼明和断尽烦恼得大解脱的漏尽明；善逝，即入于涅槃；世间解，即能了知世间一切，从世间获得彻底解脱；无上士，即世间最尊贵者；调御丈夫，即善于说教并引导世间修行的丈夫通往涅槃；天人师，即天和人的导师；佛；世尊。你的佛国名叫离垢，国土平正，清净庄严，安稳丰乐，天人兴旺。大地以琉璃构成，有八交道，以黄金之绳作界，旁有七宝作成的行树，花果四季不衰。华光如来也以声闻、缘觉、菩萨三乘之法教化众生。舍利弗，你成佛出世时，虽非浊恶之时，但以本愿之力，故说三乘法门。

【经文】

"其劫名大宝庄严。何故名曰大宝庄严？其国中以菩萨为大宝故。彼诸菩萨无量无边，不可思议，算数譬喻所不能及，非佛智力，无能知者。若欲行时，宝花承足。此诸菩萨非初发意，皆久植德本，于无量百千万亿佛所，净修梵行，恒为诸佛之所称叹。常修佛慧，具大神通，善知一切诸法之门，质直无伪，志念坚固。如是菩萨充满其国。舍利弗，华光佛寿十二小劫，除为王子未作佛时。其国人民寿八小劫。华光如来过十二小劫，授坚满菩萨阿耨多罗三藐三菩提记，告诸比丘，是坚满菩萨次当作佛，号曰华足安行、多陀阿伽度、阿罗诃、三藐三佛陀。其佛国土亦复如是。舍利弗，是华光佛灭度之后，正法住世三十二小劫，像法住世亦三十二小劫。"

【白话】

"舍利弗，你将来成佛时的劫名叫大宝庄严。为什么叫大宝庄严呢？因为这个佛国中将菩萨作为大宝。该国中的菩萨多得无量无边，不可思议，各种算数和譬喻都难以表述其数量的众多，除过佛的智力之外，没有人能知道到底有多少菩萨。华光佛行动时，有宝莲花承其足下。这个国土上的所有菩萨都不只是刚刚发心修行的人，他们皆已久植善根，早就种下了诸德之本，因为他们已在亿万乃至无数个佛国世界中修清净梵行，生生世世常受诸佛的称扬赞叹。他们在这些佛面前，经常修行佛的真实智慧，具有巨大的神通之力，能通达诸法实相，一切行为皆真诚无伪，志念坚定不退。这样的大菩萨充满其国。

"舍利弗，华光佛寿命十二小劫，除过他作王子尚未成佛的时间。该佛国的人民寿命长八小劫。华光佛在十二劫过后，为坚满菩萨授无上圣智之记号。他告诉所有比丘们说：这位坚满菩萨将继我之后作佛，名号叫华足安行如来、应供、正遍知。该佛的国土也像华光佛的国土一样，清净庄严。舍利弗，这位华光佛灭度之后，正法时代为三十二小劫，像法时代也为三十二小劫。"

【经文】

尔时，世尊欲重宣此义而说偈言：舍利弗来世，成佛普智尊，号名曰华光，当度无量众。供养无数佛，具足菩萨行，十力等功德，证于无上道。过无量劫已，劫名大宝严，世界名离垢，清净无瑕秽，以琉璃为地，金绳界其道，七宝杂色树，常有花果实，彼国诸菩萨，志念常坚固，神通波罗蜜，皆已悉具足。于无数佛所，善学菩萨道，如是等大士，华光佛所化。佛为王子时，弃国舍世荣，于最末后身，出家成佛道。华光佛住世，寿十二小劫，其国人民众，寿命八小劫，佛灭度之后，正法住于世，三十二小劫，广度诸众生。正法灭尽已，像法三十二，舍利广流布，天人普供养。华光佛所为，其事皆如是，其两足圣尊，最胜无伦匹。彼即是汝身，宜应自欣庆。

【白话】

这时，世尊想重复一下上面所说，便诵偈道：

"舍利弗，你将在未来世中证得佛果，成为大智尊，名号叫华光如来，他将在佛位上度脱无量众生。由于他曾供养过无数个佛，具足六度万行菩萨之道，身负如来十种非凡智力等诸多功德，从而证悟了无上的道法。经过无量无数劫之后，进入一劫，名叫大宝庄严。那时的世界名叫离垢，全国上下一片清净，毫无瑕秽。大地用琉璃构成，界畔由金绳围起。到处是用七种珍宝制成的五彩之树，四季鲜花盛开，果实累累。这个佛国中的菩萨，志念十分坚固，又得巨大神通，具足布施、持戒、忍辱、精进、禅定、智慧等六种波罗蜜。这些菩萨曾在无数佛的面前修习菩萨道，现在又全都接受华光佛的教化。

"华光佛作为王子时，放弃王位，舍去了世俗社会的一切富贵荣华，在其最后一次轮回果报身时，出家修行，证成佛道。这位华光佛住在世间的寿命是十二小劫。该佛国的人民寿命为八小劫。佛灭度后，正法住世长三十二小劫。在此期间，无量众生得到救度。正法时代结束后，是像法时代。像法住世也长达三十二小劫。在此期间，佛舍利广泛流传于世，受到诸天神和人类的普遍恭敬供养。华光佛的所作所为，他的事迹大概如此。福慧双方具足的佛陀是神圣无比的。华光如来就是你的未来之身，你应该欢乐庆幸这一无上大业吧！"

【经文】

尔时,四部众——比丘、比丘尼、优婆塞、优婆夷、天龙、夜叉、乾闼婆、阿修罗、迦楼罗、紧那罗、摩睺罗伽等大众,见舍利弗于佛前受阿耨多罗三藐三菩提记,心大欢喜,踊跃无量,各各脱身所著上衣以供养佛。释提桓因、梵天王等与无数天子,亦以天妙衣、天曼陀罗花、摩诃曼陀罗花等供养于佛。所散天衣住虚空中而自回转。诸天伎乐百千万种,于虚空中一时俱作,雨众天花,而作是言:"佛昔于波罗奈初转法轮,今乃复转无上最大法轮。"

尔时,诸天子欲重宣此义而说偈言:昔于波罗奈,转四谛法轮,分别说诸法,五众之生灭。今复转最妙,无上大法轮,是法甚深奥,少有能信者。我等从昔来,数闻世尊说,未曾闻如是,深妙之上法。世尊说是法,我等皆随喜。大智舍利弗,今得受尊记。我等亦如是,必当得作佛,于一切世间,最尊无上有。佛道叵思议,方便随宜说。我所有福业,今世若过世,及见佛功德,尽回向佛道。

【白话】

这时,四众弟子即比丘、比丘尼、优婆塞、优婆夷,以及天龙八部即诸天、龙神、夜叉、乾闼婆、阿修罗、迦楼罗、紧那罗、摩睺罗伽等参加法会的大众,看见舍利弗在释迦牟尼佛前得受无上圣智的记号,未来将成为华光如来,所以,他们个个欢欣鼓舞,激动不已。他们各自脱去自己身上穿的华丽衣服,拿来供养于佛。忉利天的天主帝释、色界初禅天之主大梵天王等天帝、天王各与其无数天子也以其微妙的天衣以及曼陀罗、摩诃曼陀罗等天花供养于佛。这些天神们供养给佛的天衣在空中飘荡回旋，与此同时，千万种天乐在空中齐奏，各种天花纷纷扬扬，空中响起了这样的话语："释迦牟尼佛往昔于波罗奈国初转四谛法轮，今天则再转最妙最大的法轮。"

这时，诸天子想重宣此义，便说偈道：

"释迦牟尼佛往昔于波罗奈国初转四谛法轮，分别讲说苦、集、灭、道以及十二因缘等各种法相以及色、受、想、行、识等五蕴的合散生灭。今天他又转最妙、最大的法轮，说《妙法莲华经》，在此，佛已去除权智而说实智，不用权宜之法而直说实相奥义。这种极其深奥的法，一般人很难信受。我等诸天子从往昔以来，虽然多次听佛说法，可是从没有听过这样深奥微妙的佛法。今天，世尊讲说此法，我们都很乐意听闻。声闻弟子中最有智慧的舍利弗尊者如今已蒙佛授记作佛。按照这部妙法的道理，我等诸天子也同舍利弗一样，未来必将成佛，成为一切世间中最尊贵、最高尚的圣者。佛道的确是不可思议的，可是佛以其方便之力，随众生的根性，应机说法，引导众生渐入佛道。我们诸天所有的福德善业，包括今世的和过去世的以及所有幸运见佛的功德，都将回向于我们未来成就的佛道。"

【经文】

尔时，舍利弗白佛言："世尊，我今无复疑悔，亲于佛前得受阿耨多罗三藐三菩提记。是诸千二百心自在者，昔住学地，佛常教化，言我法能离生老病死，究竟涅槃。是学无学人，亦各自以离我见及有无见等，谓得涅槃。而今于世尊前，闻所未闻，皆堕疑惑。善哉！世尊，愿为四众说其因缘，令离疑悔。"

尔时,佛告舍利弗:"我先不言诸佛世尊以种种因缘、譬喻、言辞,方便说法,皆为阿耨多罗三藐三菩提耶?是诸所说皆为化菩萨故。然舍利弗,今当复以譬喻更明此义,诸有智者以譬喻得解。

【白话】

这时,舍利弗又对释迦牟尼佛说:"世尊,我听了您说的这部妙法,已不再有什么疑惑了。今天,我在佛的面前亲自接受无上圣智的记号,将来当成佛为华光如来。对此我均已领略了其中的道理,并信受不疑。可是在座的一千二百多名声闻弟子均已得到心大自在的程度,这些人往昔在初果、二果、三果的阶位上,修习佛的方便法门,佛常教化他们说,佛法能使众生脱离生、老、病、死的痛苦,得到究竟涅槃的快乐。这些在三果位上的有学弟子和在四果罗汉位上的无学弟子,便也各自因为自己已消除了对自我的执着、对常有的执着、对虚无的执着,从而认为自己已得到了涅槃。而今在世尊面前听到这闻所未闻的无上妙法,他们便都陷入重重疑惑之中。啊,世尊!请您慈悲,为在座的比丘、比丘尼、优婆塞、优婆夷等四众弟子讲讲这其中的原委,以使他们都能远离疑惑与懊悔。"

释迦牟尼佛对舍利弗说:"我先前不是已经说过,诸佛莫不是为了无上圣智而以种种因缘、譬喻、巧言妙辞等方便法门说法吗?所有这些说法形式,都是为了教化各位菩萨的缘故。不过,舍利弗,我今天还将再以譬喻的形式解释这种道理,诸位有智慧的弟子就可以从这种譬喻中领略其中的奥旨。

【经文】

"舍利弗，若国邑聚落有大长者，其年衰迈财富无量，多有田宅及诸童仆。其家广大，唯有一门，多诸人众一百、二百、乃至五百人止住其中。堂阁朽故，墙壁颓落，柱根腐败，梁栋倾危，周匝俱时欻然火起，焚烧舍宅。长者诸子若十、二十或至三十在此宅中。长者见是大火从四面起，即大惊怖而作是念：我虽能于此所烧之门安隐得出，而诸子等于火宅内乐著嬉戏，不觉不知，不惊不怖，火来逼身，苦痛切己，心不厌患无求出意。舍利弗，是长者作是思惟，我身手有力当以衣裓，若以几案从舍出之。复更思惟，是舍唯有一门而复狭小，诸子幼稚未有所识，恋著戏处，或当堕落为火所烧。我当为说怖畏之事，此舍已烧，宜时疾出，勿令为火之所烧害。作是念已，如所思惟具告诸子，汝等速出。父虽怜愍，善言诱谕，而诸子等乐著嬉戏不肯信受，不惊不畏，了无出心，亦复不知何者是火何者为舍，云何为失，但东西走戏视父而已。

"尔时，长者即作是念：此舍为大火所烧，我及诸子若不时出，必为所焚。我今当设方便，令诸子等得免斯害。父知诸子先心各有所好，种种珍玩奇异之物情必乐著。而告之言：'汝等所可玩好希有难得，汝若不取，后必忧悔。如此种种羊车、鹿车、牛车，今在门外，可以游戏。汝等于此火宅，宜速出来，随汝所欲皆当与汝。'尔时，诸子闻父所说珍玩之物，适其愿故，心各勇锐，互相推排，竞共驰走，争出火宅。

【白话】

"舍利弗，我现在就给你们讲一个譬喻。在某一个国家的某一个城镇内的某一个村落，有一位长者，此人年迈寿高，财富无量，拥有大片田地和众多的宅院以及许多的童仆。他的家园十分庞大，只开了一道院门，常有一二百人，有时甚至五百多人居住在他的家中。可是，他家的房子均已年久失修，堂阁破败，墙壁颓落，柱根腐朽，梁栋倾斜。一天，房舍四周忽然同时起火，整个宅院陷入火海之中。这位长者的儿子约有一二十人或者三十多人当时正好都在家中。长者发现其家四面起火，顿时大惊失色，心想，我自己虽然能从大火焚烧的院门中安全逃出，但是诸位儿子不明事故，他们依然在火宅之中嬉戏玩耍，毫不惊惧。大火已快烧到他们身边，灼热的火苗正在烘烤着他们，但他们依然不知大难临头，根本没有要求出去的意思。

"舍利弗，那位长者当时又这么想，他自己身手有力，可以用衣裓、桌案掩护，从房中逃出。可他转念一想，这座宅院只有一道门户，而且还很狭窄，诸子年幼无知，贪恋玩耍，不愿离开，有可能落于火中遭受焚烧，我应当给他们讲清形势的可怕，告诉他们这座房舍已被火烧，你们应该赶紧离开，不要让火将你们烧了。这样想过之后，这位长者便如实告知诸子，让他们迅速逃离。然而，为父的虽然非常怜悯，好言相劝，但诸位儿子却根本不相信父亲的话，他们依然高高兴兴地嬉戏玩耍，不惊不畏，没有一点想出去的意思，也不知什么是火，什么是舍以及为何会起火，他们仍一个劲儿地东走西跑，打闹嬉戏，若无其事地盯着自己的父亲。

"鉴于这种情况，长者心想：这座宅院已为大火所烧，我及诸子如果不及时逃出，就必然会为火所焚。我现在应该以方便权宜之计，使儿子们得以免去这场灾害。父亲知道诸位儿子以前各自的喜好，认为他们对各种珍玩奇异之物肯定会非常喜欢，便告诉他们说：'我有一些你们可以玩乐的东西，非常稀有难得，你们若不来取，以后肯定会后悔的。现在，大门外有各种羊车、鹿车、牛车，可供玩耍游戏，你们应赶快从这火宅之中出来，到时，你们要什么都会给的。'这时，诸子听父亲说有珍玩之物，正合其心愿，于是个个心情激动，精神高涨，他们互相拥挤，争先恐后地跑出火宅。

【经文】

"是时，长者见诸子等安隐得出，皆于四衢道中露地而坐，无复障碍，其心泰然，欢喜踊跃。时诸子等各白父言：'父先所许玩好之具，羊车、鹿车、牛车愿时赐予'。舍利弗，尔时，长者各赐诸子等一大车。其车高广，众宝庄校，周匝栏楯，四面悬铃。又于其上张设幰盖，亦以珍奇杂宝而严饰之。宝绳交络，垂诸花缨。重敷婉筵，安置丹枕。驾以白牛，肤色充洁，形体殊好，有大筋力，行步平正，其疾如风。又多仆从而侍卫之。所以者何？是大长者财富无量，种种诸藏悉皆充溢，而作是念，我财物无极，不应以下劣小车与诸子等。今此幼童皆是吾子，爱无偏党。我有如是七宝大车。其数无量，应当等心，各各予之，不宜差别。所以者何？以我此物周给一国，犹尚不匮，何况诸子。是时，诸子各乘大车得未曾有，非本所望。

"舍利弗，于汝意云何？是长者等与诸子珍宝大车宁有虚妄否？"舍利弗言："不也，世尊。是长者但令诸子得免火难，全其躯命,非为虚妄,何以故?若全身命便为已得玩好之具,况复方便于彼火宅而拔济之。世尊,若是长者乃至不予最小一车,犹不虚妄,何以故?是长者先作是意:我以方便令子得出。以是因缘无虚妄也。何况长者自知财富无量,欲饶益诸子,等与大车。"

【白话】

"此时,长者见诸位儿子从火宅中安全逃出,在四条大道上露地而坐,他们已没有什么生命危险,所以个个心安无虑,欢喜跳跃。这时,诸子都对其父亲说:'父亲先前曾答应给我们好玩的东西,如羊车、鹿车、牛车等,请您赶快给我们吧!'舍利弗,这时长者便为其诸子各赐一辆大车,此车高大气派,上面饰有各种珍宝,周围装有华丽的栏杆,四面悬挂着宝铃。车上覆盖着帷幔和宝盖,幔盖上装饰着奇珍异宝,宝绳纵横交错,绳上垂挂着各种花朵和缨子。车内铺着重重叠叠的垫褥,放置着红色的枕头。车辕内驾着白牛,此牛肤色纯正洁白,形体优美,筋力强健,行走平稳,速度如风。另外,在车的两旁还有许多仆从,殷勤侍卫。为什么会有这样富丽堂皇的牛车呢?因为这位长者拥有无尽的财富,各种宝藏都放得满满的。于是他想:我的财物无量无数,我不应给诸子劣等小车。如今这些幼童都是我的儿子,对于他们,我个个喜爱,毫无偏袒。我既然有无数无量的七宝大车,就应该公平地分给他们。为什么呢?以我的七宝大车来说,将它们送给一国之中所有的人,也用不完,何况这么几个儿子。这时,那位长者的儿子们各自乘上华丽的大车,莫不叹为观止。他们能得到如此珍奇之物,的确是超出了当初的愿望。

"舍利弗,在你看来,这位长者平等赐予诸子珍宝大车,是否属于欺妄之举呢？"

舍利弗回答说："不，世尊，这位长者只是为了使诸子免于火焚之难，保全其性命，这不叫欺妄，为什么呢？保全其身命便已算是得到了玩好之具，何况还设方便权宜之策将他们从那座火宅之中救度出来呢？世尊，如果这位长者甚至不给最小的一个车，也不算是虚妄。为什么呢？这位长者先前曾有这样的意图：我以方便权宜之策使诸子出离火宅，所以说这不是什么虚妄。何况这位长者自知有无量财富，想要诸子得到好处，从而平等给予他们妙好大车。"

【经文】

佛告舍利弗："善哉！善哉！如汝所言。舍利弗，如来亦复如是，则为一切世间之父，于诸怖畏、衰恼、忧患、无明暗蔽，永尽无余，而悉成就无量知见、力、无所畏，有大神力及智慧力、具足方便、智慧波罗蜜，大慈大悲，常无懈倦，恒求善事，利益一切，而生三界朽故火宅，为度众生生老病死、忧悲、苦恼、愚痴、暗蔽、三毒之火，教化令得阿耨多罗三藐三菩提。见诸众生为生老病死、忧悲、苦恼之所烧煮，亦以五欲财利故，受种种苦，又以贪著追求故，现受众苦，后受地狱、畜生、饿鬼之苦，若生天上及在人间，贫穷困苦、爱别离、怨憎会，如是等种种诸苦。众生没在其中，欢喜游戏，不觉不知，不惊不怖，亦不生厌，不求解脱，于此三界火宅东西驰走，虽遭大苦不以为患。舍利弗，佛见此已，便作是念：我为众生之父，应拔其苦难，与无量无边佛智慧，乐令其游戏。

"舍利弗，如来复作是念，若我但以神力及智慧力舍于方便，为诸众生赞如来知见、力、无所畏者，众生不能以是得度。所以者何？是诸众生未免生、老、病、死、忧悲、苦恼、而为三界火宅所烧，何由能解佛之智慧！舍利弗，如彼长者，虽复身手有力而不用之，但以殷勤方便，勉济诸子火宅之难，然后各与珍宝大车。如来亦复如是，虽有力、无所畏，而不用之，但以智慧方便，于三界火宅，拔济众生，为说三乘：声闻、辟支佛、佛乘，而作是言：汝等莫得乐住三界火宅，勿贪粗敝色、声、香、味、触也。若贪著生爱，则为所烧。汝速出三界，当得三乘：声闻、辟支佛、佛乘。我今为汝保任此事，终不虚也。汝等但当勤修精进。

【白话】

释迦牟尼佛告诉舍利弗说："好！好！就像你所说的，如来佛也是如此，他是所有世间一切众生的父亲，他已永恒而干净地扫除了一切怖畏、衰恼、忧患和愚痴暗蔽，全面成就了佛的知见、十种智力、四种无畏，具有巨大的神通力和智慧力，具足权巧方便法门和智慧超度法门，大慈大悲，永无懈倦，恒求善事，为教化利益一切众生，而生于此欲界、色界、无色界等三界火宅。佛在此火宅之中，为度脱众生的生、老、病、死、忧悲、苦恼、愚痴、暗蔽以及贪、瞋、痴三毒之火，便以各种法门教化他们，使他们得到无上的圣智。众生为生、老、病、死、忧悲、苦恼所烧煮，皆是因为贪著五欲的缘故。贪著追求于五欲，不但现世受种种苦难，而且后世也会遭受地狱、畜生、饿鬼之苦，即使后世转生于天上或人间，也会遭受贫穷困苦、受别离、怨憎会等种种苦难。众生淹没在苦海之中，但却不知不觉，不惊不怖，毫无厌倦，欢喜游戏，不求解脱。他们在此三界火宅之中东奔西跑，虽遭大苦而不以为患。舍利弗，佛看到这种状况后便想：我为众生之父，应拔其苦难，给与他们无量无边的佛智慧，使其在佛智慧的美妙境界中欢乐游戏。

"舍利弗，如来佛接着又这样想：如果我舍弃各种方便法门，仅仅以佛的神通力和智慧力直接为众生赞叹如来佛的知见、十种智力、四种无畏，那么，众生是不会因此而得到度脱的。为什么呢？因为这些众生尚未免除生、老、病、死及忧悲苦恼等各种痛苦，像长者幼子一样无知不化，沉沦于三界火宅之中惨遭烘烧，他们怎能理解佛的微妙智慧呢？舍利弗，就像那位长者一样，他虽然身手有力，但却不用，只是以其方便权巧之法，尽力救度诸子免于火宅焚烧之难，然后再给与每个人珍宝大车。如来佛也是如此，他虽然有十种智力和四种无畏，但也不用，他以其智慧支配的各种方便之法，在三界火宅之中救度众生，为他们分别讲说三乘法，即声闻乘、辟支佛乘、佛乘，对他们说：你们切莫乐居于三界火宅之中，切莫贪著于粗俗破敝的色相、音声、香气、味道、触觉等五欲之境。如果贪恋外境，爱欲不断，那就会被欲火焚烧。你们这些人应当赶快离开三界火宅，到时，你们都会得到三乘，即声闻乘、辟支佛乘、佛乘。我今天为你们担保，若依法修行，必能成佛，绝非虚妄，你们只管精勤修行吧。"

【经文】

"如来以是方便诱进众生，复作是言：汝等当知此三乘法，皆是圣所称叹，自在无系无所依求。乘是三乘，以无漏根、力、觉、道、禅、定、解脱、三昧等而自娱乐，便得无量安隐快乐。舍利弗，若有众生，内有智性，以佛世尊闻法信受，殷勤精进，欲速出三界，自求涅槃，是名声闻乘，如彼诸子为求羊车，出于火宅。若有众生，从佛世尊闻法信受，殷勤精进，求自然慧，乐独、善寂，深知诸法因缘，是名辟支佛乘，如彼诸子为求鹿车出于火宅。若有众生，从佛世尊闻法信受，勤修精进，求一切智、佛智、自然智、无师智、如来知见、力、无所畏、愍念、安乐无量众生，利益天人，度脱一切，是名大乘。菩萨为求大乘故，名为摩诃萨，如彼诸子为求牛车出于火宅。

"舍利弗，如彼长者见诸等安隐得出火宅，到无畏处，自惟财富无量，等以大车而赐诸子。如来亦复如是，为一切众生之父，若见无量亿千众生，以佛教门，出三界苦、怖畏险道得涅槃乐。如来尔时便作是念：我有无量无边智慧、力、无畏等诸佛法藏。是诸众生皆是我子，等与大乘，不令有人独得灭度，皆以如来灭度而灭度之。是诸众生脱三界者，悉与诸佛禅定、解脱等娱乐之具，皆是一相、一种，圣所称叹，能生净妙第一之乐。舍利弗，如彼长者初以三车诱引诸子，然后但与大车，宝物庄严，安隐第一，然彼长者无虚妄之咎。如来亦复如是，无有虚妄，初说三乘引导众生，然后但以大乘而度脱之。何以故？如来有无量智慧、力、无所畏诸法之藏，能与一切众生大乘之法，但不尽能受。舍利弗，以是因缘，当知诸佛方便力故，于一佛乘分别说三。"

【白话】

释迦牟尼佛接着说："如来佛以这种权宜方便法门诱导众生

脱离三界火宅之后，又对他们说：你们应当知道，这三乘之法都是三世十方一切圣佛经常赞叹的法门，这些法通达一切，自在无碍，了脱万缘，无所依求。乘于这三乘之车，以清净的妙法自修自娱，便可得到无量的安稳和快乐。这些清净妙法有：五根（修行所依靠的五种内在条件：信、精进、念、定、慧）、五力（由于五根的增长所产生的与五根相应的五种维持修行、达到解脱的力量）、七觉支（达到觉悟的七种次第或组成部分，即忆念佛法念觉支、根据佛法标准分辨是非真伪善恶的择法觉支、努力不懈修行的精进觉支、闻法生喜的喜觉支、因断除烦恼，身心安适愉快的轻安觉支、心注一境思悟佛法的定觉支、心无偏颇的舍觉支）、八正道（八种通向涅槃解脱的正确方法，即正见、正思惟、正语、正业、正命、正精进、正念、正定）、四禅（用以治惑、生诸功德的四种基本禅定，从初禅经二禅、三禅到四禅，心理活动渐次发展，形成四种不同的精神境界）、四无色定（为对治色界的束缚、灭除一切对外境感受和思想的修行和由此达到的四种精神境界，即空无边处定、识无边处定、无所有处定、非想非非想处定）、八解脱（通过八种禅定而舍弃对色和无色的贪欲）、三三昧（即三解脱门：观人、法二空的空解脱；观诸法无相、本无差别的无相解脱；观生死可厌，不可愿求的无愿解脱）。

"舍利弗，如果有这样一类众生，他们本身具有一定的智慧，跟从如来佛听法生信，勤勉修持，想迅速出离三界苦海，自我求得涅槃解脱。这就叫声闻乘，就像那位长者的儿子为求羊车而出火宅一样。如果有的众生跟随如来佛听法生信，勤勉修持，毫不懈怠，追求自我成就的智慧，喜欢独自寂静修行，深知十二因缘的道理。这就叫辟支佛乘，也叫缘觉、独觉乘，就像那位长者的儿子为求鹿车而出离火宅一样。如果有的众生从如来佛那里听闻佛法，一念生信，受持不疑，勤奋修行，精进不息，追求了知一切法的一切智、一般众生所不能有的佛智、佛圆满觉悟的自然智、无师智以及如来佛的知见、十种智力、四无所畏等佛的智慧和功德，发大慈大悲之心，怜悯安乐一切众生，利益诸天神和广大人类，度脱三界六道的一切众生。这就叫大乘，菩萨追求此乘所以称大菩萨，就像那位长者的儿子为求牛车而出于火宅一样。"

佛接着又说："舍利弗，那位长者见诸子安全出离火宅到达没有危险的地方，心想自己的财富无量无数，便平等地赐予诸子大白牛车。如来佛与这位大长者一样，他是一切众生的父亲，他为亿万生设立佛法之门，使他们由此出离三界苦海，逃脱可怕的险道，得到涅槃解脱的快乐。如来佛见众生已经出离三界苦海，便又想：我拥有无量无边的智慧，具足十种智力和四种无畏以及其他许许多多的佛法宝藏。所有这一切众生皆是我的儿子，我应平等地给与他们大乘宝车，不能只让一部分人自我灭度，而应以如来佛的灭度来灭度他们所有的人。这些众生只要能脱离三界，我将把诸佛的禅定、解脱等妙法神力当作娱乐之具给与他们所有的人。诸佛所有的妙法神力都是惟一的实相和惟一的佛智，常受诸佛的赞叹，能带给众生清净、微妙、至善至美的乐趣。

"舍利弗，如来佛与那位长者一样。那位长者最初以三种车引诱诸子出离火宅，可是后来却只给他们大车，一种用各种宝物尽情装饰、安稳舒适、最为微妙的大车。这位长者如此作法毫无虚妄的过错。如来佛也是这样做的，也是没有虚妄可言的。佛初说三乘之法引导众生，然后只用大乘度脱众生。为什么呢？如来佛有无尽的智慧、十力、四无畏等佛法宝藏，能施与一切众生大乘之法，可是，众生一开始是不能完全接受的。舍利弗，由于这种缘故，你该明白诸佛才用其方便之力，在这惟一的佛乘法上，分别说声闻、缘觉、菩萨等三乘之法。

【经文】

佛欲重宣此义而说偈言:譬如长者,有一大宅。其宅久故,而复顿敝,堂舍高危,柱根摧朽,梁栋倾斜,基陛颓毁,墙壁圮坼,泥涂阤落,覆苫乱坠,椽桷差脱,周障屈曲,杂秽充遍。有五百人,止住其中,鸱枭雕鹫,乌鹊鸠鸽,蚖蛇蝮蝎,蜈蚣蚰蜒,守宫百足,鼬貍鼷鼠,诸恶虫辈,交横驰走。屎尿臭处,不净流溢,蜣蜋诸虫,而集其上。狐狼野干,咀嚼践踏,䶩啮死尸,骨肉狼藉。由是群狗,竞来搏撮,饥羸慞惶,处处求食,斗争揸掣,嗥吠,其舍恐怖,变状如是。处处皆有,魑魅魍魉。夜叉恶鬼,食啖人肉,毒虫之属,诸恶禽兽,孚乳产生,各自藏护。夜叉竞来,争取食之,食之既饱,恶心转炽,斗争之声,甚可怖畏,鸠槃荼鬼,蹲踞土埵,或时离地,一尺二尺,往返游行,纵逸嬉戏,捉狗两足,扑令失声,以脚加颈,怖狗自乐。复有诸鬼,其身长大,裸形黑瘦,常住其中,发大恶声,叫呼求食,复有诸鬼,其咽如针,复有诸鬼,首如牛头。或食人肉,或复啖狗,头发蓬乱,残害凶险,饥渴所逼,叫唤驰走。夜叉饿鬼,诸恶鸟兽,饥急四向,窥看窗牖,如是诸难,恐畏无量。

【白话】

释迦牟尼佛欲重宣以上义趣,便说偈道:

"譬如一位长者,有一座很大的宅院,这宅子年久失修,柱根已经腐朽,梁栋已经倾斜,房基开始塌陷,墙壁四处裂缝,泥皮片片剥落,覆盖的草苫随处乱坠,椽檐错位,四周遮挡物弯弯曲曲，到处是杂秽之物，宅院中住着五百人，与此同时，各类飞禽走兽也杂居院内，飞来走去，如入无人之境，如鹞鹰、雕鹫、乌鹊、斑鸠、鸽子等各类飞禽，蚖、蛇、蝮、蝎、蜈蚣、蚰蜒、壁虎、百足、鼬、狸、鼷鼠等各种恶虫。院内屎尿遍地，蜣螂等虫爬集其上，狐狸、豺狼、野干等在院中咀嚼食物，到处践踏，啃噬死尸，一片骨肉狼藉。因此，一群群饥饿瘦弱的馋狗都来争食骨肉，它们张皇失措，到处找食，相互嘶咬，狂吠乱叫。这座宅院已变成这副模样，十分的恐怖阴森。

"另外，这座院子中还有各种妖魔鬼怪吃食人肉。各种毒虫、各种恶禽猛兽，或者孵化而生，或者怀胎而生，各自躲藏掩护。诸鬼都来争抢吃食，吃饱之后，邪恶之心大增，故而相互争斗，打骂之声极其可怕。那些鸠槃荼鬼们都蹲在土堆上面，有时则离地一二尺，往返游转，纵情嬉戏，它们捉住狗的两足，使劲摔打，诸狗失声乱叫。这些鬼还以脚踩在狗的脖子上，使狗吓得惊恐万状，从而寻求乐趣。又有许多形体庞大的恶鬼也住在这座宅院之中，它们光着又黑又瘦的身子，到处嚎叫着寻觅食物。一些咽喉如针般窄细的饿鬼也穿梭其中。还有一些首似牛头的恶鬼，有的吞噬人肉，有的啃咬狗肉。这些恶鬼蓬头垢面，凶恶残忍，它们饥渴难挨，嚎叫不已，奔走不息。这座宅院中所有的妖魔鬼怪、凶禽猛兽个个饥肠辘辘，急于求食，四下乱跑，向外张望。如此祸患深重的宅院实在是恐怖之极。"

【经文】

是朽故宅，属于一人。其人近出，未久之间，于后舍宅，忽然火起，四面一时，其焰俱炽。栋梁椽柱，爆声震裂，摧折堕落，墙壁崩倒。诸鬼神等，扬声大叫，雕鹫诸鸟，鸠槃荼等，周慞惶怖，不能自出。恶兽毒虫，藏窜孔穴。毗舍阇鬼，亦住其中，薄福德故，为火所逼，共相残害，饮血啖肉。野干之属，并已前死，诸大恶兽，竞来食啖，臭烟熢㶿，四面充塞。蜈蚣蚰蜒，毒蛇之类，为火所烧，争走出穴，鸠槃荼鬼，随取而食。又诸饿鬼，头上火然，饥渴热恼，周慞闷走。其宅如是，甚可怖畏，毒害火灾，众难非一。是时宅主，在门外立，闻有人言，汝诸子等，先因游戏，来入此宅，稚小无知，欢娱乐著。长者闻已，惊入火宅，方宜救济，令无烧害。告谕诸子，说众患难。恶鬼毒虫，灾火蔓延，众苦次第，相续不绝。毒蛇蚖蝮，及诸夜叉，鸠槃荼鬼，野干狐狗，雕鹫鸱枭，百足之属，饥渴恼急，甚可怖畏。此苦难处，况复大火。诸子无知，虽闻父诲，犹故乐著，嬉戏不已。

【白话】

释迦牟尼佛接着又对舍利弗等人讲道："这座破旧的宅院属于一人所有，可是此人近日外出不在家中。时隔不长，一天，后院忽然起火，一时间，四面俱焚，火光冲天。房中的栋梁椽柱被火烧得爆声大作，纷纷震裂，折毁落地。墙壁也随之塌崩。这时，宅院内的各种鬼神都扬声大叫起来，那些雕鹫等鸟禽与鸠槃荼等鬼怪由于自我爬不出来，都躲在四周，惊恐不已。各种恶兽和毒虫，到处乱窜，各自寻找孔穴藏身。一种名叫毗舍阇的鬼此时也住在火宅之中，这些鬼由于很少有福业和功德，所以为火所逼，便相互残害，饮血食肉。野干之类的虫兽首先被火烧死，那些较大的恶兽便都来争着吃食，弄得臭烟滚滚，遮天蔽日。蜈蚣、蚰蜒、毒蛇之类的爬虫为烟火所熏烤，争抢着爬出洞穴，而一旦出穴，随之又被鸠槃荼鬼抓起吃食。那些饿鬼们头上燃着火苗，个个被烧烤得饥渴难耐，燥热恼乱，四处躲藏。总之，这座宅院已变得如此险恶可怖，其中的毒害和火灾多得难以述说。

"就在这时，宅院的主人正好站在门外。他听说自己的儿子事先误入宅中戏耍，由于幼小无知，这时仍在火宅中玩乐不止，不知出逃。这位长者一听，立即冲入火宅之中。诸子也正需要有人救济，以免除火烧之灾。这位长者便将宅中各种恶鬼毒虫以及蔓延的火宅全都告知他的儿子，并说这些苦难一个接着一个，是没完没了的。那些毒蛇、蚖蝮、夜叉、恶鬼、野干、狐狸、凶狗、雕鹫、鸱鹰、百足等均已饥渴难忍，火烧火燎，何况还有熊熊的大火！可是，这些无知的儿子们虽然听到父亲的教诲，但却毫不理会，仍然热衷于火宅，继续嬉戏玩乐。

【经文】

是时长者，而作是念，诸子如此，益我愁恼。今此舍宅，无一可乐，而诸子等，耽湎嬉戏，不受我教，将为火害。即便思维，设诸方便，告诸子等，我有种种，珍玩之具，妙宝好车，羊车鹿车，大牛之车，今在门外，汝等出来。吾为汝等，造作此车，随意所乐，可以游戏。诸子闻说，如此诸车，即时奔竞，驰走而出，到于空地，离诸苦难。长者见子，得出火宅，住于四衢，坐师子座，而自庆言，我今快乐。此诸子等，生育甚难，愚小无知，而入险宅。多诸毒虫，魑魅可畏，大火猛焰，四面俱起，而此诸子，贪著嬉戏。我已救之，令得脱难，是故诸人，我今快乐。尔时诸子，知父安坐，皆诣父所，而白父言，愿赐我等，三种宝车。如前所许，诸子出来，当以三车，随汝所欲，今正是时，惟垂给予。长者大富，库藏众多。金银琉璃，砗磲玛瑙，以众宝物，造诸大车。庄校严饰，周匝栏楯，四面悬铃，金绳交络。真珠罗网，张施其上，金花诸璎，处处垂下。众彩杂饰，周匝围绕，柔软缯纩，以为茵褥。上妙细氎，价值千亿，鲜白净洁，以覆其上。有大白牛，肥壮多力，形体殊好，以驾宝车。多诸傧从，而侍卫之。以是妙车，等赐诸子。诸子是时，欢喜踊跃，乘是宝车，游于四方，嬉戏快乐，自在无碍。

【白话】

"这时，长者心想：诸位儿子如此无知，平添我许多忧愁和烦恼。如今的这座舍宅已无任何可爱的地方，可儿子们却仍然像喝毒酒一样，沉溺于嬉戏，不能自拔。他们不听我的教导，必将会被大火烧身的。于是，这位长者又想了想，设计出一套权宜方案。他告诉儿子们说：我有种种珍玩之具和各种微妙的宝车，如羊车、鹿车、大牛车等，如今都在门外放着，你们都赶快出来，我将为你们造作这些宝车，你们可以随意游戏玩乐。儿子们听说有如此宝车可以玩耍，便立即争先恐后地跑出火宅，来到宅外空地上，从而脱离了火宅之难。长者见儿子们已出火宅，呆在四奈道上，于是，他便坐到狮子座上，自我庆幸地说：现在我可放心了。这些儿子的生长、养育都是很不容易的，他们幼小无知，误入险宅，那里毒虫遍地，鬼怪肆虐，四面大火，可儿子们却贪著其中，只顾玩乐，幸亏我救了他们，使其得以脱离险境。所以，我现在非常快乐。

"此时，长者的儿子们听说父亲正安坐于狮子座，便都来到这里，对父亲说：请您赏赐我们三种宝车吧！正像事先所许诺的，只要诸子从为火宅中出来，就随其所欲，给他们三种宝车。现在正是时候，该给他们了。这位长者十分富有，库藏极其充裕。于是，他让人用金银、琉璃、砗磲、玛瑙等各种宝物，制造这些大车，并极尽装饰，四周设置有栏杆，四面悬挂着宝铃，金绳交错，珍珠编缀的罗网盖在车上，用黄金作成的花朵和缨子处处垂挂。各色绸缎环围周边。车内铺着用柔软丝织物或丝棉制成的垫褥，垫褥上盖着价值千亿、鲜白洁净的上等精细棉布。驾驶这部宝车的是肥壮多力、形体优美的大白牛。许多陪同和侍从跟随着牛车，以随时护卫和侍奉。那位长者将如此美妙的牛车平等地赐给他所有的儿子们。这时，诸位儿子个个欢欣鼓舞，蹦蹦跳跳，他们坐上这种美妙无比的宝车，四处游转，欢乐嬉戏，逍遥自在。

【经文】

告舍利弗，我亦如是，众圣中尊，世间之父。一切众生，皆是吾子，深著世乐，无有慧心。三界无安，犹如火宅，众苦充满，甚可怖畏。常有生老，病死忧患，如是等火，炽然不息。如来已离，三界火宅，寂然闲居，安处林野。今此三界，皆是我有，其中众生，悉是吾子。而今此处，多诸患难，唯我一人，能为救护。虽复教诏，而不信受，于诸欲染，贪著深故。以是方便，为说三乘，令诸众生，知三界苦，开示演说，出世间道。是诸子等，若心决定，具足三明，及六神通，有得缘觉，不退菩萨。汝舍利弗，我为众生，以此譬喻，说一佛乘。汝等若能，信受是语，一切皆当，成得佛道。是乘微妙，清静第一，于诸世间，为无有上。佛所悦可，一切众生，所应称赞，供养礼拜。无量亿千，诸力解脱，禅定智慧，及佛余法。得如是乘，令诸子等，日夜劫数，常得游戏。与诸菩萨，及声闻众，乘此宝乘，直至道场。以是因缘，十方谛求，更无余乘，除佛方便。告舍利弗，汝诸人等，皆是吾子，我则是父。汝等累劫，众苦所烧，我皆济拔，令出三界。我虽先说，汝等灭度，但尽生死，而实不灭。今所应作，唯佛智慧。若有菩萨，于是众中，能一心听，诸佛实法。诸佛世尊，虽以方便，所化众生，皆是菩萨。

【白话】

"舍利弗，我也是如此。作为一切圣贤中的尊者，我是所有世间众生的父亲，而一切众生则是我的儿子。众生没有智慧之心，深深地执着于世俗的快乐，可是，众生居住着的三界是毫不安稳自在的，它就像一座火宅一样，充满了各种各样的苦难，是极其可怕的。生、老、病、死等诸多忧患就像火一样燃烧不息。如来佛业已脱离三界火宅，寂然闲居于世外桃源，悠然自在，安稳快乐。可这三界都是我如来佛所有，三界中的一切众生也都是我如来佛的儿子。如今三界之中灾难重重，只有我一人才能救护他们。可是尽管我教化告诫他们出离三界，他们总是不听。看来，他们对各种欲染的贪著也确实太深了。基于这种情况，我便大开方便法门，为众生说三乘之法，先让众生知道三界之苦，然后再为他们开示出离三界的道路。这些佛子们若能信念坚定，即可具足三明，即悉知过去世因缘的宿命明，知未来世生死情况的天眼明，断除一切烦恼的漏尽明。除过这三明之外，只要众生精进修生，还可获得六种神通，即：飞天入地、变化自在的神足通、能见六道一切众生苦乐境界的天眼通、能听见六道一切声音的天耳通，能知六道众生内心所念之事的他心通，能知自身及六道一切众生一切世的宿命及所作之事的宿命通，断除一切烦恼惑业，永远摆脱生死轮回的漏尽通。只要众生以我开示的道法修行，他们即可得到缘觉的果位，以至成为行为、果位、信念三者都不退转的菩萨。

"舍利弗，我以这些譬喻法门为众生开示惟一的佛乘法门，引导他们从小乘权宜法门转向大乘真实法门。你们若能相信我的这些说法，并以此修行，那么，你们每个人都可以成就佛道的。这种佛乘之法，是最微妙，最清净的法门，无论在哪个世间，它都是至高无上的。如来佛最喜欢这个法门，一切众生都应称赞这个法门，都应该供养、礼拜这部《妙法莲华经》。在这个宝乘里面，有无量无数的佛功德，如十种智力、八种解脱以及各种禅定、各种智慧和佛其他的所有妙法。如果众生证得这种宝乘，那么佛的儿子们就可年年岁岁，日日夜夜，不断游戏，欢乐无比。这些众生与所有的菩萨以及声闻大众乘上这个宝乘就可一直到达佛道的妙乐之境。所以说，在十方世界任何地方寻找也找不到这么高深微妙的佛法，其他的佛法都是佛的方便法门。

"舍利弗，我今再告知你，你们这些人都是我的儿子，我就是你们的父亲。你们这些人亿万年来一直为各种苦难所煎熬。如今，我将拔除你们所有人的所有痛苦，使你们都脱离三界苦海。虽然我当初说过你们已得灭度，但断尽生死，并非真实的、最彻底的灭度。如今，你们应该作的就是修习佛的智慧，修习真实的佛乘之法。这些大众之中会有菩萨能专心一意聆听诸佛最真实的法门。诸佛虽以方便法门说法，但所有的方便法门都是为真实法门而设，即开权教以显实教，所以，方便法门所教化的众生，最终还是要作一个菩萨，去修习最真实的佛乘之法。

【经文】

若人小智,深著爱欲,为此等故,说于苦谛。众生心喜,得未曾有,佛说苦谛,真实无异。若有众生,不知苦本,深著苦因,不能暂舍,为是等故,方便说道。诸苦所因,贪欲为本,若灭贪欲,无所依止,灭尽诸苦,名第三谛。为灭谛故,修行于道,离诸苦缚,名得解脱。是人于何,而得解脱。但离虚妄,名为解脱。其实未得,一切解脱,佛说是人,未实灭度。斯人未得,无上道故,我意不欲,令至灭度。我为法王,于法自在,安隐众生,故现于世。汝舍利弗,我此法印,为欲利益,世间故说,在所游方,勿妄宣传。若有闻者,随喜顶受,当知是人,阿鞞跋致。若有信受,此经法音,是人已曾,见过去佛,恭敬供养,亦闻是法。若有人能,信汝所说,则为见我,亦见于汝,及比丘僧,并诸菩萨。斯法华经,为深智说,浅识闻之,迷惑不解。一切声闻,及辟支佛,于此经中,力所不及。汝舍利弗,尚于此经,以信得入,况余声闻。其余声闻,信佛语故,随顺此经,非己智分。又舍利弗,憍慢懈怠,计我见者,莫说此经。凡夫浅识,深著五欲,闻不能解,亦勿为说。

【白话】

"若人缺乏智慧,深著爱欲,佛便为这部分人说苦谛,让他们知道三界即苦。众生听后,心生欢喜,觉得此法是未曾有的妙法,是千真万确,永恒不变的真理。若有众生不知苦的根源,他们深深执着于引起诸苦的那些东西,一时一刻都不能舍弃。佛便为这部分众生方便说法,告知他们一切苦难的原因,究其根本都是贪欲，这就是集谛。灭掉各种贪欲，苦则无所依托，从而也便灭尽了诸苦，这就叫第三谛，即灭谛。欲得灭谛，就必须修行于道，此即是第四谛——道谛。解除一切苦的束缚，即得到解脱。这些人在哪些方面得到解脱呢？这些人只是离开了虚妄，故名为解脱，其实他们并没有在所有方面都得到解脱。佛说这些人没有真正灭度，因为他们没有得到至高无上的佛道，所以佛不愿让他们在这种境界下得到不彻底的灭度。

"我是诸法之王，在诸法中遂意自在，通达无碍。为了使世间众生得到快乐和安宁，获得最彻底的解脱，所以我才出现于世。舍利弗，我的这个实相法印，是为了利益所有众生才说的，不能随便在任何地方妄自宣传。如果有人听了此经之后，随顺经旨，欢喜受持、虔诚信仰，当知此人是菩萨发心，已达到毫不后退的阿鞞跋致境界。如果有人信仰、受持此经大乘法者，那么此人肯定在过去生中曾见过过去诸佛，恭敬供养这些佛，并从诸佛那里听闻过这种妙法。如果有人能相信你所说的法华经义，那么这人就是见到了我释迦牟尼佛，也见到了你舍利弗尊者以及比丘僧和诸菩萨。这部《妙法莲华经》是为那些智慧深邃的人说的，见识短浅的人听了，会迷惑不解。所有拘泥于初乘声闻和二乘辟支佛的人，对于此经中的妙理是很难领会的，所以他们也无力弘扬这部大乘经典。你舍利弗是声闻弟子中富有智慧的人，你对于这部佛典尚且通过智慧分辨，虔诚信仰，从而得以领会贯通，何况其他声闻弟子，那就更难理解了。其他声闻弟子由于信仰佛的话语，所以也随之信仰此经，逐渐领会经义，但这并不是出于他们本有的智慧之力。另外，舍利弗，对那些傲慢、懈怠、执着于我见的人，不要说此经典。那些见识短浅的凡夫俗子深深地贪著于世俗的五欲，他们听了此经后是不能理解的，所以也不要为这些人讲说此经。

【经文】

"若人不信，毁谤此经，则断一切，世间佛种。或复颦蹙，而怀疑惑，汝当听说，此人罪报。若佛在世，若灭度后，其有诽谤，如斯经典，见有读诵，书持经者，轻贱憎嫉，而怀结恨，此人罪报，汝今复听。其人命终，入阿鼻狱，具足一劫，劫尽更生，如是展转，至无数劫。从地狱出，当堕畜生，若狗野干，其形㞃瘦，黧黮疥癞，人所触娆，又复为人，之所恶贱，常困饥渴，骨肉枯竭，生受楚毒，死被瓦石。断佛种故，受斯罪报。若作骆驼，或生驴中，身常负重，加诸杖捶，但念水草，余无所知，谤斯经故，获罪如是。有作野干，来入聚落，身体疥癞，又无一目，为诸童子，之所打掷，受诸苦痛，或时致死。于此死已，更受蟒身，其形长大，五百由旬，聋騃无足，宛转腹行，为诸小虫，之所咂食，昼夜受苦，无有休息。谤斯经故，获罪如是。若得为人，诸根闇钝，矬陋癵躄，盲聋背偻。有所言说，人不信受。口气常臭，鬼魅所著。贫穷下贱，为人所使。多病消瘦，无所依怙。虽亲附人，人不在意。若有所得，寻复忘失。若修医道，顺方治病，更增他疾，或复致死。若自有病，无人救疗，设服良药，而复增剧。若他反逆，抄劫窃盗，如是等罪，横罹其殃。如斯罪人，常生难处。狂聋心乱，永不闻法。于无数劫，如恒河沙，生辄聋哑，诸根不具。常处地狱，如游园观。在余恶道，如己舍宅，驼驴猪狗，是其行处。谤是经故，获罪如是。若得为人，聋盲喑哑，贫穷诸衰，以自庄严。水肿干消，疥癞痈疽，如是等疾，以为衣服。身常臭处，垢秽不净。

深著我见，增益瞋恚。淫欲炽盛，不择禽兽。谤斯经故，获罪如是。

【白话】

"如果有人不相信甚至毁谤此经，那么，他就断了世间的一切成佛种子，从而永远不得成佛解脱。如果有人听了此经后，皱起双眉，怀疑不信，你当听这些人将会有多么大的罪报。无论是佛在世时，还是佛灭度后，会出现一些诽谤这部经典的人。他们看见读诵、书写、受持此经的人，便表示轻贱、憎恨或嫉妒，甚至怀恨在心。这些人的罪报，你今再听一听。此人命终之后，将堕于阿鼻地狱之中，在这个第八无间地狱之中受苦满一劫之后，再转生于其他地狱之中，如此辗转至无数劫，常受地狱之苦。从地狱出来后将堕于畜生道中，作狗或作野干，其形骨瘦如柴，又黑又丑，满身疥癞，人人见而避之。又由于它为人们所厌恶、所轻贱，所以，常常忍饥挨饿，骨肉枯竭，活着遭受各种苦楚，死了砖瓦石块加身。这都是由于他诽谤《妙法莲华经》，从而断绝了佛种的缘故，所以才受到这样的罪报。如果此人转生成骆驼，或转生成驴，那么它就会身上时常负着重物，被人用棍棒捶打。它们终日只想喝水吃草，除此之外，一无所知。如此罪报都是因为他当初曾诽谤这部经的缘故。这些谤经者有时转生为野干，到村落中寻觅食物，它身上长满疥癞，又缺少一只眼睛，所以遭到村里小孩子的追打，各种痛楚齐集一身，有时便受苦致死。由此死后又托生成蟒蛇，身形又长又大，足有五百由旬那么远。它虽有耳但不能听，没有足，所以只能宛宛转转地用肚皮走路。常被各种小虫咂食，昼夜受苦，无有间歇。这些罪报也是由于他当初诽谤《法华经》的缘故。

"如果这位谤经者有朝一日终于转生为人，那也是眼、耳、鼻、舌、身、意等六根愚钝，愚痴无知。他必然是身材矮小，相貌丑陋，或弯腰驼背，或双足弯曲瘸跛、眼盲、耳聋、背曲，四肢五官无一是处。这种人若有所言说，人皆不信，口气常臭，鬼魅附身，贫穷下贱，为人所使，多病消瘦，无依无靠。他如果对人百般奉承谄媚，对方却不在意。如果学得什么知识，很快又会忘记。如果修习医道，按照方子治病，却更增加了病人的病痛，甚至还将人弄死。如果自己有病，没有人为其治疗，自己吃下一剂良药，反而会使病情加重。若遇时局动乱，其家或遭查抄，或遭抢劫，或遭盗窃。这些罪报都遇到他的头上。这样的罪人总是转生于危难险恶之处，他疯狂无知，耳聋心乱，永远听不到佛法。在如恒河沙数多么无量无数的劫当中，这位谤经者一经转生，常常或聋或哑，五官缺无，长期处在地狱之中，就像游园观景一样，一去再去，难以返回。在饿鬼、畜生两种恶道之中，就好像在自己家中一样，更是常来常往，驴、驼、猪、狗等就是他的行动之处。这一切罪报都是因为他当初诽谤《法华经》的缘故。即使他脱离恶道转生为人，那也是聋、盲、喑、哑、穷困潦倒，这些衰败之像犹如装饰一样伴随着他的生命，而且他还百病缠身，或水肿，或干瘦，或生有疥癣，或生有脓疮，这些疾病犹如衣服一样经常穿在他的身上。他的身体常散发着臭味，垢秽不净。由于深著我见，脾气日趋暴躁，淫欲极盛，甚至与禽兽相交。这些罪报都是由于诽谤《法华经》的缘故。"

【经文】

告舍利弗，谤斯经者，若说其罪，穷劫不尽。以是因缘，我故语汝，无智人中，莫说此经。若有利根，智慧明了，多闻强识，求佛道者，如是之人，乃可为说。若人曾见，亿百千佛，植诸善本，深心坚固，如是之人，乃可为说。若人精进，常修慈心，不惜身命，乃可为说。若人恭敬，无有异心，离诸凡愚，独处山泽。如是之人，乃可为说。又舍利弗，若见有人，舍恶知识，亲近善友，如是之人，乃可为说。若见弗子，持戒清洁，如净明珠，求大乘经，如是之人，乃可为说。若人无瞋，质直柔软，常愍一切，恭敬诸佛，如是之人，乃可为说。复有佛子，于大众中，以清净心，种种因缘，譬喻言辞，说法无碍，如是之人，乃可为说。若有比丘，为一切智，四方求法，合掌顶受，但乐受持，大乘经典，乃至不受，余经一偈，如是之人，乃可为说。如人至心，求佛舍利，如是求经，得已顶受，其人不复，志求余经，亦未曾念，外道典籍，如是之人，乃可为说。告舍利弗，我说是相，求佛道者，穷劫不尽，如是等人，则能信解，汝当为说，妙法华经。

【白话】

释迦牟尼佛又告诉舍利弗说："诽谤《妙法莲华经》的人，若说他的罪过，那简直是穷劫难尽。因为这个缘故，我今告诉你，不要在没有智慧的人当中讲说《妙法莲华经》。如果遇到诸根伶俐，有智慧明事理、多闻强记、一心追求佛道的人，就可为他们讲解《妙法莲华经》。如果有人曾在过去世中见到成千上亿的佛，并在诸佛所修福积德，植下了众善之根，从而信心坚定。像这样的人，是可以为他们讲说《法华经》的。如果有人精进不怠，常修慈悲之行，甚至不惜身命一心修行，普救众生，这样的人是可以为他们讲说此经的。如果有人恭敬虔诚，毫无二心，远离凡尘愚痴，独处山泽，勤勉修行，这样的人就可为他们讲此经典。另外，舍利弗，若见有人舍弃谬误之师，亲近善友，这样的人乃可为其说此经典。如果看见佛弟子持戒清净，犹如寻净明珠一样求大乘经，这样的人可以为其说此经典。如果有人毫无瞋恚恼乱之心，质朴直率，柔顺和蔼，经常怜悯一切众生，恭敬供养诸佛，这样的人，可以为他们说此经典。如果又有一部分佛弟子，他们在大众之中，以其清净无染之心，通过各种因缘法、譬喻法以及美妙言辞等广宣佛法，像这样的人，就可以为他们讲此经典。如果有的比丘为了各种微妙智慧而四方求法，恭敬合掌，顶礼信受，他们只受持大乘经典，甚至不信受其他经典的一句话，这样的人，是可以为其说此《法华经》的。如果有人像求佛舍利那样至诚求此《法华经》，求得之后顶礼受持，他们甚至不再追求其他经典，也未曾念过外道的典籍，像这样的人，才可以为他们说此大乘经典。舍利弗，我今告诉你，我所说的这些志求佛道的人，是穷劫难尽的。这些人能够信解无上佛道的妙法，所以，你应当为他们讲说这部《妙法莲华经》。"

信解品第四

【经文】

尔时,慧命须菩提、摩诃迦旃延、摩诃迦叶、摩诃目犍连,从佛所闻未曾有法,世尊授舍利弗阿耨多罗三藐三菩提记,发希有心,欢喜踊跃,即从座起,整衣服,偏袒右肩,右膝著地,一心合掌,屈躬恭敬、瞻仰尊颜,而白佛言:"我等居僧之首,年并朽迈,自谓已得涅槃,无所堪任,不复进求阿耨多罗三藐三菩提。世尊往昔说法既久,我时在座,身体疲懈,但念空、无相、无作,于菩萨法、游戏神通、净佛国土、成就众生,心不喜乐。所以者何?世尊令我等出于三界得涅槃证,又今我等年已朽迈,于佛教化菩萨阿耨多罗三藐三菩提,不生一念好乐之心。我等今于佛前闻授声闻阿耨多罗三藐三菩提记,心甚欢喜,得未曾有,不谓于今,不求自得。

【白话】

这时,在座的长老须菩提、摩诃迦旃延、摩诃迦叶、摩诃目犍连等大弟子们从释迦牟尼佛这里听到如此亘古未有的妙法,并亲眼看见释迦牟尼佛为舍利弗尊者授无上佛智的记号,宣布他将来世作佛，名为华光如来，这些多年跟随释迦牟尼佛修习方便法门的大弟子们有幸参加今日的法会，莫不叹为稀有，他们内心充满欢喜和崇敬之情，一下子都欢呼跳跃起来。他们从座而起，整理好各自的衣服，偏袒着右肩，一齐走到释迦牟尼佛的面前，然后右膝跪地，一心合掌，恭敬曲躬，虔诚地瞻仰释迦牟尼佛的尊颜。接着，他们开口说道："世尊啊！我们这些人是众僧之首，都已年迈老朽，自以为已得证涅槃，不能再肩负其他使命了，所以，也都不再积极进取以求佛的无上圣智。世尊啊！从过去到现在您讲经说法的时间已相当长了，我们作为大弟子总是在座听法，慢慢地身体开始疲倦，精神也日益懈怠。我们一心只想着小乘人的偏空、无人我之相、远离愿求造作，认为这就是最高境界的解脱，所以，我们这些老朽之人对于菩萨法门如游戏神通、庄严净化佛国世界、教化普度一切众生等等，心中并不喜欢。为什么呢？因为，世尊过去说法教化我们，曾说让我们出离欲界、色界、无色界等三界苦宅，得证涅槃妙乐解脱。加之我们现在都已年老体弱，所以对佛所开示的大乘菩萨法门中无上圣智，已没有一点儿好乐之心了。可是，我们今天有幸在佛前听到佛为声闻弟子授无上佛智的记号，心中十分兴奋，因为这说明我等老朽之辈也终将会受记作佛，这的确是闻所未闻的稀有之法啊！我们万万没有想到，并未追求的大乘妙法竟于今日忽然得到了。"

【经文】

"世尊，我等今者乐说譬喻以明斯义。譬若有人，年既幼稚，舍父逃逝，久住他国。或十、二十至五十岁，年既长大，加复穷困，驰骋四方以求衣食，渐渐游行，遇向本国。其父先来，求子不得，中止一城。其家大富，财宝无量，金、银、琉璃、珊瑚、琥珀、玻璃、珠等，其诸仓库，悉皆盈溢。多有童仆、臣佐、吏民，象马、车乘、牛羊无数，出入息利乃遍他国，商估贾客亦甚众多。时贫穷子游诸聚落，经历国邑，遂到其父所止之城。父每念子，与子离别五十余年而未曾向人说如此事。但自思惟，心怀悔恨，自念老朽，多有财物，金银珍宝，仓库盈溢，无有子息，一旦终殁，财物散失，无所委付，是以殷勤，每忆其子。复作是念：我若得子，委付财物，坦然快乐，无复忧虑。

【白话】

接着，须菩提等上首弟子们又对释迦牟尼佛说道："世尊啊！我们现在想通过一个譬喻来说明我们心中的感想。譬如有一位男子，年少无知时离开父亲，长期住在其他国家。如此一直到十岁、二十岁以至五十岁。由于年纪已大，加之又很穷困，所以便走南闯北，四处求食乞讨，这样辗转漂流，来到了自己的国家。他的父亲自从失去儿子后，也一直在四下寻找，后来由于怎么也找不见儿子，便在某一城中停了下来，由此就在这里安家落户。慢慢地，家业兴盛，成为远近闻名的富豪，家中拥有无量的财宝，黄金、白银、琉璃、珊瑚、琥珀、玻璃、珍珠等宝物取之不尽。家中的几个仓库个个盈满欲溢。许多童仆、臣佐、吏民都受雇执事，令其使唤。他家拥有的象马、车乘、牛羊等更是数不清，出入的利息遍布其他许多国家，专门为他家跑生意的商客也十分众多。

"就在其父家业大振之时，那位贫困潦倒的儿子走乡过村，沿门乞讨，经历许多国家、城镇，刚好来到其父当初所落户的那座城市。多少年来，父亲常常想起自己的儿子，与儿子离别五十余年，但从未向别人提说过这件事。如今，他念子之心更切，经常一个人独自沉思，心中充满无限的悔恨。他自感身体日益老朽，家中虽有大量的金银财宝，仓库甚至都要溢出来了，可没有儿子，一旦命终，所有的财物都将散失，无人可以委付继承。所以，他日夜都在想念自己的儿子。他想，如果自己能够得到儿子，将所有的家产都委托于他，那该是多么坦然快活、无忧无虑啊！

【经文】

"世尊，尔时穷子佣赁展转，遇到父舍，住立门侧，遥见其父踞师子床，宝几承足。诸婆罗门、刹利、居士皆恭敬围绕。以真珠、璎珞，价值千万，庄严其身。吏民童仆，手执白拂，侍立左右。覆以宝帐，垂诸花幡，香水洒地，散众名花，罗列宝物，出内取予。有如是等种种严饰，威德特尊。穷子见父有大力势，即怀恐怖，悔来至此，窃作是念：此或是王，或是王等，非我佣力得物之处，不如往至贫里，肆力有地，衣食易得。若久住此，或见逼迫，强使我作。作是念已，疾走而去。

"时富长者于师子座，见子便识，心大欢喜，即作是念：我财物库藏，今有所付。我常思念此子，无由见之，而忽自来，甚适我愿。我虽年朽，犹故贪惜。即遣旁人急追将还。尔时使者，疾走往捉。穷子惊愕，称怨大唤，我不相犯，何为见捉。使者执之愈急，强牵将还。于是穷子自念无罪而被囚执，此必定死。转更惶怖，闷绝躃地。父遥见之而语使言：不需此人，勿强将来。以冷水洒面，令得醒悟，莫复与语。所以者何？父知其子，志意下劣，自知豪贵为子所难，审知是子，而以方便，不语他人云是我子。使者语之，我今放汝随意所趋。穷子欢喜，得未曾有，从地而起，往至贫里以求衣食。

【白话】

"世尊，就在老父日夜思念儿子的时候，这位穷子作劳工为佣人，在外辗转流离，刚好来到其父的宅院。他站在院门旁边，远远看见父亲坐在狮子床上，双脚放在宝几上面。一些婆罗门、刹帝利、居士等都毕恭毕敬地站立周围。其父身上装点着价值千万的珍珠、璎珞。仆人手持白拂，侍立左右。床上盖着宝帐，屋里悬挂着花幡，地上洒着香水，到处都摆放着奇花异草，还罗列着其他许多宝物，出出进进，随时取而予之。如此种种华丽装饰，表明这位主人的尊贵和威严。那位穷子看到这种景象，觉得其父气势太大，于是心生恐怖，后悔来到这里。他暗想：这家主人可能是国王，或者是与国王地位相当的人，这不是我受雇作工获得食物的场所，不如到贫穷的地方去，那里出力之活好找，衣食也容易得到。我如果久留此地，有可能受到压迫威逼。想到这儿，穷子便快步走开了。

"此时，那位富贵的长者坐在狮子座上，一眼便认出了自己的儿子。他十分高兴，心想，这下我的家产可有了能付托的人了！过去我日思夜想盼望儿子，一直未能见上。今天，他忽然自己来了，这简直是天遂人愿！我虽然已经年纪老迈，但依然贪爱怜惜自己的儿子和财产。于是，这位父亲急忙派人将儿子追回。那位使者一路急跑，拉住了穷子。穷子感到十分惊愕，大喊大叫，抱怨道：我并没有惹你，为何要抓我呢？越是这样，那使者越是强拉硬拖，死活不放。这位穷子暗想，自己无罪而遭捕囚，看来凶多吉少。想到这儿，他就更加惶恐，吓得喘不过气来，一会儿便跌倒在地。父亲在远处看到这种情形，便对使者说：不需要此人了，请勿强行拉他。后来，使者用冷水洒在穷子的面部，使其清醒过来。其父也不再与他说任何话，为什么呢？父亲知道自己的儿子志向低劣，性格自卑，自己的豪强富贵，儿子一下子很难适应。经过审慎分析后，他决定用方便权宜之法引导自己的儿子，并不告诉别人这是他的儿子。使者见穷子苏醒过来，便对他说：我现在放你走，你愿意去哪儿就去哪儿吧。穷子一听，自然十分高兴，也深感意外，急忙到贫穷的地方自求衣食度日去了。"

【经文】

"尔时，长者将欲诱引其子而设方便，密遣二人，形色憔悴无威德者：汝可诣彼，徐语穷子，此有作处，倍予汝直。穷子若许，将来使作。若言欲何所作，便可语之，雇汝除粪，我等二人亦共汝作。时二使人即求穷子，既已得之，具陈上事。尔时，穷子先取其价，寻与除粪。其父见子，悯而怪之。又以他日于窗牖中遥见子身，羸瘦憔悴，粪土尘坌，污秽不净。即脱璎珞细软上服、严饰之具，更著粗敝垢腻之衣，尘土坌身，右手执持除粪之器，状有所畏。语诸作人：汝等勤作，勿得懈息。以方便故，得近其子。后复告言：咄！男子，汝常此作，无复余去，当加汝价。诸有所需盆器米面、盐醋之属，莫自疑难，亦有老敝使人，需者相给，好自安意。我如汝父，勿复忧虑。所以者何？我年老大而汝少壮，汝常作时，无有欺怠、瞋恨、怨言，都不见汝有此诸恶，如余作人。而今已后，如所生子。即时长者更予作字，名之为儿。尔时，穷子虽欣此遇，犹故自谓客作贱人。由是之故，于二十年中常令除粪。过是已后，心相体信，入出无难，然其所止犹在本处。

【白话】

须菩提等上首弟子接着讲道："那时，长者为了诱引其儿子而设计了一套权宜方便之法，他密遣两个形色憔悴又无威德气势的人，临行时嘱咐他二人说：你们去了之后可以语气缓和地告知穷子，就说这里有活可干，并加倍付给报酬。穷子如果同意，就可将其带来，让他在这里干活。如果他问干什么活，就说雇他打扫粪便，我们二人也同你一起干活。这两人听罢，立即去寻找那位穷子，找见之后，便按照长者的吩咐，一五一十地向穷子叙说了一遍。穷子听后，表示同意，于是先拿了工钱，接着便与此二人一同扫除粪便。其父看见儿子后，既怜悯，又责怪。一天，父亲从窗户之中远远看见儿子的身躯，只见儿子一副消瘦憔悴的模样，满身粪渍尘土，污秽不净。这位父亲便脱去璎珞点缀的上等衣服和其他珍贵器具，换上破旧的衣服，手里拿着扫粪的器具，装出畏畏缩缩的样子，来到扫粪人中间，对他们说，你们都干活勤快点，不要懈怠。父亲便通过这种办法接近其子。过了好长时间，父亲又找到儿子，对他说：嗨！小伙子，你常在此干活，哪里也不去，当增加你的工钱。以后，你所需要的盆器、米面、盐醋等东西都无须担心，我会让人随时送给你的，需多少就给多少，你可尽管放下心来。你可以把我当成你的父亲，请不要再有什么忧虑了。为什么呢？我年纪已经很大了，而你还年轻力壮。你平常干活时，从未有过欺骗、懈怠、恼恨和怨言等各种劣迹恶行，与其他作活的人是大不一样的。从今以后，你就如同我亲生的儿子。当下，这位长者又给穷子写字，称其为儿子。这时，穷子虽然非常欣喜自己能遇到这等美事，但心中仍自认为是受雇劳作于他家的贱人。所以，在二十年当中，他一直干着清除粪便的工作。经过这么长时间之后，穷子的内心与外表都体现出信心，出进自在大方。不过，他所干的仍是原来的工作，地位也未发生根本的变化。"

【经文】

"世尊，尔时长者有疾，自知将死不久，语穷子言：我今多有金银珍宝，仓库盈溢，其中多少，所应取予，汝悉知之，我心如是当体此意。所以者何？今我与汝，便为不异，宜加用心，无令漏失。尔时穷子，即受教敕，领知众物，金银珍宝及诸库藏，而无睎取一餐之意。然其所止故在本处，下劣之心亦未能舍。复经少时，父知子意，渐以通泰，成就大志，自鄙先心。临欲终时而命其子，并会亲族、国王、大臣、刹利、居士、皆悉已集，即自宣言：诸君当知，此是我子，我之所生，于某城中舍我逃走，伶俜辛苦五十余年。其本字某，我名某甲。昔在本城怀忧推觅，忽于此间遇会得之。此实我子，我实其父。今我所有一切财物皆是子有，先所出内，是子所知。世尊，是时穷子闻父此言，即大欢喜，得未曾有而作是念：'我本无心有所睎求，今此宝藏自然而至。'

【白话】

须菩提等人接着又说："世尊，有一天，那位长者忽然病倒，他自知死期不远，便对穷子说：我如今拥有大量的金银珍宝，各个仓库也都装得满满的。到底一共有多少财物,哪些要拿出支付开销,这些你都知道。我的这种心情,你应当明白。为什么呢?今天,我与你已没有什么区分,你应更加用心,不断提高自己,不要再松懈后退了。听罢此言,穷子立即接受教敕,直接管理各种财物以及金银珍宝和各个仓库,但他并没有谋求一餐的意思。虽然他已掌握了所有财物,但他所达到的内在层次仍然与扫粪时没有多少区别,他的下劣之心也并没有舍去。又经过一段时间,父亲知道儿子的意境已泰然自若,可以成就远大的志向,而对于原来的下劣之心业已反省认识,自我摈弃。这位长者临终时,将自己的儿子以及亲族、国王、大臣、刹帝利、居士等全都召集来,向他们宣布说:'诸位仁君应当知道,这位男子是我的儿子,我亲生的儿子。当年曾在某城中离我出逃,五十余年,孤身一人,受尽辛苦。他原叫某某,我名某甲。过去,我曾在本城满怀忧伤,四下寻找,没想到忽然在此相遇。他确实是我的儿子,我确实是他的父亲。如今,我所有的一切财物都归这位儿子所有。此前家中的各项收支,这位儿子也都知道。'世尊,此时,穷子一听其父此言,顿时大喜,叹为三生难得之事。他心中激动地想:'我本来并无仰慕追求之心,如今这丰富的宝藏竟自然而得。'"

【经文】

"世尊,大富长者则是如来,我等皆似佛子,如来常说我等为子。世尊,我等以三苦故,于生死中受诸热恼,迷惑无知,乐著小法。今日,世尊令我等思惟捐除诸法戏论之粪。我等于中勤加精进,得至涅槃一日之价。既得此已,心大欢喜,自以为足,便自谓言,于佛法中勤精进故,所得宏多。然世尊先知我等心著敝欲，乐于小法，便见纵舍，不为分别，汝等当有如来知见宝藏之分。世尊以方便力说如来智慧，我等从佛得涅槃一日之价，以为大得，于此大乘，无有志求。我等又因如来智慧，为诸菩萨开示演说，而自于此无有志愿。所以者何？佛知我等心乐小法，以方便力随我等说，而我等不知真是佛子。今我等方知世尊于佛智慧，无所吝惜。所以者何？我等昔来真是佛子，而但乐小法。若我等有乐大之心，佛则为我说大乘法。今此经中唯说一乘，而昔于菩萨前毁呰声闻乐小法者，然佛实以大乘教化。是故我等说，本无心有所悕求，今法王大宝自然而至，如佛子所应得者，皆已得之。"

【白话】

须菩提等人讲完这个譬喻故事后又对释迦牟尼佛说道："世尊，那位大富长者就是如来佛，我们这些人都像是佛的儿子。如来佛也不是常说我等为子吗。世尊，由于我们摆脱不了身体故有的种种苦即苦苦、身体渐渐衰残的坏苦以及业运迁流的行苦这三苦，所以在生生死死之中，常受五蕴火的热恼压迫。我们迷惑无知，热衷于小乘之法。今天，世尊令我们体察并捐除昔日所习的诸法谬论之粪。过去，我们在此小乘法中勤勉精进，只为获得涅槃一日之价。得到这种偏空涅槃之后，便满心欢喜，自以为足，自我相谓道：我们精勤修行佛法，获得的可真不少啊！可是，世尊早已知道我们内心执着于低俗的欲望，热衷于小乘之法，所以，便放纵我们舍于大乘而习小乘，也不为我们分别演说无上的大乘妙法，也不宣布我们皆有如来的智慧功德宝藏。世尊以方便权巧法门演说如来甚深智慧之法，我们从佛闻法修行，终于得到证入涅槃的一日之价。对此小乘低级果位，我们还以为得到了巨大的果报，所以，对大乘佛法便没有任何志求。另外，我们因为受如来佛智慧加被，为诸菩萨开示演说佛道之法，可是我们自己却对此佛道没有志愿。为什么呢？佛知道我们心里喜欢小法，所以通过方便之力，随顺我们的品性为我们演说权宜之教。我们还自以为是，始终不知道自己也是如来佛真正的儿子。今天，我们听了世尊的说法，才知道世尊对于自己的无上佛智是毫不吝惜的。为什么呢？我们这些人往昔以来本是如来佛真正的儿子，本身具有成佛的种子，可我们不知不觉，一心热衷于小法。如果我们有喜爱大乘之心，如来佛就会为我们说大乘法。今天，佛见时机成熟，便为我们宣示深奥、惟一的佛乘。昔日佛于诸菩萨前诃责声闻小乘热衷小法，乃是开阐无遮，欲度怀疑、诽谤大法之辈，究其实质，佛还是以大乘之法施行教化。所以说，我们原本无心仰慕求取佛道，可今日法会之上，法王如来佛的无上妙法之宝不求自至。作为佛的儿子，我们应该从佛那里得到的，如今皆已得到了。"

【经文】

尔时，摩诃迦叶欲重宣此义，而说偈言：我等今日，闻佛音教，欢喜踊跃，得未曾有。佛说声闻，当得作佛，无上宝聚，不求自得。譬如童子，幼稚无识，舍父逃逝，远到他土，周流诸国，五十余年。其父忧念，四方推求，求之既疲，顿止一城，造立舍宅，五欲自娱。其家巨富，多诸金银，砗磲玛瑙，真珠琉璃，象马牛羊，辇舆车乘，田业童仆，人民众多，出入息利，乃遍他国，商估贾人，无处不有。千万亿众，围绕恭敬，常为王者，之所爱念，群臣豪族，皆共宗重。以诸缘故,往来者众,豪富如是,有大力势。而年朽迈,益忧念子,夙夜惟念,死时将至,痴子舍我,五十余年,库藏诸物,当如之何。尔时穷子,求索衣食,从邑至邑,从国至国,或有所得,或无所得,饥饿羸瘦,体生疮癣,渐次经历,到父住城,佣赁展转,遂至父舍。尔时长者,于其门内,施大宝帐,处师子座。眷属围绕,诸人侍卫,或有计算,金银宝物,出内财产,注记券疏。穷子见父,豪贵尊严,谓是国王,若国王等,惊怖自怪,何故至此。复自念言,我若久住,或见逼迫,强驱使作。思惟是已,驰走而去,借问贫里,欲往佣作。长者是时,在师子座,遥见其子,默而识之,即敕使者,追捉将来。穷子惊唤,迷闷躄地,是人执我,必当见杀,何用衣食,使我至此。

【白话】

这时,摩诃迦叶欲重宣其义,便又以偈语形式说道:

"我等今日听闻佛音受教,无不欢喜踊跃,叹为稀有。佛今天说声闻弟子也将成佛,这真是无上妙宝不求自得。譬如有一童子,幼稚无知,舍父而去,远走他乡,漂泊诸国五十余年。其父忧伤不已,深念儿子,于是奔走四方,到处寻求。可一直未能找见,加之多年奔波劳累,已疲惫不堪,于是便在某一城中居住了下来,在此建造舍宅,五欲自娱。慢慢地家业兴盛,成为一个豪富之家,拥有许多金银、砗磲、玛瑙、珍珠、琉璃、象、马、牛、羊以及各种车乘和大量田产、童仆、佣工。出入的息利遍布各国,跑生意的无处不有。如此一来,这位父亲威势日高,受到了亿万人的追随和敬仰,并经常受到国王的爱护和眷念,百官群臣和所有的豪门望族，都一致尊重于他。因此，经常来往的人极多。由此可见他是多么的有钱有势。可是，随着年纪的日益老迈，他越来越忧伤地思念自己的儿子。他早晚都在想，那位愚痴的儿子离我而去五十余年了，如今我死期不远，库藏的大量财物该由谁来继承呢？

"恰好就在这时，那位儿子为生活所迫，到处求衣乞食，穿州过县，往来各国，有时有所得，有时无所得，经常忍饥挨饿，身体日益消瘦，身上也长满了疮癣。这位穷子到处漂泊，刚好来到其父居住的城市。他辗转受雇作工，从而到了其父的舍宅。这时，那位长者在其门内挂着大宝帐，坐在狮子座上，眷属环绕周围，仆人侍卫两旁，有的人还在统计核算金银宝物，并对出入财产进行登记注册等。穷子看见父亲如此豪贵尊严，认为他是国王或者与国王相当的人。他感到惊慌恐惧，责怪自己为何来到这个地方。他接着又想，我如果长久呆在这里，就有可能受到他们的逼迫，以强使我作活，为难于我，想到这里，他立即拔腿跑去，另外打听贫穷人家，想在那里受雇作工。这时，长者在狮子座上远远看见他的儿子，默然无语，便一眼认出。他立即命使者将儿子追回。穷子见有人追捕，惊叫不已，昏倒在地，心想，此人抓我，必杀无疑，我怎么会因为寻衣求食而来到这个地方。"

【经文】

长者知子，愚痴狭劣，不信我言，不信是父。即以方便，更遣余人，眇目矬陋，无威德者，汝可语之，云当相雇，除诸粪秽，倍予汝价。穷子闻之，欢喜随来，为除粪秽，净诸房舍。长者于牖，常见其子，念子愚劣，乐为鄙事。于是长者，著敝垢衣，执除粪器，往到子所，方便附近，语令勤作。既益汝价，并涂足油，饮食充足，芦席厚暖，如是苦言，汝当勤作，又以软语，若如吾子。长者有智，渐令入出，经二十年，执作家事，示其金银，真珠玻璃，诸物出入，皆使令知。犹处门外，止宿草庵，自念贫事，我无此物。父知子心，渐已广大，欲予财物，即聚亲族，国王大臣，刹利居士，于此大众，说是我子，舍我他行，经五十岁。自见子来，已二十年，昔于某城，而失是子，周行求索，遂来至此。凡我所有，舍宅人民，悉以付之，恣其所用。子念昔贫，志意下劣，今于父所，大获珍宝，并及舍宅，一切财物，甚大欢喜，得未曾有。

【白话】

摩诃迦叶接着说偈道："那位长者知道自己的儿子愚痴低劣，是不会相信他的话，也不会相信他是自己的父亲的，所以，他没有直说，而是以方便权宜之法，另外派遣独眼、低矮、相貌丑陋又无气质的人，让他们传话其子说，愿雇他扫除粪便，将加倍付给工钱。穷子一听，便高高兴兴地同他们来了，从此，就在其父家中干起了清除粪便、打扫房舍等肮脏而低贱的工作。此后，长者时常从窗户之中看见自己的儿子，心想自己的儿子真是愚痴低俗，竟然只喜欢干这种卑微的工作。有一天，长者穿上破旧油污的衣服，手持除粪器具，借着干活的名义，来到儿子呆的地方。他终于接近了儿子，他告诉儿子，要勤快劳作；并增加了他的工钱，满足他的饮食，为他的卧床铺上优质芦席和厚实而暖和的被褥。就这样，长者苦言相劝，要他一定要振作起来，勤奋工作。另外，长者还以柔和的语调安慰他，说以后将把他视同自己的儿子一样。这位长者是很有智慧的，他逐渐引导儿子，让他自由出入,心境慢慢提高。在长达二十年的家务劳作过程中,长者逐渐将金银、珍珠、玻璃等各种财物的支出、收入等情况全都告知自己的儿子。不过,儿子并不知道父亲的良苦用心,他仍然将自己视为外姓之人,一直住在门外的草庵之中,他心中也只盘算些贫穷低微的事项,不认为自己会有父亲这样多的无量财宝。

"当然,二十年的权宜教诲,穷子也确实提高了许多。父亲发现儿子的心境已渐渐开阔,就准备将财物转赐给他。于是,他将亲族、国王、大臣、武士、居士等各方面人士全都召集到一起,对他们宣布说:'这位男子是我的亲生儿子。过去他离我而去长达五十年,自从我重新见到他以来,也已二十年了。当年在某城时,我丢失了这个儿子,后来我到处寻找,从而来到这里。如今,我要将所有的房宅和佣工仆役全转交于他,由他随便使用。'这位儿子头脑中所想的本来只是昔日贫穷的日子,对父亲这样高贵的生活从不敢奢望。今天忽然在父亲这里获得大量的珍宝和豪华的宅院以及其他所有的财产,穷子顿时惊喜万分,叹之为亘古未有的乐事!"

【经文】

佛亦如是,知我乐小,未曾说言,汝等作佛。而说我等,得诸无漏,成就小乘,声闻弟子。佛敕我等,说最上道,修习此者,当得成佛。我承佛教,为大菩萨,以诸因缘,种种譬喻,若干言辞,说无上道。诸佛子等,从我闻法,日夜思惟,精勤修习。是时诸佛,即授其记,汝于来世,当得作佛。一切诸佛,秘藏之法,但为菩萨,演其实事,而不为我,说斯真要。如彼穷子,得近其父,虽知诸物,心不睎取。我等虽说,佛法宝藏,自无志愿,亦复如是。我等内灭,自谓为足,唯了此事，更无余事。我等若闻，净佛国土，教化众生，都无欣乐。所以者何？一切诸法，皆悉空寂，无生无灭，无大无小，无漏无为。如是思惟，不生喜乐。我等长夜，于佛智慧，无贪无著，无复志愿，而自于法，谓是究竟。我等长夜，修习空法，得脱三界，苦恼之患，住最后身，有余涅槃。佛所教化，得道不虚，则为已得，报佛之恩。我等虽为，诸佛子等，说菩萨法，以求佛道。而于是法，永无愿乐，导师见舍，观我心故，初不劝进，说有实利。如富长者，知子志劣，以方便力，柔伏其心，然后乃付，一切财物。佛亦如是，现希有事，知乐小者，以方便力，调伏其心，乃教大智。

【白话】

摩诃迦叶话题一转，又说："您释迦牟尼佛也同那位长者一样，您知道我们只喜欢小乘之法，所以一直未说我们也可作佛，而只是说我们可以断尽烦恼，获得清净自在，从而成为小乘声闻弟子。佛曾令我们为众生宣讲至高无上的佛道之法，并说凡修习这种无上道者，都可以成佛。我们遵照佛的教诲，以各种因缘、譬喻和言辞，为大菩萨们讲说无上佛道。佛弟子从我们这里听闻佛法之后，日夜思索，精勤修习，这样，诸佛便为他们授记说：'你于来世，当可作佛。'三世十方一切佛的秘藏之法，都只为大乘菩萨敷演其如实妙道，并非为我们这些二乘人说其真实至要之道。就好像那位穷子，虽然能够接近他的父亲，并由此知道各种财物，但其心中并不慕求。我们虽然在讲说佛法宝藏，但我们本身并不志愿追求这种宝藏，这与那位穷子是一样的。我们得入小乘偏空涅槃，便自我满足，所以只了结了此事，便再不想其他的了。我们如果听到庄严清净佛国世界、教化普度一切众生等大乘菩萨修行，都不感兴趣。为什么呢？因为我们总以为，一切法皆悉空寂，无生无灭，无大无小，所以也无所谓烦恼，无所谓造作变迁。基于这种考虑，我们对大乘菩萨行并不喜爱。我们这些人长期以来，对于佛的无上智慧，无贪无著，也无志愿。我们认为自己所修习的佛法已是最圆满的了，所以，我们于漫漫长夜之中，勤勉不息地修习空法，从而脱离了三界苦恼之患，如今只留下这最后一次轮回果报之身，从而证入有余涅槃。佛所教化的道法是真实不虚的，我们证得这种道法，就算是报佛之恩。我们虽为佛弟子们说大乘菩萨法门，教导他们求证佛道，但我们自己却对这种法并无愿乐，导师看透了我们的心思，所以您暂舍大法，先不鼓励我们修行可成佛果的菩萨道，只说那些有现实好处的小乘之法。好比那位富裕的长者，他知道儿子志向低劣，所以先以方便权宜之法柔伏其心，然后才付给他一切财物。佛也是如此，他示现为一位平凡的老比丘，但却一眼看透众生喜欢小法的低劣心境，所以，佛便通过方便权巧法门，慢慢调伏其心，然后才教其大智大慧，令入无上佛道。"

【经文】

我等今日，得未曾有，非先所望，而今自得，如彼穷子，得无量宝。世尊我今，得道得果，于无漏法，得清净眼。我等长夜，持佛净戒，始于今日，得其果报。法王法中，久修梵行，今得无漏，无上大果。我等今者，真是声闻，以佛道声，令一切闻。我等今者，真阿罗汉，于诸世间，天人魔梵，普于其中，应受供养。世尊大恩，以希有事，怜愍教化，利益我等，无量亿劫，谁能报者。手足供给，头顶礼敬，一切供养，皆不能报。若以顶戴，两肩荷负，于恒沙劫，尽心恭敬；又以美膳，无量宝衣，及诸卧具，种种汤药；牛头栴檀，及诸珍宝，以起塔庙，宝衣布地。如斯等事，以用供养，于恒沙劫，亦不能报。诸佛希有，无量无边，不可思议，大神通力。无漏无为，诸法之王，能为下劣，忍于斯事，取相凡夫，随宜为说。诸佛于法，得最自在，知诸众生，种种欲乐，及其志力，随所堪任，以无量喻，而为说法。随诸众生，宿世善根，又知成熟，未成熟者。种种筹量，分别知已，于一乘道，随宜说三。

【白话】

摩诃迦叶接着诵偈说："我们这些人今天获得从未有过的妙法，这并不是原先所期望的，可如今不求自得，就好像那位贫穷的儿子忽然得到无量财宝一样。世尊，我们今天得到了无上的实相妙道，得到了无上的大乘圣果，在佛道妙法之中，得到了清净佛眼，从而大开佛知佛见。过去，我们长期严持净戒，终于在今天获得真正的果报。我们在法王如来佛的道法之中久修梵行，今天才算证得无上清净的大果。我们如今才是真正的声闻弟子，即以佛道之声令一切众生普闻无余。我们如今才是真正的阿罗汉，于一切世间的天、人、魔、梵之中，普受供养。

"世尊普施恩德，以稀有的举措，怜悯教化我们，为我们带来无尽的利益。佛的大恩大德，即使在无量亿劫当中，也难以报答。就是以手足布施，以头顶礼，以及其他所有的供养，都是不能报答的。如果有人头戴肩扛，在如恒河沙数之多的漫漫岁月中，尽心恭敬于佛，或者以美味佳膳、无量宝衣、各种卧具、种种汤药进行供养，或者以牛头栴檀和各种珍宝建立塔庙，并以宝衣铺地，如此种种供养，即使长达恒河之沙数那么多年月，也不能报答佛的恩情。

"诸佛真是稀有难得，个个具足无量无边，不可思议的神通之力。诸佛清净圣洁，是各种妙法之王，他能为下劣众生暂时舍去这种无上的道法，能为执着于事事物物外相的凡夫俗子们，随宜说法，应机教化。诸佛对于自己的道法通达无碍，任运自如，他知道众生的种种欲乐及其志向大小，所以便根据众生所能接受的程度，以无量种譬喻，为众生开示佛法。诸佛知道众生宿世种下的善根，也知道哪些业已成熟，哪些尚未成熟。分别得知各种情况之后，诸佛便于一乘佛道之中，随众生之机宜而开示了三乘之法。"

药草喻品第五

【经文】

　　尔时，世尊告摩诃迦叶及诸大弟子："善哉！善哉！迦叶善说如来真实功德。诚如所言，如来复有无量无边阿僧祇功德，汝等若于无量亿劫，说不能尽。迦叶当知，如来是诸法之王，若有所说，皆不虚也。于一切法，以智方便而演说之。其所说法皆悉到于一切智地。如来观知一切诸法之所归趋，亦知一切众生深心所行，通达无碍，又于诸法究尽明了，示诸众生一切智慧。

　　迦叶，譬如三千大千世界山川、谿谷、土地所生卉木丛林及诸药草，种种若干，名色各异。密云弥布，遍覆三千大千世界，一时等澍，其泽普洽。卉木丛林及诸药草，小根小茎、小枝小叶、中根中茎、中枝中叶、大根大茎、大枝大叶，诸树大小，随上中下各有所受。一云所雨，称其种性而得生长，花果敷实。虽一地所生、一雨所润，而诸草木各有差别。迦叶，当知如来亦复如是，出现于世，如大云起，以大音声普遍世界天、人、阿修罗，如彼大云遍覆三千大千国土。于大众中而唱是言：我是如来、应供、正遍知、明行足、善逝、世间解、无上士、调御丈夫、天人师、佛、世尊,未度者令度,未解者令解、未安者令安、未涅槃者令得涅槃。今世后世如实知之。我是一切知者、一切见者、知道者、开道者、说道者。汝等天、人、阿修罗众,皆应到此,为听法故。

【白话】

这时,世尊对摩诃迦叶及诸大弟子说:"好!好!迦叶善于演说如来佛的真实功德。诚如迦叶所言,如来佛有无量无边不可思议的功德,你们即使于无量亿劫之中不停地叙说,也是说不尽的。迦叶弟子啊,你应该知道,如来佛是诸法之王,凡是他所说的,都是真实无误的。他以其无上圣智作根本,以方便权巧为方式演说出一系列的佛道妙法,这些法皆可通到无所不知的佛智境地。如来佛通过其智慧观察而了知一切法的归趣,对一切众生的内心世界,也了如指掌,通达无碍。对于诸多法门,如来佛已门门穷究,条条彻悟,所以,他能开示众生一切智慧。

"迦叶,譬如在大千世界之中,山川、河谷、大地所生长的卉木丛林及各种药草,名称各异,颜色不同,种类繁多。在它们的上面,密云弥布,遮盖了整个大千世界。一时间,大雨齐下,雨水平等均匀地滋润到大地的每一个角落。但大地上所生长的卉木丛林和诸种药草却根据其根、茎、叶的大、中、小不同,而各自接受其所应得的一份。虽是一云所雨,但各自都依其不同的品种特性而得以生长、开花、结果。所以,一地所生、一雨所润的花草树木却是各不相同的。"迦叶,你应当知道,如来佛也是如此,他应时出世,犹如天空起云一样。他宏亮的声音普闻于一切世间的天神、人类和阿修罗当中,就像密云遍布大千世界各个角落一样。如来佛在所有大众之中发出了这样的声音:'我是如来、应供、正遍知、明行足、善逝、世间解、无上士、调御丈夫、天人师、佛、世尊。众生之中，凡是未灭度的，我将使其灭度；凡是未解脱的，我将使其解脱；凡是未安稳的，我将使其安稳；凡是未涅槃的，我将使其涅槃。我了知今世和后世的一切真实情况，我是一切知者，一切见者，我是知道者、开道者、说道者。你们这些天神、人类、阿修罗等大众都应该到这里来听我讲经说法。'

【经文】

"尔时，无数千万亿种众生来至佛所而听法。如来于时，观是众生诸根利钝、精进懈怠，随其所堪而为说法，种种无量，皆令欢喜，快得善利。是诸众生闻是法已，现世安隐，后世善处。以道受乐，亦得闻法。既闻法已，离诸障碍。于诸法中，任力所能，渐得入道。如彼大云，雨于一切卉木丛林及诸药草，如其种性具足蒙润，各得生长。如来说法一相一味、所谓解脱相、离相、灭相，究竟至于一切种智。其有众生闻如来法，若持读诵，如说修行，所得功德不自觉知。所以者何？惟有如来知此众生种相体性，念何事、思何事、修何事；云何念、云何思、云何修；以何法念、以何法思、以何法修、以何法得何法？众生住于种种之地，唯有如来如实见之，明了无碍。如彼卉木丛林、诸药草等，而不自知上中下性，如来知是一相一味之法，所谓解脱相、离相、灭相、究竟涅槃常寂灭相，终归于空。佛知是已，观众生心欲而将护之，是故不即为说一切种智。汝等迦叶甚为希有，能知如来随宜说法，能信能受。所以者何？诸佛世尊，随宜说法，难解难知。"

【白话】

"这时,无数众生纷至沓来,齐集佛的住地,听经闻法。如来佛当即观察这些众生的聪慧与愚钝、精进与懈怠等不同情况,并根据他们所能接受的程度而分别宣说无量种法门,其目的都是要使众生欢喜信受,很快受益。这些众生听过如来说诸法后,现世必将安稳,后世可生天上或人间的富贵处。因为修行如来道法可获得快乐,所以就应听闻此法,闻法之后,即可远离种种烦恼障碍。在各种法门之中,众生根据各自的力量渐渐入道,就好像大千世界的云雨一样,一切卉木丛林和药草皆在各自不同的种性之下,具足滋润,各得生长。

"如来佛说法的最终归趣是一相一味。一相即真如实相;一味即无所不知的佛智。实相即解脱相、远离一切颠倒相,也即是寂灭相。如果有众生听闻如来佛法后,受持、读诵,依法修行,他由此所得的功德自己是很难觉知的。为什么呢?因为只有如来佛才知道此人所种的不同种子和此人的内部本质属性,知道他忆念何事、思惟何事、修行何事;知道他如何忆念、如何思维、如何修行;知道他以何法忆念、以何法思维、以何法修行;知道他习什么法并由此而得什么法。众生处于种种境界,惟有如来佛可以如实得见,明了无碍,好比花木药草并不知道自己的上、中、下品性。

"如来佛知道这种惟一实相、惟一佛智之法,所谓解脱相、离一切相、寂灭相、彻底涅槃相,究其质,终归于空。佛了知这种妙理后,又观察到众生内心的各种欲念,所以,为了保护无上妙法不至于受这些心性尚低的众生的诽谤,佛一开始并不急于为众生讲说至高无上的佛智。迦叶啊,你们这些人真是少有,能知如来随众生之机宜和根性而为之说法,所以也能相信如来的法,能受持如来的法。为什么这么说呢？因为诸佛随宜说法，是难解而难知的。"

【经文】

尔时，世尊欲重宣此义而说偈言：破有法王，出现世间，随众生欲，种种说法。如来尊重，智慧深远，久默斯要，不务速说。有智若闻，则能信解，无智疑悔，则为永失。是故迦叶，随力为说，以种种缘，令得正见。迦叶当知，譬如大云，起于世间，遍覆一切，慧云含润，电光晃曜，雷声远震，令众悦豫。日光掩蔽，地上清凉，叆叇垂布，如可承揽。其雨普等，四方俱下，流澍无量，率土充洽，山川险谷，幽邃所生，卉木药草，大小诸树，百谷苗稼，甘蔗葡萄，雨之所润，无不丰足，干地普洽，药木并茂。其云所出，一味之水，草木丛林，随分受润。一切诸树，上中下等，称其大小，各得生长，根茎枝叶，花果光色，一雨所及，皆得鲜泽。如其体相，性分大小，所润是一，而各滋茂。

【白话】

这时，世尊欲重宣此义，便说偈语道：

"破除万事万物实有观念的如来佛，来到这个世间，随顺众生的各种欲念，而说各种各样的法门。如来佛是至尊至贵的，他的智慧深邃而悠远，可他长期以来将其道法中最要害的东西一直默默地藏在心中，始终不急于为众生宣说。因为有智慧的人听了，能够理解并信仰，而那些没有智慧的人听了，就会疑惑不信，从而永远失去最终解脱的机会。所以，迦叶呀，如来佛便根据众生所能接受的程度,利用各种各样的因缘而善巧说法,使众生皆能逐渐获得正确的见解。迦叶,你应当知道,譬如世间出现密云、覆盖了整个大地,这种象征智慧的密云,饱含着雨霖,电光闪烁,雷声远震,一场滋润大地的瑞雨即将来临,众生心中无不喜悦。此时,日光掩蔽于密云之中,大地一片清凉,浓云低垂,似乎举手可及。一时间,瑞雨均匀地降落到四面八方。此雨取之不尽,流注无量,整个大地无不滋润。那些生长在山川险谷以及黑暗隐蔽之地的花木药草、大小诸树、谷物禾苗、甘蔗葡萄等无不充分而透彻地享受到这场瑞雨的滋润。干旱的大地一片湿润,药草树木并茂同盛。这片密云所出之雨水是同一无二的一味之水,所有的草木丛林各依其本分接受滋润。一切树木分为上、中、下三等,各依其大小而得到生长。草木的根、茎、枝、叶、花果的五光十色,皆因同一雨水的浇灌而得到鲜嫩或光泽。花草树木的体相有大小的不同,所以,虽然是一雨所润,但各自却获得了不同程度的生长或茂盛。

【经文】

佛亦如是,出现于世,譬如大云,普覆一切。既出于世,为诸众生,分别演说,诸法之实。大圣世尊,于诸天人,一切众中,而宣是言:我为如来,两足之尊,出于世间,犹如大云。充润一切,枯槁众生,皆令离苦,得安隐乐,世间之乐,及涅槃乐。诸天人众,一切善听,皆应到此,观无上尊。我为世尊,无能及者,安隐众生,故现于世。为大众说,甘露净法,其法一味,解脱涅槃。以一妙音,演畅斯义,常为大乘,而作因缘。我观一切,普皆平等,无有彼此,爱憎之心。我无贪著,亦无限碍,恒为一切,平等说法,如为一人,众多亦然。常演说法，曾无它事，去来坐立，终不疲厌。充足世间，如雨普润。贵贱上下，持戒毁戒，威仪具足，及不具足，正见邪见，利根钝根，等雨法雨，而无懈倦。

【白话】

"如来佛也是如此，就像密云遍覆大地一样出现在这个世界上，为众生分别演说各种法最真实、最圆满的教义。大圣世尊在诸天和人类的一切众生当中宣告说：我是如来，福慧双方具足。我出现于世间，犹如大云一样，滋润一切枯槁众生，使他们都能脱离三界苦难，获得安稳快乐，包括世间之乐和出世间的涅槃之乐。天界和人类之中一切善于听法的众生都应该到这里来瞻仰、礼拜无上尊贵的如来佛。我是一切世间中的至尊，没有谁会超过我的地位。为了安稳众生，我才出现于世，为大众讲说如同甘露一般清净的圣洁妙法。这种妙法只有一个宗旨，就是使所有众生获得解脱，证入涅槃。如来佛以一种清净妙音，演说法义，流畅通达。为了至高无上的大乘佛道，他经常是通过各种因缘来随宜说法。

"如来佛认为一切众生普皆平等，所以没有任何爱此憎彼之心。我没有任何贪著，所以也没有任何障碍，我恒久不息地为一切众生平等无别地讲经说法。我对一人这样说，我对众人也这样说。除过说法之外，我再无别的事情，所以，无论是来是去，是坐是立，我始终不知疲倦，不厌其烦地讲经说法以满足世间一切众生的需要。就好像天雨普润大地万物一样，我讲经说法也是平等无别地针对所有众生的，无论贵贱和上下，无论持戒者还是毁戒者，无论威仪具足者还是不具足者，无论持正确见解者还是持谬误见解者，无论聪明伶俐者还是愚钝无知者，我都平等无别地施予他们佛法之雨，而没有一丝懈怠和疲倦。

【经文】

一切众生,闻我法者,随力所受,住于诸地。或处人天,转轮圣王,释梵诸王,是小药草。知无漏法,能得涅槃,起六神通,及得三明。独处山林,常行禅定,得缘觉证,是中药草。求世尊处,我当作佛,行精进定,是上药草。又诸佛子,专心佛道,常行慈悲,自知作佛,决定无疑,是名小树。安住神通,转不退轮,度无量亿,百千众生,如是菩萨,名为大树。佛平等说,如一味雨,随众生性,所受不同,如彼草木,所禀各异。佛以此喻,方便开示,种种言辞,演说一法,于佛智慧,如海一滴。我雨法雨,充满世间,一味之法,随力修行。如彼丛林,药草诸树,随其大小,渐增茂好。

【白话】

"所有一切众生,凡是听闻过我说法的,都会根据他们的接受能力而闻法受益,各处不同的境地。有的处于人和天的境地,如人间的国王、天界的帝释、梵天等天王等,这些众生如同小药草一样。他们知道清净佛法,能得涅槃果报,可获六种神通和三种明达。有的众生独处山林,经常修习禅定,证得缘觉果位。这些众生如同中等药草一样。有的众生求佛而来到世尊的处所,他们希望自己将来也能成佛,并为此而修行精进,禅定等大乘法门。这些众生如同上等药草一样。有的佛弟子专心学习佛道,经常从事慈悲济世之事,坚信自己未来也可成佛。这些众生如同小树一样。有的众生能安住于各种神通,转不退之法轮,讲经说法,普度无量亿众生,这些菩萨如同大树一样。

"如来佛平等说法,好似一云所下的一味之雨,众生各依其根基大小而接受不同的程度，就像那些药草树木一样，同得滋润而所受各异。如来佛以此为喻，进行权巧开示，以种种言辞演说一乘妙法，这在佛的无量智慧当中，犹如沧海之一粟。我施的法雨充满世间的各个角落，此法雨即一乘妙法，众生根据其各自的接受能力而进行不同层次的修行，如同药草树木各随其大小而接受不同的雨量，从而各自逐渐生长壮大。

【经文】

诸佛之法，常以一味，令诸世间，普得具足，渐次修行，皆得道果。声闻缘觉，处于山林，住最后身，闻法得果，是名药草，各得增长。若诸菩萨，智慧坚固，了达三界，求最上乘，是名小树，而得增长。复有住禅，得神通力，闻诸法空，心大欢喜，放无数光，度诸众生，是名大树，而得增长。如是迦叶，佛所说法，譬如大云，以一味雨，润于人花，各得成实。迦叶当知，以诸因缘，种种譬喻，开示佛道，是我方便，诸佛亦然。今为汝等，说最实事，诸声闻众，皆非灭度，汝等所行，是菩萨道，渐渐修学，悉当成佛。

【白话】

"诸佛的妙法常以一乘之妙味使一切世间的所有众生都得到充分品尝，他们依法渐次修行，都能成道证果。声闻和缘觉弟子处于山林之中修行，他们听法之后获得罗汉果位，现世之身已是轮回果报中的最后一身，来世即进入涅槃解脱之境。如同药草经过天雨的滋润而各自得以生长壮大。诸多菩萨具有坚不可摧的智慧，他们对欲界、色界、无色界的一切均明察无碍，他们的目标是求得至高无上的佛乘，这些菩萨好比小树受雨而得增长一样。还有一些在禅定中获得神通之力的众生，他们一听到诸法空相，心中非常欢喜，身放无量宝光，普度一切众生，他们好比是大树，也一样承受天雨而获增长。如此看来，迦叶，佛说的法好比是天空中的密云，以其一味之雨滋润于人这种花，从而使他们各得成长，开花结果。迦叶，你应当知道，通过各种因缘、各种譬喻来开示佛道妙法，是我的方便权巧之力，一切佛也都是如此。今天，我为你们宣说最真实的情况，所有的声闻大众都没有获得真正的灭度，你们所修行的是大乘菩萨道，只要你们循序修学，将来都会证果成佛。"

授记品第六

【经文】

尔时,世尊说是偈已,告诸大众唱如是言:"我此弟子摩诃迦叶,于未来世当得奉觐三百万亿诸佛世尊,供养、恭敬、尊重、赞叹,广宣诸佛无量大法,于最后身得成为佛,名曰光明如来、应供、正遍知、明行足、善逝、世间解、无上士、调御丈夫、天人师、佛、世尊。国名光德,劫名大庄严。佛寿十二小劫,正法住世二十小劫,像法亦住二十小劫。国界严饰,无诸秽恶,瓦砾荆棘,便利不净。其土平正,无有高下、坑、坎、堆阜。琉璃为地,宝树行列,黄金为绳,以界道侧,散诸宝花,周遍清净。其国菩萨无量千亿,诸声闻众亦复无数,无有魔事,虽有魔及魔民,皆护佛法。"

尔时,世尊欲重宣此义而说偈言:告诸比丘,我以佛眼,见是迦叶,于未业世,过无数劫,当得作佛。而于来世,供养奉觐,三百万亿,诸佛世尊,为佛智慧,净修梵行。供养最上,二足尊已,修习一切,无上之慧,于最后身,得成为佛。其土清净,琉璃为地,多诸宝树,行列道侧,金绳界道,见者欢喜。常出好香，散众名花，种种奇妙，以为庄严。其地平正，无有丘坑，诸菩萨众，不可称计。其心调柔，逮大神通，奉持诸佛，大乘经典。诸声闻众，无漏后身，法王之子，亦不可计，乃以天眼，不能数知。其佛当寿，十二小劫，正法住世，二十小劫，像法亦住，二十小劫。光明世尊，其事如是。

【白话】

世尊说完如上偈语后，对参加法会的所有大众宣告说："我的这位弟子摩诃迦叶将在未来世朝见三百万亿个佛，个个都悉心供养、恭敬、尊重、赞颂，并广泛宣传这些佛的无量大法，终于在其最后一次轮回之身时证果成佛，名叫光明如来，应供、正遍知、明行足、善逝、世间解、无上士、调御丈夫、天人师、佛、世尊等十种名号具足。那时的国名叫光德，所处的劫名叫大庄严。光明佛的寿命十二小劫，佛的正法流传于世二十小劫，相似正法但缺乏证悟的像法流传于世也二十小劫。光明如来的佛国庄严华丽，没有污秽恶浊，也没有瓦砾和荆棘，甚至没有大小便等不干净的排泄物。国内土地平正，没有高低差别，没有坑坑坎坎，没有土堆和小山。整个大地全部用琉璃铺成，七宝之树行行排列，大道两旁围着黄金制作的宝绳。全国上下，处处宝花飘散，芬芳无比，一片洁净。光明佛国之中有无量亿菩萨大众，声闻弟子也是无量无数。这里没有魔障，没有烦恼，虽有魔王和魔民，但他们都接受了佛法教化，所以都不再破坏佛法，反来保护佛法。"

宣布完毕之后，世尊又想再说一遍，便以偈语形式说道："诸位比丘，我现在向你们宣告，我以佛眼看见，这位迦叶弟子将于未来世中经历无数劫之后，证果成佛。在其成佛之前的整个来世当中，迦叶将朝见并供养三百万亿个佛。为了获得佛的无上智慧，他清净修行，在供养至高无上、福慧具足的如来佛之后，修习所有一切最高最妙的智慧，终于在其最后一次轮回果报身时，证成佛果。该佛国内琉璃铺地，一片清净；宝树众多，排列道旁；黄金作绳，围绕大道。人们看到这种庄严的国土，无不欢快喜悦。该佛国常常散发着芬芳的香味，各种名花随处可见，还有其他各种稀奇微妙的东西都在庄严着这个美丽的国土。光明佛国内大地平坦没有丘陵坑洼。国中菩萨大众多得不可计量，他们的心地都很调顺柔和，也都得到了许多巨大的神通之力。这些菩萨都奉行受持诸佛所说的大乘经典。一切声闻大众都获得了清净无烦恼、将进入涅槃永远摆脱轮回的最后果报之身，他们成为法王如来佛的儿子。这些人也多得不可计量，即使以天眼观看，也是数不清的。光明佛的寿命将是十二小劫。佛灭后，正确无误的佛法将流传于世二十小劫。次于正法，缺少证悟的像法接着正法也流传于世二十小劫。光明世尊的情况即是如此。"

【经文】

尔时，大目犍连、须菩提、摩诃迦旃延等，皆悉悚栗，一心合掌，瞻仰世尊，目不暂舍，即共同声而说偈言：大雄猛世尊，诸释之法王，哀愍我等故，而赐佛音声。若知我身心，见为授记者，如以甘露洒，除热得清凉。如从饥国来，忽遇大王膳，心犹怀疑惧，未敢即便食，若复得王教，然后乃敢食。我等亦如是，每惟小乘过，不知当云何？得佛无上慧。虽闻佛音声，言我等作佛，心尚怀忧惧，如未敢便食，若蒙佛授记，尔乃快安乐。大雄猛世尊，常欲安世间，愿赐我等记，如饥需教食。

【白话】

听了释迦牟尼佛的上述宣告，大目犍连、须菩提、摩诃迦旃延等弟子都深感震惊，他们虔诚地合起掌，目不转睛地仰望着世尊，异口同声地说偈道：

"世尊啊，您是世界上最威猛的大英明圣雄，您是一切释子们的法王，请您大发慈悲，哀怜我等弟子，赐给我们佛的庄严声音吧！您可知道我们心里想着什么，我们看见摩诃迦叶得到佛的授记，就好像佛以甘露洒到我们身上，消除一切热恼，感到阵阵清凉。好比某人来自饥荒盛行的国家，忽然遇到了大王所吃的饭食，虽然垂涎三尺，但心中依然怀着疑虑和恐惧，不敢立刻就把那些饭吃了，若能得到国王的命令，那才敢去吃食。我们也是这样，常常想到小乘的过失和不足，却又不知如何获得佛的无上智慧。虽然听佛说我们都可成佛，但心里还总感到忧虑和恐惧，就好像饥饿者遇到国王的饭食而不敢立刻就吃一样。我们这些人如果能蒙佛授记，那时才会十分欢喜和安稳。世尊啊！您是威猛无比的大英雄，您总是想让世间的一切众生都获得安稳和快乐，现在就请您赐给我们成佛的记号吧！我们此时此刻就像饥饿的人需要教导之后才敢吃食一样。"

【经文】

尔时，世尊知诸大弟子心之所念，告诸比丘："是须菩提于当来世，奉觐三百万亿那由他佛，供养、恭敬、尊重、赞叹、常修梵行，具菩萨道，于最后身得成为佛，号曰名相如来、应供、正遍知、明行足、善逝、世间解、无上士、调御丈夫、天人师、佛、世尊。劫名有宝，国名宝生。其土平正，玻璃为地，宝树庄严，无诸丘坑、沙砾、荆棘、便利之秽，宝花覆地，周遍清净。其土人民皆处宝台珍妙楼阁。声闻弟子无量无边，算数譬喻所不能知。诸菩萨众无数千万亿那由他。佛寿十二小劫。正法住世二十小劫，像法亦住二十小劫。其佛常处虚空为众说法，度脱无量菩萨及声闻众。"

尔时，世尊欲重宣此义而说偈言：诸比丘众，今告汝等，皆当一心，听我所说。我大弟子，须菩提者，当得作佛，号曰名相。当供无数，万亿诸佛，随佛所行，渐具大道。最后身得，三十二相，端正殊妙，犹如宝山。其佛国土，严净第一，众生见者，无不爱乐。佛于其中，度无量众。其佛法中，多诸菩萨，皆悉利根，转不退轮。彼国常以，菩萨庄严。诸声闻众，不可称数，皆得三明，具六神通，住八解脱，有大威德。其佛说法，现于无量，神通变化，不可思议。诸天人民，数如恒沙，皆共合掌，听受佛语。其佛当寿，十二小劫，正法住世，二十小劫，像法亦住，二十小劫。

【白话】

此时，世尊知道诸位大弟子心中所想念的是什么，于是对诸比丘宣告说："这位须菩提弟子在未来世中，将朝见三百万亿那由他（注：数量词，相当于一亿）个佛，并供养、尊敬、赞颂，时刻修持清净梵行，具足菩萨的六度万行，在其最后一次轮回果报身时将证果成佛，名号叫名相如来，同时还具足十号，即：应供、正遍知、明行足、善逝、世间解、无上士、调御丈夫、天人师、佛、世尊。当时的劫名为有宝，国名为宝生。该佛国土地平正，琉璃铺地，宝树庄严，没有土丘和坑洼，没有沙砾和荆棘，也没有大小便的污秽。各种各样的宝花覆盖着大地，到处清净无染。该佛国中的人民都居住在七宝台上用珍宝造成的美妙楼阁之中。国中的声闻弟子无量无边，即使再大的数字和再多的譬喻也不能测知其数。菩萨众也有无数亿那由他之多。名相佛的寿命是十二小劫。佛灭后，他的正法流传于世二十小劫。正法之后，没有证悟的像法也流传于世二十小劫。这位名相佛经常在虚空之中为大众说法，度脱了无量菩萨和声闻大众。"

这时，世尊欲重申这层意思，便说偈道：

"诸位比丘，你们都应专心一意听我说，现在我向你们宣告：我的大弟子须菩提未来将会作佛，号为名相如来。他在未来世中，将供养无数万亿个佛，并随佛修行，常行佛行，常修佛修，从而逐渐达到成佛的大道，终于在其最后一次轮回果报身时，得道成佛，具足了如来佛的三十二种非凡相貌，犹如宝山一样端正而殊妙。该佛国土，庄严清净，名列第一，众生见了，无不喜欢。名相佛在其国中说法教化，将救度无量无数的众生。那里菩萨很多，个个聪明伶俐，人人转不退之法轮，说法普度众生，所以，该国总是由菩萨来进行庄严的。本佛国的声闻大众多得不可计数，他们都获得了悉知过去、未来和断尽烦恼的三种明达和天眼、天耳、他心、宿命、神足、漏尽等六种神通，同时还证得了八种解脱，具有很大的威德，该佛说法时，能显现出无量种不可思议的神通变化。如恒河沙数之多的天众和人民，都双手合十，一心听受佛的教诲。名相佛寿命达十二小劫。佛灭后，正法行世二十小劫。正法之后，像法行世也二十小劫。"

【经文】

尔时，世尊复告诸比丘众："我今语汝，是大迦旃延，于当来世以诸供具供养奉事八千亿佛，恭敬尊重。诸佛灭后，各起塔庙，高千由旬，纵广正等五百由旬，皆以金银、琉璃、砗磲、玛瑙、珍珠、玫瑰七宝合成，众花、璎珞、涂香、末香、烧香、缯盖、幢幡，供养塔庙。过是已后，当复供养二万亿佛，亦复如是。供养是诸佛已，具菩萨道，当得作佛，号曰阎浮那提金光如来、应供、正遍知、明行足、善逝、世间解、无上士、调御丈夫、天人师、佛、世尊。其土平正，玻璃为地，宝树庄严，黄金为绳以界道侧，妙花覆地，周遍清净，见者欢喜。无四恶道——地狱、饿鬼、畜生、阿修罗道，多有天、人，诸声闻众及诸菩萨，无量万亿，庄严其国。寿十二小劫，正法住世二十小劫，像法亦住二十小劫。"

尔时，世尊欲重宣此义而说偈言：诸比丘众，皆一心听，如我所说，真实无异。是迦旃延，当以种种，妙好供具，供养诸佛。诸佛灭后，起七宝塔，亦以花香，供养舍利。其最后身，得佛智慧，成等正觉。国土清净，度脱无量，万亿众生。皆为十方，之所供养。佛之光明，无能胜者。其佛号曰，阎浮金光。菩萨声闻，断一切有，无量无数，庄严其国。

【白话】

这时，世尊又对诸比丘宣告说："我今天对你们说，这位大迦旃延于未来世将用各种供具供养侍奉八千亿佛，个个都尽情恭敬，至诚尊重。这些佛逝世后，大迦旃延都为其建起高一千由旬、横竖长宽各五百由旬的佛舍利塔。这些佛塔皆用黄金、白银、琉璃、砗磲、玛瑙、珍珠、玫瑰等七宝砌合而成，并以各种鲜花、璎珞、涂香、末香、烧香以及用丝绸作成的宝盖、幢、幡等进行供养。在此之后，大迦旃延还将供养二万亿佛，其过程也和供养前面诸佛一样。供养这些佛之后，大迦旃延将具足菩萨之道，最终证果成佛，名号为阎浮那提金光如来，并具足十号，即：应供、正遍知、明行足、善逝、世间解、无上士、调御丈夫、天人师、佛、世尊。该佛国内，土地平正，玻璃为地，宝树庄严，黄金为绳栏于道旁，妙花盖地，一片清净，众生见到这种庄严景象，无不欢欣鼓舞。此佛国中，没有四种恶道，即地狱、饿鬼、畜生、阿修罗，多有天神和人类，尤其是声闻众和菩萨众更是无量万亿之多，他们都在庄严着这个佛国世界。此佛寿命十二小劫。佛灭后，他的正法行世二十小劫，次于正法的像法也行世二十小劫。"

这时，世尊欲重宣其言，便说偈道：

"诸位比丘，你们都专心听着，我所说的都是真实不虚、恒常不变的。这位迦旃延弟子将在未来世中以各种各样美妙的供具供养大量的如来佛。这些佛灭度后，他分别建造七宝塔，并以各种花香供养诸佛真身舍利，终于在其最后一次转生身中，获得佛的智慧，证悟了无上圣智，从而即身成佛。该佛国土地清净，经佛度脱的众生有无量亿万之多，所以该佛受到十方一切众生的虔诚供养。佛的光明能战胜一切，故其名号为阎浮金光。佛国内有无量无数的菩萨和声闻大众，他们都已经断除了对一切外相的执着，通过各种清净的修行庄严这个伟大的佛国世界。"

【经文】

尔时,世尊复告大众:"我今语汝,是大目犍连,当以种种供具供养八千诸佛,恭敬尊重,诸佛灭后,各起塔庙,高千由旬,纵广正等,五百由旬,以金银、琉璃、砗磲、玛瑙、珍珠、玫瑰等七宝合成,众花、璎珞、涂香、末香、烧香、缯盖、幢幡以用供养。过是已后,当复供养二百万亿诸佛,亦复如是。当得成佛,号曰多摩罗跋栴檀香如来、应供、正遍知、明行足、善逝、世间解、无上士、调御丈夫、天人师、佛、世尊。劫名喜满,国名意乐。其土平正,玻璃为地,宝树庄严,散真珠花,周遍清净,见者欢喜。多诸天、人、菩萨、声闻,其数无量。佛寿二十四小劫,正法住世四十小劫,像法亦住四十小劫。"

尔时,世尊欲重宣此义而说偈言:我此弟子,大目犍连,舍是身已,得见八千,二百万亿,诸佛世尊。为佛道故,供养恭敬。于诸佛所,常修梵行,于无量劫,奉持佛法。诸佛灭后,起七宝塔,长表金刹,花香伎乐,而以供养,诸佛塔庙。渐渐具足,菩萨道已,于意乐国,而得作佛,号多摩罗,栴檀之香。其佛寿命,二十四劫,常为天人,演说佛道。声闻无量,如恒河沙,三明六通,有大威德。菩萨无数,志固精进,于佛智慧,皆不退转。佛灭度后,正法当住,四十小劫,像法亦尔。我诸弟子,威德具足,其数五百,皆当授记,于未来世,咸得成佛。我及汝等,宿世因缘,吾今当说,汝等善听。

【白话】

这时,释迦牟尼佛又向大家宣告说:"我现在告诉你们,这位大目犍连弟子将在未来世中,用各种供具来供养八千位如来佛,悉皆尽心恭敬,虔诚尊重。这些佛灭度之后,大目犍连将为他们各建塔庙。这些塔庙,高一千由旬,长宽相同,皆五百由旬,全由黄金、白银、琉璃、砗磲、玛瑙、珍珠、玫瑰等七宝砌合而成。塔庙中还以各种花朵、璎珞、涂香、末香、烧香以及丝绸作的宝盖、幢、幡等进行供养。在此之后,大目犍连还将再供养二百万亿诸佛,其具体经过与前相同。至此,大目犍连将证果成佛,名号为多摩罗跋栴檀香如来,同时具足十号,即:应供、正遍知、明行足、善逝、世间解、无上士、调御丈夫、天人师、佛、世尊。当时的劫名叫喜满,国名叫意乐。国内土地平正,琉璃为地,宝树庄严,珍珠之花空中飘散,到处都非常清净,谁看见了都会满心欢喜,流连忘返。这里,天神和人类很多,菩萨、声闻二圣更是无量无数。此佛寿命二十四小劫。佛灭度后,佛的正法流行于世四十小劫,接着是缺少证悟的像法时代,像法流行于世也长达四十小劫。"

接着,释迦牟尼佛又以偈颂形式说道:

"我的这位大目犍连弟子将在舍去此身之后,先遇见八千个佛,接着又遇见二百万亿个佛。为了追求至高无上的佛道,大目犍连尽心尽力地供养、恭敬每一个佛,并在这些佛面前,修持清净梵行,奉行受持诸佛之法长达无量数劫。诸佛灭度之后,大目犍连又分别为他们用七种珍宝建起舍利宝塔,并用黄金作成长长的塔刹,还以花朵、诸香、伎乐等来供养这些塔庙。由此,大目犍连渐渐具足了大乘菩萨的六度万行,从而在意乐国中证果成佛,佛号为多摩罗栴檀香。佛寿长二十四劫,在此期间,该佛常为诸天神和人类演说佛道。国中声闻弟子极多,犹如恒河之沙一样无量无数,他们人人具足三种明达、六种神通,个个都有巨大的威德之相。那里的菩萨也多得数不清,他们志向坚定,勇猛精进,都得到了佛的无上圣智,并永不后退,永不丢失。该佛灭度后,佛的正法流行于世四十小劫,随之而来的像法时代也长达四十小劫。

"我的诸大弟子中,有五百位具足了威德之相,他们都将获得授记,于未来世,皆当成佛。我和你们因为有前世的因缘,所以,我今应当为你们说出此法,你们可要仔细谛听。"

化城喻品第七

【经文】

佛告诸比丘："乃往过去无量无边不可思议阿僧祇劫，尔时有佛，名大通智胜如来、应供、正遍知、明行足、善逝、世间解、无上士、调御丈夫、天人师、佛、世尊。其国名好城，劫名大相。诸比丘，彼佛灭度已来，甚大久远。譬如三千大千世界所有地种，假使有人磨以为墨，过于东方千国土，乃下一点，大如微尘。又过千国土，复下一点，如是展转尽地种墨，于汝等意云何？是诸国土若算师，若算师弟子能得边际知其数否？""不也，世尊。""诸比丘，是人所经国土，若点不点，尽抹为尘，一尘一劫，彼佛灭度已来，复过是数无量无边百千万亿阿僧祇劫。我以如来知见力故，观彼久远犹若今日。"

尔时，世尊欲重宣此义而说偈言：我念过去世，无量无边劫，有佛两足尊，名大通智胜。如人以力磨，三千大千土，尽此诸地种，皆悉以为墨。过于千国土，乃下一尘点，如是展转点，尽此诸尘墨。如是诸国土，点与不点等，复尽抹为尘，一尘为一劫。此诸微尘数，其劫复过是，彼佛灭度来，如是无量劫。如来无碍智，知彼佛灭度，及声闻菩萨，如是今灭度。诸比丘当知，佛智尽微妙，无漏无所碍，通达无量劫。

【白话】

释迦牟尼佛告诉诸比丘说："在过去无量无边不可思议阿僧祇（注：表示时间的数量单位，意为无数）劫，有一位名叫大通智胜的如来，具足佛的十号之德，即：应供、正遍知、明行足、善逝、世间解、无上士、调御丈夫、天人师、佛、世尊。当时的国名叫好城，劫名叫大相。诸位比丘：此佛自从进入不生不灭的涅槃境界以来，已经有极其久远的年代了。譬如有人将此三千大千世界的所有国土，磨成的写字用的墨汁，如此经过东方一千个国土时，洒下一点如微尘大小的墨汁。再过一千个国土，又洒下一点墨汁。按照这样的方式，洒尽所有磨成的墨汁。如此说来，你们认为这国土多不多呢？即使是算术师或算术师的弟子们，他们能算到尽头得知其数吗？"诸比丘回答说："不可能，世尊。"佛接着又说："诸比丘，如果把此人所经过的国土，包括洒上墨点的和没有洒上墨点的，都全部再磨为微粒之尘，一尘算作一劫，那么，此佛自从灭度以来所经过的劫数，要比这个劫数多出无量无边百千万亿阿僧祇劫。由于我具足如来特有的知见之力，所以，在我看来，如此久远的劫数也如同今日一样，并不长久。"

这时，释迦牟尼佛欲复述其义，便诵偈道：

"我想起在过去世无量无边劫的时候，有位福、慧具足的佛，名叫大通智胜。假如有人竭尽全力将此大千世界所有国土全都磨成墨汁，然后，过一千个国土，洒一点墨汁。如此，将所有的墨汁全部洒完，一点墨汁即一千个国土。再将这所有的国土包括点上墨汁的和未点上墨汁的，全都磨为微尘，一尘算作一劫。大通智胜如来灭度以来所经过的劫数比此劫数还多。我释迦牟尼佛具足圆融无碍的智慧，悉知大通智胜佛及声闻、菩萨久远劫前的灭度如同今日灭度一样。诸位比丘，你们应当知道，佛的智慧是极尽微妙，绝对纯净，所向无碍的，它可以通达无量数劫。"

【经文】

佛告诸比丘："大通智胜佛寿五百四十万亿那由他劫。其佛本坐道场破魔军已，垂得阿耨多罗三藐三菩提，而诸佛法不现于前，如是一小劫乃至十小劫，结跏趺坐，身心不动，而诸佛法犹不在前。尔时，忉利诸天先为彼佛于菩提树下，敷师子座，高一由旬，佛于此座当得阿耨多罗三藐三菩提。适坐此座时，诸梵天王雨众天花，面百由旬。香风时来，吹去萎花，更雨新者。如是不绝，满十小劫，供养于佛，乃至灭度，常雨此花。四王诸天为供养佛，常击天鼓，其余诸天作天伎乐，满十小劫，至于灭度亦复如是。诸比丘，大通智胜佛过十小劫，诸佛之法乃现在前，成阿耨多罗三藐三菩提。

"其佛未出家时有十六子，其第一者，名曰智积。诸子各有种种珍异玩好之具，闻父得成阿耨多罗三藐三菩提，皆舍所珍，往诣佛所。诸母涕泣而随送之。其祖转轮圣王与一百大臣及余百千万亿人民，皆共围绕，随至道场。咸欲亲近大通智胜如来，供养恭敬、尊重赞叹。到已，头面礼足，绕佛毕已，一心合掌瞻仰世尊，以偈颂曰：大威德世尊，为度众生故，于无量亿劫，尔乃得成佛，诸愿已具足，善哉吉无上。世尊甚希有，一坐十小劫，身体及手足，寂然安不动。其心常淡泊，未曾有散乱，究竟永寂灭，安住无漏法。今者见世尊，安稳成佛道，我等得善利，称庆大欢喜。众生常苦恼，盲冥无导师，不识苦尽道，不知求解脱。长夜增恶趣，减损诸天众，从冥入于冥，永不闻佛名。今佛得最上，安稳无漏道，我等及天人，为得最大利，是故咸稽首，归命无上尊。"

【白话】

释迦牟尼佛又告诉诸比丘说："大通智胜佛寿命长达五百四十万亿那由他劫。本来，该佛在端坐菩提道场，破除一切魔军的扰乱之后，即可获得无上圣智，但他那时却尚未成就佛道，佛法也未出现于前。如此经过一小劫，以至十小劫，大通智胜佛始终结跏趺坐，身心不动，但佛法依然未能出现于前。这时，忉利天上的天人在菩提树下为佛铺设了一由旬高的狮子座，佛将于此座上获证无上圣智。就在大通智胜佛刚坐到此狮子座上时，诸位梵天王散下各色天花，散落于佛座四周一百由旬的地方。一阵阵香风吹去了萎谢的花朵，新的天花又纷纭而下。如此持续不断达十小劫，以鲜花供养于佛。甚至一直到该佛灭度，他们还是照常地散下天花。与此同时，四大天王等诸天神常击天鼓，其余诸天神常鸣天乐，他们以此方式供养于佛，长达十小劫，一直到该佛灭度也是如此。诸比丘，大通智胜佛经过了十个小劫，佛法才出现于前，他才最终证成了无上圣智。

"大通智胜佛未出家修道之时，有十六个儿子。第一位儿子名叫智积。每个儿子各有其种种奇异的珍玩之具。他们听说父亲已证得无上圣智，于是都放弃了自己的珍宝，前往佛呆的地方。这些儿子的几位母亲依依不舍,她们流着泪,一同为儿子们送行。他们的祖父即当时的国王与一百名大臣及亿万人民前呼后拥地来到佛的道场,以便亲近大通智胜如来,并供养、恭敬、尊重、赞颂这位如来佛。他们到达佛的住地之后,全都五体投地,顶礼膜拜,并绕佛三匝,以示敬礼,然后,一心合掌,看着世尊,用偈语赞颂佛说:

'世尊啊,您是世间最有威德的圣者,为了救度十方受苦受难的众生,您不惜于无量亿劫之中坚苦修行,终于证果成佛。您从前所发的一切誓愿,如今皆已圆满实现,这真是太好了!太吉祥了!世尊啊,您真是稀有难得,您一坐就是十小劫,而身体和手足仍寂然安住不动。您的心远离一切颠倒梦想,没有一点污染的尘垢,您是那么的淡泊宁静,从未有过一丝散乱。您已得到了永恒的圆觉,安住于清净纯洁的圣法之中。今天,我们看您安安稳稳地成就了佛道,使我们都得到了很大益处,所以我们怀着万分激动的心情庆祝这一盛事。我们这些芸芸众生,总是处在各种苦恼之中,我们如同盲人一样在黑暗中苦苦挣扎,没有指引我们前进的导师。所以,我们既不认识脱离苦难的道路,也不知道如何求得解脱,避免这无边无尽的生死轮回。在漫漫长夜之中,我们浑浑噩噩地造下了许多罪业,从而不断增加了转生地狱、饿鬼、畜生等恶道的可能性,不断地减损着进入天神行列的希望。在恶道之中颠倒沉沦的众生,被无明业障遮盖了智慧的双眼,他们从昏暗走向昏暗,从愚昧走向愚昧,永远连佛的名字都听不到。如今,我佛得到了至高无上、安稳清净的佛道,我们和一切天人大众如同黑暗中看到了明灯,为了得到最大的利益,我们全都叩首致礼,一心一意地皈依于您这位无上的世尊。'

【经文】

"尔时,十六王子偈赞佛已,劝请世尊转于法轮,咸作是言:'世尊说法,多所安稳,怜愍饶益诸天人民。'重说偈言:世雄无等伦,百福自庄严,得无上智慧,愿为世间说,度脱于我等,及诸众生类,为分别显示,令得是智慧。若我等得佛,众生亦复然。世尊知众生,深心之所念,亦知所行道,又知智慧力,欲乐及修福,宿命所行业。世尊悉知已,当转无上轮。"

佛告诸比丘:"大通智胜佛得阿耨多罗三藐三菩提时,十方各五百万亿诸佛世界六种震动,其国中间幽冥之处,日月威光所不能照而皆大光明。其中众生各得相见,咸作是言:'此中云何忽生众生?'又其国界诸天宫殿乃至梵宫六种震动,大光普照遍满世界,胜诸天光。尔时,东方五百万亿诸国土中梵天宫殿,光明照耀,倍于常明,诸梵天王各作是念:'今者宫殿光明昔所未有。以何因缘而现此相?'是时诸天王即各相诣,共议此事。时彼众中有一大梵天王,名救一切,为诸梵众而说偈言:我等诸宫殿,光明昔未有,此是何因缘,宜各共求之。为大德天生,为佛出世间,而此大光明,遍照于十方。

【白话】

"十六王子以偈语赞颂完大通智胜佛之后,便劝请佛为他们讲经说法,他们异口同声地说道:'世尊啊!请您为我们演说无上的妙法,令我们一切众生都得到安稳。请您怜愍并饶益一切天众和人民吧!'接着,他们又以偈颂形式说道:

'世尊啊！您是无与伦比的大圣雄，您以百种福德自我庄严，相貌殊妙，威仪无缺，您所得到的智慧是至高无上的。愿佛为世间一切众生说出微妙之法，使我们及其他各种类型的众生都能速离苦海，早登觉岸。现在，就请佛分别开示，令我们也得到这种无上的智慧。如果我们能够证得佛果，其他一切六道众生也就会同样证得佛果。世尊，您知道众生内心深处所想念的是什么，您也知道众生所行之道，您还知道众生智慧力的大小以及他们的欲望、乐趣、所修之福和前世所行之业。世尊啊！您对众生的一切都了如指掌，现在就请您为我们转无上之妙法轮吧！'"

释迦牟尼佛对参加法会的诸位比丘继续说道："那时，大通智胜佛获得无上圣智，从而证果成佛，十方之内各有五百万亿佛国世界顿时发生了六种震动。在这些佛国之内，那些日月亮光所不能照到的幽暗之处，都同时现出光明。在这些地方的众生也各得相见，所以，他们都这样惊讶地说：'这里忽然从什么地方来了这么多众生？'另外，在这些国土的范围内，诸天的宫殿乃至梵天的宫殿皆产生了六种震动，光明普照整个世界，亮度胜过了日月之光。这时，东方有五百万亿国土中的梵天宫殿皆得光明照耀，其光胜过通常的光好多倍。所有的梵天王都这样想：'今天宫殿中的这种光明过去从未有过，是何因缘能现出如此的瑞相呢？'于是，所有的梵天王便立即相互拜访，共同议论此事。此时，他们当中有一位大梵天王，名叫救一切，他为所有的梵天大众说出一首偈语：

'我们宫殿之中的这种光明过去从未有过，这到底是什么因缘，我们应当共同寻求这光明的来源。依我推测，这也许是某一位大德圣人出世了，或者是有佛出现于世，因而才有如此的光明，照遍了整个十方世界。'"

【经文】

"尔时,五百万亿国土诸梵天王与宫殿俱,各以衣祴盛诸天花,共诣西方推寻是相,见大通智胜如来,处于道场菩提树下坐师子座,诸天、龙王、乾闼婆、紧那罗、摩睺罗伽、人非人等恭敬围绕,及见十六王子请佛转法轮。即时诸梵天王头面礼佛,绕百千匝,即以天花而散佛上。其所散花如须弥山,并以供养佛菩提树。菩提树高十由旬,花供养已,各以宫殿奉上彼佛而作是言:'惟见哀愍饶益我等,所献宫殿,愿垂纳处。'时,诸梵天王即于佛前,一心同声,以偈颂曰:世尊甚希有,难可得值遇,具无量功德,能救护一切。天人之大师,哀愍于世间,十方诸众生,普皆蒙饶益。我等所从来,五百万亿国,舍深禅定乐,为供养佛故。我等先世福,宫殿甚严饰,今以奉世尊,惟愿哀纳受。

"尔时,诸梵天王偈赞佛已,各作是言:'惟愿世尊转于法轮,度脱众生,开涅槃道。'时诸梵天王一心同声而说偈言:世雄两足尊,惟愿演说法,以大慈悲力,度苦恼众生。尔时,大通智胜如来默然许之。

【白话】

释迦牟尼佛接着说:"那时,东方五百万亿国土中所有的梵天王随身带着他们各自的宫殿,又用衣服盛满了天花,一起到西方去,推究探寻这种光明的来源。他们在遥远的西方看见大通智胜如来正坐在菩提树下的狮子座上,许多天神、龙王、乾闼婆、紧那罗、摩睺罗伽、人非人等都非常恭敬地围绕在佛的周围,他们还看见十六王子正在请佛说法。于是，这些梵天王们立即用其头面礼佛之足，并绕佛百千圈，还以天花散在佛的身上。所散的天花犹如须弥山那么多，同时，他们还以天花来供养佛的菩提树。菩提树高十由旬。用天花供养之后，他们又以各自的宫殿奉献于佛，然后说：'请佛慈悲哀悯我们，饶益我们。我们所奉献的宫殿，希望您能接受。'这时，所有的梵天王就全都跪在佛的面前，怀着同样的心情异口同声地诵偈说：

'世尊啊！您是世上最稀有的圣者，要想遇见您那可真是太难了。您具足了无量的功德，能够救护一切众生。您是诸天和人类的伟大导师，能哀愍世间的所有众生，使他们都能蒙受益处。我等梵天王从五百万亿国土而来，我们都舍弃了参禅入定的乐趣，就是为了来供养您。由于我们先世修下了福业，从而获得了如此庄严的宫殿。今天，我们就将这心爱的宫殿奉献给您，惟愿您哀悯我们的一片苦心，接受我们的这种供养！'

"诸梵天王诵完偈后，又各自说道：'惟愿世尊能为我们讲经说法，以度脱一切受苦受难的众生，为他们开示一条通向涅槃的大道！'接着，所有的梵天王又一心而同声地诵偈道：

'世尊啊！您是福、慧双足的无上圣尊，惟愿您为我等众生演说佛道妙法，希望能以世尊大慈大悲的力量，来救度一切受苦难缠缚的众生，使他们早脱苦海，超登彼岸！'

"这时，大通智胜如来便默许了他们的请求。"

【经文】

"又诸比丘，东南方五百万亿国土诸大梵王，各自见宫殿光明照曜，昔所未有。欢喜踊跃生希有心，即各相诣，共议此事。时彼众中有一大梵天王，名曰大悲，为诸梵众而说偈言：

是事何因缘，而现如此相，我等诸宫殿，光明昔未有。为大德天生，为佛出世间，未曾见此相，当共一心求。过千万亿土，寻光共推之，多是佛出世，度脱苦众生。

"尔时，五百万亿诸梵天王与宫殿俱，各以衣裓盛诸天花，共诣西北方推寻是相。见大通智胜如来处于道场菩提树下坐师子座，诸天、龙王、乾闼婆、紧那罗、摩睺罗伽、人非人等，恭敬围绕，及见十六王子请佛转法轮。时诸梵天王头面礼佛，绕百千匝，即以天花而散佛上。所散之花如须弥山，并以供养佛菩提树。花供养已，各以宫殿奉上彼佛而作是言：'惟见哀愍饶益我等，所献宫殿愿垂纳处。'尔时，诸梵天王即于佛前，一心同声，以偈颂曰：

圣主天中王，迦陵频伽声，哀愍众生者，我等今敬礼。世尊甚希有，久远乃一现，一百八十劫，空过无有佛，三恶道充满，诸天众减少，今佛出于世，为众生作眼。世间所归趋，救护于一切，为众生之父，哀愍饶益者。我等宿福庆，今得值世尊。

"尔时，诸梵天王偈赞佛已，各作是言：'惟愿世尊，哀愍一切，转于法轮，度脱众生。'时诸梵天王一心同声而说偈言：大圣转法轮，显示诸法相，度苦恼众生，令得大欢喜。众生闻此法，得道若生天，诸恶道减少，忍善者增益。

"尔时，大通智胜如来默然许之。

【白话】

释迦牟尼佛又说："另外，诸比丘，东南方五百万亿国土中的所有大梵天王,都发现各自的宫殿光明照耀,从未有过,他们个个欢欣鼓舞,叹为稀有。于是,诸梵天王立即相互拜访,共议此事。这时,他们之中有一大梵天王,名叫大悲,为诸梵众说出一首偈语:

'这件事到底是什么原因?为什么会出现如此的瑞相呢?我们的宫殿过去可从来没有这样灿烂夺目的光明。莫非是大德从天上降生了?抑或是佛出现于世间?我们从没有见过这样美妙的境界,所以就让我们大家一起来推测它的来源吧!经过千万亿个国土,去寻找这光明的源头,那里肯定是有佛出世,他将救度一切苦难的众生。'

"这时,五百万亿梵天王各自随身带着他们的宫殿,并各以其天衣盛着五光十色的天花,一同向西北方向去索寻这种瑞相的起源。在遥远的东南方有一佛国,诸梵天王在此看见大通智胜如来坐在道场内一菩提树下的狮子座上,诸天神、龙王、乾闼婆、紧那罗、摩睺罗伽、人非人等都非常恭敬地围绕在佛的周围。诸梵天王还看见十六王子正在请佛说法。这时,所有的梵天王都上前以其头面礼佛之足,并绕佛百千匝,以示崇敬,然后用天花散在佛的身上。所散的天花如须弥山一样众多。他们还将天花拿来供养佛的菩提树。以花供养之后,梵天王们又各以其宫殿奉献给大通智胜佛,并说:'惟愿您慈悲哀悯我们,饶益我们。现在我们就把我们最心爱的宫殿献给您,希您能够接受。'接着,诸梵天王便在佛前一心而同声地以偈赞颂道:

'世尊啊!您是圣中之主,天中之王。您说法的声音就好像好声鸟在鸣叫,非常悦耳动听。您是哀悯众生的大慈悲者,我们五百万亿梵天王现在向您敬礼。世尊啊!您是多么的难遭难遇啊!因为佛都是经历极其久远的劫数之后才出现于世的。从古到今已有一百八十劫没有佛出世了。由于没有佛的教化指迷,越来越多的众生堕落于地狱、饿鬼、畜生三恶道之中,而往生善道成为天神者却一天比一天减少。如今。这个悲惨的世界终于迎来了佛的诞生,您将拨开迷途众生的双眼,给这昏暗的世界带来希望的曙光。所以,世间所有的众生都会归依于您,都会跟您修行。您将救度保护世间的每一位众生,所以,您就是我们所有众生的慈父,只有您才能哀愍我们的痛苦,只有您才能给我们带来巨大的幸福。我们这些天神皆因在前世曾作过功德和善事,所以今世才这么幸运能遇见佛,这是很值得庆贺的。'

"梵天王们诵偈赞佛之后,又都这样说道:'惟愿世尊哀悯一切众生,为我们转妙法轮,说无上的佛法,教我们如何了生脱死,离苦得乐。'这时,所有的梵天王又一心而同声地诵偈道:

'大圣啊!请您转动那微妙的法轮,为我们显示宇宙万法之实相,使我们这些苦恼难熬的众生离苦得乐,获得最大的幸福。众生如果听了您的说法,就会得道升天,这样一来,地狱、饿鬼、畜生等恶道中的众生将会日益减少,而修持忍辱和十善的人则会不断增多,那时的世界将是多么的美好啊!'

"这时,大通智胜如来默许了这些梵天王们的请求。"

【经文】

"又,诸比丘,南方五百万亿国土诸大梵王,各自见宫殿光明照耀,昔所未有。欢喜踊跃,生希有心,即各相诣共议此事。以何因缘我等宫殿有此光曜?时彼众中有一大梵天王,名曰妙法,为诸梵众而说偈言:我等诸宫殿,光明甚威曜,此非无因缘,是相宜求之。过于百千劫,未曾见是相,为大德天生,为佛出世间。

"尔时,五百万亿诸梵天王与宫殿俱,各以衣裓盛诸天花，共诣北方推寻是相。见大通智胜如来处于道场菩提树下坐师子座，诸天、龙王、乾闼婆、紧那罗、摩睺罗伽、人非人等，恭敬围绕，及见十六王子请佛转法轮。时，诸梵天王头面礼佛，绕百千匝，即以天花而散佛上。所散之花如须弥山，并以供养佛菩提树，花供养已，各以宫殿奉上彼佛，而作是言：'惟见哀悯饶益我等，所献宫殿愿垂纳处。'尔时，诸梵天王即于佛前一心同声，以偈颂曰：'世尊甚难见，破诸烦恼者，过百三十劫，今乃得一见。诸饥渴众生，以法雨充满，昔所未曾睹，无量智慧者，如优昙钵花，今日乃值遇。我等诸宫殿，蒙光故严饰，世尊大慈悯，惟愿垂纳处。'

"尔时，诸梵天王偈赞佛已，各作是言：'惟愿世尊转于法轮，令一切世间诸天、魔、梵沙门、婆罗门、皆获安稳而得度脱。'时，诸梵天王，一心同声以偈颂曰：惟愿天人尊，转无上法轮，击于大法鼓，而吹大法螺，普雨大法雨，度无量众生。我等咸归请，当演深远音。

"尔时，大通智胜如来默然许之。

【白话】

释迦牟尼佛说："另外，诸位比丘，南方五百万亿国土中所有的大梵天王都看见各自的宫殿为一种从未有过的光明所照耀，他们欢喜跳跃，甚感美妙。于是，他们相互走访，共议此事，大家都不明白自己的宫殿怎么忽然会有这般光明。这时，他们中间有一位名叫妙法的大梵天王，为诸位梵天王说了一首偈语：

'我们诸位梵天的宫殿，今日能有如此威曜的光明，这绝非无缘无故,所以,我们应当好好地探求一下这种瑞相的来源。千百劫以来,我们从未见过这种瑞相,这不是因为有某大德从天而生,就是因为有佛出现于世。'

"这时,五百万亿梵天王带着他们各自的宫殿,并用其衣服盛着天花,一同来到北方寻找这光明瑞相的起源。他们看见大通智胜如来坐在道场内一菩提树下的狮子座上,天神、龙王、乾闼婆、紧那罗、摩睺罗伽、人非人等皆非常恭敬地围绕在佛的周围。他们还看见十六王子正在请求佛为众生转法轮,演法旨。于是,所有梵天王皆来到佛的面前,以其头面礼佛之足,并绕佛千百匝,还把天花散在佛的身上。所散的天花多如须弥山。他们还用天花供养佛的菩提树。以花供养之后,梵天王们各将其宫殿奉献给佛,并说:'惟愿佛大慈大悲,哀悯我们的一片苦心,并给我们带来巨大的好处。所献的宫殿,请您惠纳。'接着,梵天王们跪倒在佛前,一心而同声地诵偈道:

'世尊啊!见到您可真是太不容易了。您是破除一切烦恼的大圣人,一百三十劫过去了。今天才得见到,所有饥渴中挣扎的众生如今终于能够在您的法雨之中得到充分的沐浴。过去我们从未见过像您这样具有无量智慧的圣者,您就像名贵珍稀的优昙钵花一样,今天总算让我们碰上了。我们的宫殿蒙您的瑞光照耀,从而变得如此庄严华丽,现在,就请您大发慈悲怜悯之心,接受我们所奉献的宫殿吧!'

"梵天王们诵完偈语之后,又异口同声地说:'惟愿世尊讲说佛法,使所有世间的天众、魔众、梵众、沙门、婆罗门等都能度脱苦海,获得安稳。'这时,所有的梵天王们又一心而同声地诵偈赞佛道:

'惟愿天神人类所尊敬的如来佛为我们转无上的妙法轮,击大法鼓、吹大法螺,雨大法雨,从而度脱无量众生。我们诸位天

神都皈依于您,就请您演说出深远的法音吧!'

"此时,大通智胜如来便默许了这批大梵天王的请求。"

【经文】

"西南方乃至下方亦复如是,尔时,上方五百万亿国土诸大梵王,皆悉自睹所止宫殿,光明威曜,昔所未有,欢喜踊跃,生希有心,即各相诣,共议此事:以何因缘,我等宫殿有斯光明?时,彼众中有一大梵天王,名曰尸弃,为诸梵众而说偈言:今以何因缘,我等诸宫殿,威德光明曜,严饰未曾有。如是之妙相,昔所未闻见,为大德天生,为佛出世间。

"尔时,五百万亿诸梵天王与宫殿俱,各以衣祴盛诸天花,共诣下方,推寻是相。见大通智胜如来处于道场菩提树下,坐师子座,诸天、龙王、乾闼婆、紧那罗、摩睺罗伽、人非人等恭敬围绕,及见十六王子请佛转法轮。时,诸梵天王头面礼佛,绕百千匝,即以天花而散佛上。所散之花如须弥山,并以供养佛菩提树,花供养已,各以宫殿奉上彼佛,而作是言:'惟见哀愍,饶益我等,所献宫殿,愿垂纳处。'时,诸梵天王即于佛前,一心同声以偈颂曰:善哉见诸佛,救世之圣尊,能于三界狱,勉出诸众生。普智天人尊,哀愍群萌类,能开甘露门,广度于一切。于昔无量劫,空过无有佛,世尊未出时,十方常暗冥。三恶道增长,阿修罗亦盛,诸天众减少,死多堕恶道。不从佛闻法,常行不善事,色力及智慧,斯等皆减少。罪业因缘故,失乐及乐想,住于邪见法,不识善仪则,不蒙佛所化,常堕于恶道。佛为世间眼,久远时乃出,哀愍诸众生,故现于世间。超出成正觉，我等甚欣庆，及余一切众，喜欢未曾有。我等诸宫殿，蒙光故严饰，今以奉世尊，惟垂哀纳处。愿以此功德，普及于一切，我等与众生，皆共成佛道。

"尔时，五百万亿诸梵天王偈赞佛已，各白佛言：'惟愿世尊，转于法轮，多所安隐，多所度脱。'时，诸梵天王而说偈言：世尊转法轮，击甘露法鼓，度苦恼众生，开示涅槃道。惟愿受我请，以大微妙音，哀愍而敷演，无量劫集法。

【白话】

释迦牟尼佛对法会中的比丘们继续讲道："那时，西南方以至西方、西北方、北方、东北方、下方也都发生了这样的事情，上方也是如此。那里也有五百万亿国土，其中的大梵天王都亲眼看见他们所居住的宫殿出现了前所未有的威曜光明，他们欢喜跳跃，心中感到极其稀奇难得。于是，他们奔走相告，共议此事，都在发出疑问：我们的宫殿为什么会出现这般光明？当时，他们中间有一位名叫尸弃的大梵天王，为诸梵众说了一首偈语：

'今天到底是什么原因，我们的宫殿会出现这种前所未有、庄严辉煌、具有无比威德的光明？这种微妙的景象，过去我们从来没有见过，这不是因为有大德从天降生，就是因为有佛出于世间。'

"这时，上方五百万亿梵天王各自以其衣物盛满五光十色的天花，坐在他们的宫殿之中，向下方而来，一起追寻这种瑞相的来源。他们看见大通智胜如来坐在道场之中一棵菩提树下的狮子座上，诸天神、龙王、乾闼婆、紧那罗、摩睺罗伽、人非人等都非常恭敬地围绕在佛的周围。他们还看见十六王子正在请佛讲说佛法。于是，这些从上方诸世界来的梵天王们立即上前、以其头面礼佛之足，并绕佛千百匝，然后，他们又拿出天花，散在佛的身上。所散的花犹如须弥山一样众多。他们还以天花供养佛的菩提树。以花供养之后，梵天王们又各以其宫殿奉献给佛，说道：'惟愿世尊哀悯并饶益我们，希您能接受我们所献的宫殿。'接着，这些梵天王们便跪倒于佛前，一心而同声地诵偈赞佛道：

'善哉！善哉！我们能够遇见诸佛，可真是太幸运了！佛是救世的圣尊，能令一切众生超出欲界、色界、无色界等三界的牢狱。佛具足一切微妙的智慧，是所有天神和人类的导师。您大慈大悲，哀悯一切有情无情的众生，能为他们揭开甘露的法门。过去无量劫均已白白空过，始终无有一佛现世。在您未出现之前的漫漫岁月中，十方界内一片灰暗，众生在黑夜之中苦苦挣扎，不断地堕入地狱、饿鬼、畜生等三恶道之中。沦落于多怒好斗、为非作歹的阿修罗道中的众生就更多了。与此同时，善道中的天神们却日益减少，他们也在一个个地转生于恶道之中。在这无佛无法、罪恶充斥的黑暗世界中，众生根本没有听过佛说法，所以他们也长期不行善事，躯体之力与智慧之力与日俱减。由于不断作恶造业，众生失去了本有的一切快乐，也不再去追求快乐，他们完全沉溺于邪见谬法之中，不知道善良的威仪和准则。总之，由于得不到佛的教化，他们生生世世都轮回于三恶道中，饱受无尽的痛苦。如来佛是世间一切众生的明眼善知识，历经极其遥远的时代才会出现于世，而其出现于世，也是因为他有慈悲之心，哀悯众生的缘故。他虽然现身于世，但却超出尘俗，成就了无上圣智。我等梵天大众感到十分欣喜和庆幸，其他一切众生也从未有今天这样欢快激动。承蒙您的光明照耀，我们的宫殿变得如此庄严。现在，我们就把它奉献给世尊，惟愿您大发慈悲接受我们的这种供养。我们愿将这种供佛的功德，普遍回向于一切众生，愿我们与一切众生共成佛道！'

"这批来自上方诸国土的五百万亿梵天王以偈赞佛之后,又对佛说:'现在惟愿世尊能为我们转法轮,说佛道,使我们得到安稳,得到解脱。'接着,梵天王们又诵偈说:

'世尊啊!转起您那微妙的法轮吧!击起您那甘露的法鼓吧!您将度脱一切受苦受难的众生,您将为我们开示一条通往妙乐涅槃的道路!惟愿您能接受我们的请求,哀悯我们这些迷途的众生,以您那洪亮微妙的音声,去敷演那无量劫来积集的圣洁佛法!'

【经文】

"尔时,大通智胜如来受十方诸梵天王及十六王子请,即时三转十二行法轮。若沙门、婆罗门、若天、魔、梵及余世间,所不能转。谓是苦,是苦集,是苦灭,是苦灭道。及广说十二因缘法:无明缘行,行缘识,识缘名色,名色缘六入,六入缘触,触缘受,受缘爱,爱缘取,取缘有,有缘生,生缘老死忧悲苦恼。无明灭则行灭,行灭则识灭,识灭则名色灭,名色灭则六入灭,六入灭则触灭,触灭则受灭,受灭则爱灭,爱灭则取灭,取灭则有灭,有灭则生灭,生灭则老死忧悲苦恼灭。

"佛于天人大众之中说是法时,六百万亿那由他人,以不受一切法故,而于诸漏心得解脱,皆得深妙禅定,三明、六通、具八解脱。第二、第三、第四说法时,千万亿恒河沙那由他等众生,亦以不受一切法故,而于诸漏心得解脱。从是已后,诸声闻众量无边,不可称数。

"尔时,十六王子皆以童子出家而为沙弥。诸根通利,智慧明了，已曾供养百千万亿诸佛，净修梵行求阿耨多罗三藐三菩提。俱白佛言：'世尊，是诸无量千万亿大德声闻，皆已成就。世尊亦当为我等说阿耨多罗三藐三菩提法，我等闻已，皆共修学。世尊，我等志愿如来知见，深心所念，佛自证知。'尔时，转轮圣王所将众中八万亿人，见十六王子出家，亦求出家。王即听许。尔时，彼佛受沙弥请，过二万劫已，乃于四众之中说是大乘经，名妙法莲华，教菩萨法，佛所护念。说是经已，十六沙弥为阿耨多罗三藐三菩提故，皆共受持，讽诵通利。

【白话】

释迦牟尼佛接着说："那时，大通智胜如来接受来自十方的所有大梵天王和十六王子的请求，立即为他们从不同角度分别三次讲述苦、集、灭、道四谛的义理，共讲十二次，故称三转十二行法轮。无论是沙门、婆罗门，还是天众、魔众、大梵天王，甚至世间其他一切众生，都不能转这种微妙的法轮。佛对他们讲三界诸苦、苦的原因、灭苦之后的境界以及灭苦的途径。佛还为他们详细讲解十二因缘之法：无明缘行，即不懂佛法的愚痴无知（无明）引起种种世俗的意志活动（行）。行缘识，即由意志活动作牵引力，使托胎时的心识即精神活动（识）向与意志活动相应的处所投生。识缘名色，即由精神活动引起母胎内部心（名）、身（色）的发育。名色缘六入，即胎儿由身心混沌状态发育出不同的认识器官：眼、耳、鼻、舌、身、意，合称六入。六入缘触，即胎儿出生后，六种认识器官与外界事物相接触而产生触觉。触缘受，即由于年龄增长，心识渐次发达，认识器官与外界相接触时，产生苦、乐、不苦不乐三种感受。受缘爱，即对于外界由感受进而产生了贪爱。爱缘取，即随着贪爱的转盛，导致对外界可享受的一切执着不放（取）。取缘有，即由于执着而产生种种思想行为（有），这些起思想行为是能产生当来果报的善恶之业，故名其为有。有缘生，即所造的业必然产生果报，从而导致来世的再生。生缘老死，忧悲苦恼，即有生必有衰老和死亡，必有忧悲和苦恼。如果无明灭，则行灭；行灭则识灭；识灭则名色灭；名色灭则六入灭；六入灭则触灭；触灭则受灭；受灭则爱灭；爱灭则取灭；取灭则有灭；有灭则生灭；生灭则老死忧悲苦恼灭。

"大通智胜佛为天神和人类讲此法时，有六百万亿那由他的人均闻法开悟，舍弃了一切恶法，从而解脱了内心深处贪、瞋、痴等烦恼的束缚，证得了甚深微妙的禅定和三种明达、六种神通，还具足八种解脱。第二、第三、第四次说法时，又有亿万恒河沙那由他众生闻法开悟，他们也舍弃了一切恶法，解脱了内心各种烦恼的束缚。从此以后，从佛闻法而开悟的声闻大众无量无边，不计其数。

"那时，十六位王子皆以童子之身份出家为小和尚。他们的眼、耳、鼻、舌、身、意等六根非常通利，智慧十分明了。他们在过去世中曾经供养过千万个佛，并在诸佛所，净修梵行，一心追求佛的无上圣智。他们一块儿对大通智胜佛说：'世尊，这些无量千万亿的大德均已成就了声闻果位。您现在也应当为我们讲说至高无上的佛智。我们听闻之后，都将共同修学。世尊，我们志愿得到佛的正知正见，这是我们内心深处的强烈愿望，您是知道的。'这时，转轮圣王所领导的大众中有八万亿人，他们见十六王子出家修行，也都要求出家。国王便答应了。这时，大通智胜佛接受小和尚们的请求，过二万劫之后，才于四众弟子中讲说这部大乘经，名叫《妙法莲华经》，它是教化大乘菩萨的法门，受到佛的护持和关怀。佛讲完此经后，十六位小和尚为求证至高无上的佛智而一心受持，讽诵不息，全面领会贯通。

【经文】

"说是经时，十六菩萨沙弥皆悉信受，声闻众中亦有信解，其余众生千万亿种，皆生疑惑。佛说是经于八千劫未曾休废。说是经已。即入静室，住于禅定八万四千劫。是时，十六菩萨沙弥知佛入室，寂然禅定，各升法座，亦于八万四千劫，为四部众广说分别妙法华经，一一皆度六百万亿那由他恒河沙等众生，示教利喜，令发阿耨多罗三藐三菩提心。

"大通智胜佛过八万四千劫已，从三昧起，往诣法座，安详而坐，普告大众：'是十六菩萨沙弥甚为希有，诸根通利，智慧明了，已曾供养无量千万亿数诸佛，于诸佛所常修梵行、受持佛智，开示众生，令入其中。汝等皆当数数亲近而供养之。所以者何？若声闻、辟支佛及诸菩萨，能信是十六菩萨所说经法，受持不毁者，是人皆当得阿耨多罗三藐三菩提如来之慧。'"

佛告诸比丘："是十六菩萨常乐说是妙法莲华经，一一菩萨所化六百万亿那由他恒河沙等众生，世世所生与菩萨俱，从其闻法悉皆信解，以此因缘，得值四万亿诸佛世尊于今不尽。

【白话】

释迦牟尼佛接着说："大通智胜佛讲说《妙法莲华经》时，十六位发菩萨之心的小和尚都完全相信，受持不疑。声闻大众中也有许多人恍然大悟，一心信解。其余千万亿种类的众生均心生疑惑。大通智胜佛在长达八千劫的时间里，一直讲说此经，始终未曾中断。说完此经后，大通智胜佛便进入静室，参禅入定达八万四千劫。那时，十六位发菩萨心的小和尚知道大通智胜佛已入于静室，寂然禅定，于是他们各升法座，在佛入定的八万四千劫当中，为比丘、比丘尼以及在家的男、女居士等四部众广泛讲说《妙法莲华经》。他们每人均度脱了六百万亿那由他恒河沙数的众生，为他们分别开示大乘教门，使他们得到欢喜和利益，引导他们树立追求无上佛智的信心。

"经过八万四千劫之后，大通智胜佛从如如不动、了了常明的三昧之中出定，来到他的法座上，安详而坐，对所有众生宣告道：'这十六位发菩萨心的小和尚是很难得的，他们个个聪明伶俐，智慧明了，均曾供养过无量亿个如来佛，并在这些佛那里常修梵行，受持佛智，开示教导一切众生，使他们都能得到佛的智慧。所以，你们应当常常亲近并供养他们。为什么呢？因为，如果声闻弟子或者辟支佛，甚至是诸大菩萨，能够相信这十六位菩萨所说的经法，并依其修行，不生毁谤，那么，这些人都将证得至高无上的如来智慧。'"

释迦牟尼佛告诉诸比丘说："这十六位菩萨长期以来一直乐意说这部《妙法莲华经》。他们每一位所教化的六百万亿那由他恒河沙数那么多的众生，生生世世都跟从这些菩萨修行，从他们那里听闻佛法，信解无碍，持行不息。因为这个缘故，这些众生即可得见四万亿佛世尊，至今依然如此。

【经文】

"诸比丘，我今语汝：彼佛弟子十六沙弥，今皆得阿耨多罗三藐三菩提，于十方国土现在说法，有无量百千万亿菩萨、声闻以为眷属。其二沙弥,东方作佛,一名阿閦,在欢喜国;二名须弥顶。东南方二佛:一名师子音,二名师子相。南方二佛:一名虚空住,二名常灭。西南方二佛:一名帝相,二名梵相。西方二佛:一名阿弥陀,二名度一切世间苦恼。西北方二佛:一名多摩罗跋栴檀香神通,二名须弥相。北方二佛:一名云自在,二名云自在王。东北方佛名坏一切世间怖畏。第十六我释迦牟尼佛,于娑婆国土成阿耨多罗三藐三菩提。

"诸比丘,我等为沙弥时,各各教化无量百千万亿恒河沙等众生,从我闻法为阿耨多罗三藐三菩提。此诸众生于今有住声闻地者,我常教化阿耨多罗三藐三菩提,是诸人等应以是法渐入佛道。所以者何?如来智慧难信难解。尔时所化无量恒河沙等众生者,汝等诸比丘及我灭度后,未来世中声闻弟子是也。

"我灭度后,复有弟子不闻是经,不知不觉菩萨所行,自于所得功德生灭度想,当入涅槃。我于余国作佛,更有异名。是人虽生灭度之想,入于涅槃,而于彼土求佛智慧,得闻是经。惟以佛乘而得灭度,更无余乘,除诸如来方便说法。诸比丘,若如来自知涅槃时到,众又清净,信解坚固,了达空法,深入禅定,便集诸菩萨及声闻众,为说是经。世间无有二乘而得灭度,惟一佛乘得灭度耳。

【白话】

释迦牟尼佛又说:"诸位比丘,我现在告诉你们,那位大通智胜佛的弟子十六位小和尚,如今皆已得到了至高无上、圆融无碍的佛智慧，他们现在正在十方界内诸国土中以佛的身份为众生讲经说法，有无量百千万亿菩萨和声闻作为他们的眷属。其中两位小和尚在东方作佛，第一位名叫阿閦佛，在欢喜国；第二位名叫须弥顶。又有两位小和尚在东南方作佛，第一位名叫狮子音，第二位名叫狮子相。南方也有两位，一位名叫虚空住佛，一位名叫常灭佛。西南方二位佛，一名叫帝相，一名叫梵相。西方有两位佛，一名叫阿弥陀佛，一名叫度一切世间苦恼佛。西北方有两位佛，一名叫多摩罗跋栴檀香神通，一名叫须弥相。北方有两位佛，一位名叫云自在，一位名叫云自在王。东北方的佛名叫坏一切世间怖畏。第十六位小和尚在娑婆国土成就佛的无上圣智而成佛，此即是我释迦牟尼佛。

"诸位比丘，我们十六位佛在作小和尚时，各自都曾教化了无量百千万亿恒河沙数那么多的众生。这些众生从我们那里听闻佛法之后，便都为着证成至高无上的佛智而奋斗。今天，这些众生中有的达到声闻果位，我也常教化他们继续前进，朝着至高无上的佛智慧而精进修行。这些人将在此佛法的指引下，逐渐进入微妙的佛道。为什么呢？因为如来佛的智慧深奥微妙，难信难解。难信故不容易修行；难解故不容易证果。那时候我所教化的无量恒河沙数众生，就是你们这些比丘以及我灭度以后未来世中的声闻弟子。"

释迦牟尼佛又说："我灭度后，还会有一部分弟子不听闻这部《妙法莲华经》。他们好乐小乘法，对大乘菩萨法门不知不觉。这些小乘弟子自认为已修到一定的功德，由此即可自我灭度，进入涅槃。届时，我将在其他国土中作佛，也将更换为另外的佛名。这些小乘弟子虽然自认为小乘功德即可自我灭度、进入涅槃，但他们在那个国土中又会求取佛智，从而将会听到这部大乘经典。总之，只有通过惟一的佛乘才可获得真正的、最终的灭度，除此之外，绝无其他的乘可获如此真实的灭度。当然，有时佛也用方便法门来开导众生，但这只是权宜之法，最真实的法只是惟一的佛乘。诸位比丘，假使佛知道自己涅槃的时刻已到，座下所有大众也都心清意净，信仰坚定，理解力很强，他们都能了达法空之理，并能参入甚深的禅定，如此，佛就会召集一切菩萨及声闻大众，为他们讲说这部《妙法莲华经》。因为世间所有的众生均不可能通过二乘法而得到灭度，只有佛乘才是获得真实灭度的惟一途径。"

【经文】

"比丘当知如来方便深入众生之性，知其志乐小法，深著五欲，为是等故说于涅槃。是人若闻则便信受。譬如五百由旬险难恶道，旷绝无人，怖畏之处。若有多众欲过此道至珍宝处，有一导师聪慧明达，善知险道通塞之相，将导众人欲过此难。所将人众，中路懈退，白导师言：'我等疲极而复怖畏，不能复进，前路犹远，今欲退还。'导师多诸方便，而作是念：'此等可愍，云何舍大珍宝而欲退还？'作是念已，以方便力，于险道中过三百由旬，化作一城。告众人言：'汝等勿怖，莫得退还。今此大城可于中止，随意所作。若入是城，快得安隐。若能前至宝所，亦可得去。'是时，疲极之众，心大欢喜，叹未曾有。

'我等今者免斯恶道，快得安隐。'于是，众人前入化城，生已度想，生安隐想。尔时，导师知此人众即已止息，无复疲倦，即灭化城，语众人言：'汝等去来，宝处在近。向者大城，我所化作，为止息耳。'

"诸比丘,如来亦复如是,今为汝等作大导师,知诸生死烦恼恶道,险难长远,应去应度。若众生但闻一佛乘者,则不欲见佛,不欲亲近,便作是念:'佛道长远,久受勤苦乃可得成。'佛知是心怯弱下劣,以方便力,而于中道为止息故,说二涅槃。若众生住于二地,如来尔时即便为说:'汝等所作未办,汝所住地近于佛慧,当观察筹量所得涅槃非真实也,但是如来方便之力,于一佛乘分别说三。'如彼导师为止息故,化作大城。既知息已,而告之言,宝处在近,此城非实,我化作耳。"

【白话】

释迦牟尼佛接着对诸比丘说:"你们应当知道,如来具有方便说法的能力,他深知一切众生的特性,知道他们的志向和兴趣在于小乘之法,也知道他们深深地贪著于世俗的五种欲望,所以,佛便为这些人说小乘的灭度,他们听了便会接受,并随之而精进修行。"

释迦牟尼佛又举例说:"譬如有一段长五百由旬的险难恶道,这里旷绝无人,险恶无比,恐怖至极。但只有这条道才能到达一切珍宝所藏之处,所以,有许多人想走过这条道路。这时,有一位导师,非常聪明能干,熟知这条险道的具体情况,于是,他发心引导众人走过这段险道。但是,他率领的这些人走到中途时,心生懈怠,想退回去,不再向前走了。他们对导师说:'我们疲惫不堪,加之也十分害怕,所以都不敢再向前走了。前面的路还很长,现在我们想退回去。'这位导师灵活机动,具有随机应变的方便法门,他想:'这些人真是可悲可怜,为何要舍弃大量的珍宝而往后退呢?'想到这里,他只好以其方便权宜的神力，在险道中三百由旬的地方，化出一个虚幻的城市，然后对众人说：'你们不要害怕，更不能后退。现在，你们可以到前面这座大城市里住下来，在这城里，你们就可随意行动。假如能进入此城，即可很快地得到安稳。到时，你们若想再继续前进到藏宝之处，也是可以到达的。'这时，身疲力倦到极点的众人忽然看见前面有一座城市，个个心中充满了从未有过的欢喜。他们说：'我们现在终于可以避开这条险恶之道，马上就可得到安稳了！'于是，众人继续前行，进入那座化城。此时，他们认为自己已经超度，已经得到了安稳。导师知道这些人已得到休息，不再疲倦了，于是，他又使出方便神力，灭掉那座化城，对大家说：'你们应当再跟我向前走，藏宝之处就在前边不远的地方。刚才的那座城市是我变化出的虚幻化城，只是为了能让你们从中休息以便继续前进罢了。'"

释迦牟尼佛讲完这个故事后又说："诸位比丘，如来佛也是如此。佛现在是你们的大导师，他熟知生死途中的各种烦恼恶道极其艰险、苦难和长远，所以应该走出这条险道，度到快乐安稳的彼岸。但是，如果众生只听到惟一的、深奥的佛乘之法，他便会拂袖而去，既不想见佛，也不想亲近佛。因为，他们会这样想：成佛之道太遥远了，只有经过极其长久的勤苦修行才可取得成功。佛知道众生的心念是非常怯弱、下劣的，所以，便以其方便权巧之力，为众生说二乘法的有余涅槃，以使修道上起懈退心、具有畏难情绪的众生能在中途暂时休息。等众生通过修行第二站时，如来佛便又对他们说：'你们所要作的尚未完成，你们现在所住的地方已经接近佛的智慧了。你们应当认真观察，仔细思量，你们现在所得到的涅槃并不是真实的涅槃。其实这只是如来佛的方便力量，于惟一的佛乘分别说出声闻、缘觉、菩萨三乘的法门。就好比那位引路的导师，为了诱导众人到达宝藏之处，故而在中途化作一城，使众人先抵达这里，得到休息。然后再告诉他们说宝藏就在附近，而这座城市并非真实，只是变化出来的虚幻之城。"

【经文】

尔时，世尊欲重宣此义而说偈言：大通智胜佛，十劫坐道场，佛法不现前，不得成佛道。诸天神龙王，阿修罗众等，常雨于天花，以供养彼佛。诸天击天鼓，并作众伎乐，香风吹萎花，更雨新好者。过十小劫已，乃得成佛道，诸天及世人，心皆怀踊跃。彼佛十六子，皆与其眷属，千万亿围绕，俱行至佛所，头面礼佛足，而请转法轮。圣师子法雨，充我及一切，世尊甚难值，久远时一现，为觉悟群生，震动于一切。东方诸世界，五百万亿国，梵宫殿光曜，昔所未曾有。诸梵见此相，寻来至佛所，散花以供养，并奉上宫殿，请佛转法轮，以偈而赞叹。佛知时未至，受请默然坐。三方及四维，上下亦复雨，散花奉宫殿，请佛转法轮。世尊甚难值，愿以本慈悲，广开甘露门，转无上法轮。无量慧世尊，受彼众人请，为宣种种法，四谛十二缘，无明至老死，皆从生缘有。如是众过患，汝等应当知。宣畅是法时，六百万亿姟，得尽诸苦际，皆成阿罗汉。第二说法时，千万恒沙众，于诸法不受，亦得阿罗汉。从是后得道，其数无有量，万亿劫算数，不能得其边。

【白话】

这时，释迦牟尼佛欲重宣其义，便说偈道：

"大通智胜佛在其道场的狮子座上打坐入定,长达十个劫数,犹未证悟佛智,因此,佛也未能现世,他自己也未能成佛。那时,一切天神、龙王、阿修罗等大众不停地散下天花,来供养这位佛。与此同时,他们还击打天鼓,奏出种种的伎乐。他们还吹来阵阵香风,带走那已经枯萎的天花,再送来美丽鲜艳的新花。经过十个小劫之后,大通智胜佛才终于证成佛道。这时,所有的天神和世人无不满心欢喜,激动不已。大通智胜佛的十六位儿子都和他们的眷属共约亿万之众,前呼后拥地来到佛的住地,他们以自己的头面礼佛之足,以此最崇敬的礼拜方式,恳请佛为他们讲经说法,他们对佛说:'圣狮子啊!以您滋润的法雨充实我们和一切众生的心田吧!世间最尊贵的佛啊!您是多么的难遭难遇,不知经过了多么漫长的时间才遇到您的出现。您的现世就是为了唤醒世间一切昏昧的众生,您那不可思议的威神智力将震动到一切众生的心性地上!'

"那时,东方有五百万亿个国土,所有这些国土上的梵天王宫殿,都出现了前所未有的光芒。梵天王们看到这种瑞相后,都寻光追索来到佛的住地。他们散下众多的天花,并奉上自己的宫殿,以供养这位难得的圣尊。接着,他们又诵偈赞佛,请佛说法。大通智胜佛知道说法的时机尚未成熟,所以,他接受了请求,但依然默默地坐在法座之上。那时,除了东方梵天王寻光礼佛外,南方、西方、北方三方以及东南、西南、西北、东北四维,还有上方和下方诸世界中所有的梵天王们也都寻光遇佛,于是又是散花供养,又是奉上宫殿,纷纷请佛说法。他们都说:'世尊啊,要遇到您可真是太难太难了!愿您慈悲为怀,广开甘露之门,转动无上法轮!'

"具有无量智慧的世尊,终于接受了众人的请求,为他们宣讲种种微妙之法。佛首先讲苦、集、灭、道四谛法和无明至老死之间共十二个环节的相互缘生之法，这一切都是因为众生一系列的思想行为所造之业而导致了不断的转生，而有生必有死，从生到死便有了无穷无尽的苦难。对此，你们都应该明白。大通智胜佛畅宣这种佛法时，六百万亿众生闻法大悟，从而脱离了一切苦难，全都证成了阿罗汉果位。大通智胜佛第二次说法时，又有千亿恒河沙数之多的众生领悟了诸法空相之理，也得到了阿罗汉的果位。从此之后。因受大通智胜佛教化而得道的众生多得无边无量，即使经历亿万劫长久的时间来计算其数目，也不能知其边际。

【经文】

时十六王子，出家作沙弥，皆共请彼佛，演说大乘法。我等及营从，皆当成佛道，愿得如是尊，慧眼第一净。佛知童子心，宿世之所行，以无量因缘，种种诸譬喻，说六波罗蜜，及诸神通事，分别真实法，菩萨所行道，说是法华经，如恒河沙偈。彼佛说经已，静室入禅定，一心一处坐，八万四千劫。是诸沙弥等，知佛禅未出，为无量亿众，说佛无上慧。各各坐法座，说是大乘经，于佛宴寂后，宣扬助法化。一一沙弥等，所度诸众生，有六百万亿，恒河沙等众。彼佛灭度后，是诸闻法者，在在诸佛土，常与师俱生。是十六沙弥，具足行佛道，今现在十方，各得成正觉。尔时闻法者，各在诸佛所，其有住声闻，渐教以佛道。我在十六数，曾已为汝说，是故以方便，引汝趋佛慧。以是本因缘，今说法华经，令汝入佛道，慎勿怀惊惧。

【白话】

"就在这时,那十六位王子皆发心出家修道,从而作起了小和尚。他们一起请求大通智胜佛能为一切众生再宣讲最高级的大乘法门,他们对佛说:'我们十六王子及所有随从者皆应当成就至高无上的佛道,因为我们愿像世尊那样具足第一清净的智慧眼。'大通智胜佛知道这十六位童子的心愿,也知道他们前世的修行,于是,就通过无量因缘、多种譬喻,为他们广说布施、持戒、忍辱、精进、禅定、智慧等六波罗蜜之法以及各种神通修证妙用之事,以其大智大慧,为众生分别出真实惟一的佛乘之法,指出什么是大乘菩萨所应修行的道法,佛说这部《法华经》,部头极大,其中包含着如恒河沙数之多的偈颂。

"大通智胜佛说完《妙法莲华经》后,便身处静室,参禅入定,一心一处,如如不动,在这种甚深微妙的禅定状态中一直坐了八万四千劫。在此期间,那十六位小和尚知道佛未出禅定,于是,他们就发心为无量亿众生宣讲佛的无上智慧。十六弟子各登法座,演说这部大乘《妙法莲华经》,在佛寂然不动的时候,助佛宣扬佛法,教化众生。这十六位小和尚,每人都教化救度了六百万亿恒河沙数那么多的众生。这些听闻十六王子说法的众生,将在大通智胜佛灭度以后,常生于各个佛土之中,并总是与其导师同生一处,世世闻法修行。那十六位小和尚终于完成了佛道上的一切修行,现在,他们已在十方界内各自成就了无上的佛智。当初听闻十六位小和尚说法的众生,如今都在各自的佛面前继续随师修习,他们有的现在已达到声闻的果位,佛正在引导他们再接再厉,以逐渐证入至高无上的佛道。

"我释迦牟尼佛就在十六王子之列。过去,我曾为你们讲过经，说过法，所以，我与其他十五位王子的教化方式一样，我也以各种方便法门引导你们趋于佛的智慧。正是出于这种本已存在的因缘，我今天才为你们讲说《妙法莲华经》，以使你们证入至高无上的佛道，你们千万不要心怀惊惧和疑惑。

【经文】

譬如险恶道，迥绝多毒兽，又复无水草，人所怖畏处。无数千万众，欲过此险道，其路甚旷远，经五百由旬。时有一导师，强识有智慧，明了心决定，在险济众难。众人皆疲倦，而白导师言，我等今顿乏，于此欲退还。导师作是念，此辈甚可悯，如何欲退还，而失大珍宝。寻时思方便，当设神通力，化作大城郭，庄严诸舍宅，周匝有园林，渠流及浴池，重门高楼阁，男女皆充满。即作是化已，慰众言勿惧，汝等入此城，各可随所乐。诸人既入城，心皆大欢喜，皆生安隐想，自谓已得度。导师知息已，集众而告言，汝等当前进，此是化城耳。我见汝疲极，中路欲退还，故以方便力，权化作此城，汝今勤精进，当共至宝所。我亦复如是，为一切导师，见诸求道者，中路而懈废，不能度生死，烦恼诸险道，故以方便力，为息说涅槃，言汝等苦灭，所作皆已办。既知到涅槃，皆得阿罗汉，尔乃集大众，为说真实法。诸佛方便力，分别说三乘，唯有一佛乘，息处故说二。今为汝说实，汝所得非灭，为佛一切智，当发大精进。汝证一切智，十力等佛法，具三十二相，乃是真实灭。诸佛之导师，为息说涅槃，既知是息已，引入于佛慧。

【白话】

"譬如有一条通向藏宝之地的险恶之道,这条道上荒无人烟,毒蛇猛兽随处出没,又无一点水和一根草,是人人都十分恐惧的地方。这时,有成千上万的众生想走过这条险道。可是这段路途极遥远,长达五百由旬。当时有一位导师,见多识广,很有智慧,明了一切事情的是非曲直,于是他决定在这条险道上救济众人所遇到的一切困难。走到中途,众人都感到十分疲倦,便对这位导师说:'我们现在都困顿无力,想由此再退回去。'导师心想,这些人真是可悲可悯,为什么要退回去而失去那无价之宝呢?于是,导师立即以其方便神力,变化出一座规模庞大的城郭来。在这座城中,房舍庄严辉煌,四周园林环绕,流水潺湲,浴池温馨洁净,城门重重高耸,楼阁富丽堂皇,男男女女遍布城中。导师化出这座虚幻的城市之后,便安慰大家说:'你们不要害怕,前面不是有座城吗,你们进入这座城中,即可随心所欲,各行其乐。'于是,众人立即进入此城。等他们进城之后,个个心中充满欢喜,无不感到安稳舒适。他们由此自认为已经度过艰险,获得了解脱。那位导师知道众人已得到充分休息,便召集大家说:'你们应当继续向前走,这里只不过是一座虚幻的化城而已。我见你们疲惫至极,想中途退回,因此,我以方便神力,暂时显化出这座城郭。如今,你们还应勤奋努力,不可松懈,如此即可到达藏宝之地。'

"我释迦牟尼佛也是如此。作为一切众生的导师,我见求道的人修行到半途就觉得太辛苦,生出懈怠之心,不想继续修道,这样,他们就不能度脱生死苦海和烦恼险道。所以,佛以其方便之力,为了让众生得到暂时的喘息,而为他们说小乘涅槃之法,告诉他们:'你们也可证得涅槃,解除众苦,到那时,你们就算完成任务了。'等众生证得有余涅槃,得到阿罗汉果位之后,佛又召集大众，为他们演说真实的法门。三世十方一切佛都是这样，以其方便之力，分别演说声闻、缘觉、菩萨三乘法门，但佛的教法归根结底只有惟一的佛乘，只是为了众生能在漫长的修行道上有所休息，所以才说出两种不同的法门。今天，我为你们说出真实的情况，你们所得到的涅槃和果位，并不是真实的灭度。为了求证佛的一切智慧，你们还应当勇猛精进。当你们证得佛的一切大智大慧以及十力法等佛的法门、具足三十二种非凡的妙好身相后，那才算是最真实的灭度。总之，诸佛是一切众生的导师，为了使众生免除懈怠，在修行道上稍作休息，所以才说小乘的涅槃。得知众生业已歇息之后，便又引导他们证入佛的无上智慧。"

五百弟子授记品第八

【经文】

尔时，富楼那弥多罗尼子从佛闻是智慧方便随宜说法，又闻授诸大弟子阿耨多罗三藐三菩提记，复闻宿世因缘之事，复闻诸佛有大自在神通之力，得未曾有，心净踊跃。即从座起，到于佛前，头面礼足，却住一面，瞻仰尊颜，目不暂舍，而作是念："世尊甚奇特，所为希有。随顺世间若干种性，以方便知见而为说法，拔出众生处处贪著。我等于佛功德，言不能宣，惟佛世尊能知我等深心本愿。"

尔时，佛告诸比丘："汝等见是富楼那弥多罗尼子否？我常称其于说法人中最为第一，亦常叹其种种功德，精勤护持，助宣我法，能于四众示教利喜，具足解释佛之正法，而大饶益同梵行者。自舍如来，无能尽其言论之辩。汝等勿谓富楼那但能护持助宣我法，亦于过去九十亿诸佛所，护持助宣佛之正法，于彼说法人中亦最第一。又于诸佛所说空法，明了通达，得四无碍智。常能审谛清净说法，无有疑惑，具足菩萨神通之力，随其寿命常修梵行。彼佛世人咸皆谓之实是声闻。而富楼那以斯方便饶益无量百千众生，又化无量阿僧祇人令立阿耨多罗三藐三菩提。为清净佛土故，常作佛事，教化众生。诸比丘，富楼那亦于七佛说法人中而得第一，今于我所说法人中亦为第一，于贤劫中当来诸佛，说法人中亦复第一，而皆护持助宣佛法。亦于未来护持助宣无量无边诸佛之法，教化饶益无量众生，令立阿耨多罗三藐三菩提。为净佛土故，常勤精进，教化众生，渐渐具足菩萨之道。

【白话】

这时，法会中有一位名叫富楼那弥多罗尼子的大弟子，从释迦牟尼佛这里听到关于佛以其智慧之力，广施方便，随宜说法的情况，又听到释迦牟尼为诸大弟子授无上圣智成佛之记，还听到自己前世随佛听法的因缘之事，还听到诸佛有随缘自在、通达无碍的无边神力。所有这些都是他从未听过的。此时的富楼那心地清净，欢喜不已，他立即从座位上站立起来，走到佛前，以其头面礼佛之足。行此大礼之后，他退在一旁，目不转睛地看着佛那尊贵慈祥的面孔，而内心深处却激动起伏，思绪联翩。他想："世尊真是太奇特了，他的所作所为更是稀奇罕见。他以权巧方便之力，随顺世间众生的各种特性，而说种种方便利导的佛法，令众生拔除贪著，不再染污于六尘之境。我等智劣根浅，未能尽说及宣扬诸佛功德。惟有大彻大悟的世尊能知道我们求佛的深心和本愿。"

就在富楼那慨叹不已之际，释迦牟尼佛开口对法会中的比丘们说："你们看见这位富楼那弥多罗尼子了吗？我常说他在所有说法人中水平最高，称其为说法第一，我也时常赞叹他的各种功德，他精进修行，勤奋护持佛法，并帮助我宣传佛法义理，善于为四众开示教法，使之获得法益、法喜。他具备了解释佛的正法的能力，能够为一同修行的人带来巨大的好处。除了如来佛之外，再没有谁能比得上富楼那那种流利雄辩的口才。你们不要以为富楼那只能护持并帮助我宣传佛法，富楼那在过去九十亿个佛那里就曾护持并帮助宣传佛的正法，那时，他在所有宣传佛法的人中也是口才无与伦比，被称为说法第一。另外，富楼那不但善于说法，而且对于诸佛所说的空寂之法，也能通达明了，获得了理无碍、义无碍、辞无碍、乐说无碍等四无碍智，所以，他总是勤于思索，详细审察各类法相，从而作到清净说法，毫无疑惑。另外，他还具足菩萨的神通之力，能随其寿命，跟从如来佛修各种清净之行。在那时的诸佛世界中，人们都认为他是一个真正的声闻弟子，但实际上，富楼那是内秘菩萨行，外现声闻身，并通过这种声闻之相，广开方便法门，饶益无量众生。与此同时，他还教化无量无数的人，引导他们立志修成至高无上的佛智。富楼那为了庄严和清净佛国，所以，他常作佛事，教化众生。

"诸位比丘，富楼那在过去七佛座下所有说法人中也是名列第一，如今在我释迦牟尼佛这里的所有说法人中也是第一。在现在劫中以后出现的诸佛那里，他仍然是说法第一。在所有这些佛世界当中，富楼那都能护持并帮助如来佛宣讲佛法。就是在未来世无量无边个佛面前，他同样护持并协助如来佛宣说佛法，教化、饶益无量众生，使他们都立志追求至高无上的佛智。总之，富楼那为了庄严和清净佛国，始终如一地精进努力，教化众生，从而使他自己渐渐具足了大乘菩萨的道法。"

【经文】

"过无量阿僧祇劫，当于此土得阿耨多罗三藐三菩提，号曰法明如来、应供、正遍知、明行足、善逝、世间解、无上士、调御丈夫、天人师、佛、世尊。其佛以恒河沙等三千大千世界为一佛土，七宝为地，地平如掌，无有山陵、谿涧、沟壑。七宝台观充满其中，诸天宫殿近处虚空，人天交接，两得相见。无诸恶道，亦无女人，一切众生皆以化生，无有淫欲，得大神通，身出光明，飞行自在，志念坚固，精进智慧，普皆金色，三十二相而自庄严。其国众生常以二食，一者法喜食，二者禅悦食。有无量阿僧祇千万亿那由他诸菩萨众，得大神通、四无碍智，善能教化众生之类。其声闻众算数校计所不能知，皆得具足六通、三明及八解脱。其佛国土有如是等无量功德庄严成就。劫名宝明，国名善净。其佛寿命无量阿僧祇劫，法住甚久。佛灭度后起七宝塔遍满其国。

【白话】

释迦牟尼佛接着为富楼那授记说："再过无量阿僧祇劫，富楼那将在这个世界上证成至高无上、圆融无碍的佛智佛慧，从而即身成佛，名号为法明如来，同时还具足十号之德，即应供、正遍知、明行足、善逝、世间解、无上士、调御丈夫、天人师、佛、世尊。法明佛的国土由恒河沙数之多的大千世界组成，佛国大地由七宝铺就，平坦如掌，没有山丘、谿涧、沟壑，到处是用七宝建造的楼台亭观，天神们的宫殿就处在离地不远的虚空之中，人和天神可以相互看见，相互接触和交往。在法明如来的佛国之中，没有地狱、饿鬼、畜生等三恶道，也没有女人，一切众生皆以神通之力从法化生，所以也都没有淫欲，个个皆获得巨大的神通，身上可放出光明，还可自由自在地飞行在空中。他们志向远大，信念坚定，修习佛法精进不息，所以也都富有智慧，具足三十二种非凡身相。该国众生有两种食物，一是法喜食，即心离贪著，以法为食，则法喜充满，不觉饥饿。二是禅悦食，即深入禅定，微妙自娱，充满欢悦。国中有无量无数的大菩萨，个个都获得了巨大的神通和四种无碍之智，善于教化一切众生。国中的声闻众也多得数不清，计不尽，他们都具备六种神通，三种明达和八种解脱之法。总之，法明佛的国土即拥有这样的无尽功德、无尽庄严和无尽成就。法明佛住世时，劫名叫宝明，国名叫善净。法明佛的寿命有无量阿僧祇劫，佛法流行于世的时间极其长久。佛灭度后，众弟子以七种珍宝为其建起舍利宝塔，这种塔遍布全国各地。"

【经文】

尔时，世尊欲重宣此义而说偈言：诸比丘谛听，佛子所行道，善学方便故，不可得思议。知众乐小法，而畏于大智，是故诸菩萨，作声闻缘觉，以无数方便，化诸众生类。自说是声闻，去佛道甚远，度脱无量众，皆悉得成就，虽小欲懈怠，渐当令作佛。内秘菩萨行，外现是声闻，少欲厌生死，实自净佛土。示众有三毒，又现邪见相，我弟子如是，方便度众生。若我具足说，种种现化事，众生闻是者，心则怀疑惑。今此富楼那，于昔千亿佛，勤修所行道，宣护诸佛法。为求无上慧，而于诸佛所，现居弟子上，多闻有智慧，所说无所畏，能令众生喜，未曾有疲倦，而以助佛事。已度大神通，具四无碍智，知诸根利钝，常说清净法。演畅如是义，教诸千亿众，令住大乘法，而自净佛土。

未来亦供养，无量无数佛，护助宣正法，亦自净佛土。常以诸方便，说法无所畏，度不可计众，成就一切智。供养诸如来，护持法宝藏，其后得成佛，号名曰法明。其国名善净，七宝所合成，劫名为宝明，菩萨众甚多，其数无量亿，皆度大神通，威德力具足，充满其国土。声闻亦无数，三明八解脱，得四无碍智，以是等为僧。其国诸众生，淫欲皆已断，纯一变化生，具相庄严身。法喜禅悦食，更无余食想。无有诸女人，亦无诸恶道。富楼那比丘，功德悉成满，当得斯净土，贤圣众甚多。如是无量事，我今但略说。

【白话】

这时，释迦牟尼佛欲重宣其义，便又以偈颂形式说道："诸位比丘，你们仔细听着，佛弟子所行之道是微妙而不可思议的，因为他善于学习佛的方便智慧。当他知道众生喜欢小乘法而畏惧大乘法时，作为大乘菩萨的大弟子们便甘心隐大示小，现出小乘声闻、缘觉弟子的身份，以无数方便法门，诱化一切众生。他们自称是小乘声闻，离佛道相去甚远，通过这种权巧之策而度脱了无量无数的众生，使他们都成就了出世离苦之道。虽然这些乐小法的人总是想懈怠不前，中途退缩，但这些弟子们仍殷勤教诲，使他们再接再厉，逐渐趋向于成佛之道。这种弟子内秘菩萨之行，外现声闻之相，他们看起来像个小乘声闻弟子，清心寡欲，厌离生死世间，但他们的内心却志向远大，信念坚定，他们以自己的实际行动庄严佛国，净化佛土。他们在众生面前故意表现出有贪欲、瞋恚、愚痴等三毒以及其他各种邪知谬见，但实际上，他们却毫不染著，而是通过这种方便之法，深入群生，随类教化,因机说法,引导众生趋于佛道。我的弟子通过这种方便之法教化众生的种种现化事迹,我今天如果全都说出来的话,众生一听,心中就会产生疑惑。

"今天的这位富楼那弟子,曾在过去千亿个佛那里,勤修诸佛之道法,宣扬护持诸佛之法。为了追求至高无上的如来智慧,富楼那在过去诸佛那里,现居于一切弟子之上,多闻强记,富有智慧。他辩才无碍,说法第一,什么法都能讲,能使听者心生欢喜,闻法得悟。他始终不知疲倦地帮助诸佛弘扬佛法,教化众生。他已度脱了生死,获得巨大的神通,具足四种无碍之智,了知一切众生的根性利钝,常说清净妙法,弘通清净法义,教化亿万之众,使他们都能安住于大乘法中,从而都自觉地庄严、清净佛的国土。在未来世中,富楼那也将供养无量无数个佛,并外现劣相,应诸根机,护持、助宣佛的正法;内秘真心,自心清净,庄严佛的国土。经常以各种方便善巧之法,说微妙无上的佛法而心无所畏,救度无以为计的众生,使他们都能成就一切智慧。

"在极其漫长的时间中,富楼那始终如一地供养一个又一个的如来佛,并在每一个佛国净土中,护持流通佛法宝藏。在此之后,他将得道成佛,名号为法明,国名为善净,是由七种宝物合成的,劫名叫宝明。国中菩萨多得无量无数,他们都已获得度脱,具有巨大的神通之力和威德之力。国中到处都有声闻弟子,其数也是无边无尽,他们已得三种明达、八种解脱之法和四种无碍之智,以如是等小乘人为佛国之僧。法明佛国中的众生都已断除了淫欲,人们无一不是变化显生,个个具足微妙庄严的身相。他们以习法之喜和参禅之悦为食,除此之外,再没有什么吃食的想法。该佛国内没有女人,也没有各种恶道。富楼那比丘圆满了一切功德,故能获得如此清净庄严的佛国,拥有如此众多的贤圣。这种无量胜事,我今天就这么简略地给大家说说。"

【经文】

尔时,千二百阿罗汉心自在者作是念:"我等欢喜,得未曾有。若世尊各见授记,如余大弟子者,不亦快乎?"佛知此等心之所念,告摩诃迦叶:"是千二百阿罗汉,我今当现前次第与授阿耨多罗三藐三菩提记。于此众中我大弟子憍陈如比丘,当供养六万二千亿佛,然后得成为佛,号曰普明如来、应供、正遍知、明行足、善逝、世间解、无上士、调御丈夫、天人师、佛、世尊。其五百阿罗汉,优楼频螺迦叶、伽耶迦叶、那提迦叶、迦留陀夷、优陀夷、阿㝹陀罗、离婆多、劫宾那、薄拘罗、周陀、莎伽陀等,皆当得阿耨多罗三藐三菩提,尽同一号,名曰普明。"

尔时,世尊欲重宣此义,而说偈言:

憍陈如比丘,当见无量佛,过阿僧祇劫,乃成等正觉。常放大光明,具足诸神通,名闻遍十方,一切之所敬,常说无上道,故号为普明。其国土清净,菩萨皆勇猛,咸升妙楼阁,游诸十方国,以无上供具,奉献于诸佛。作是供养已,心怀大欢喜,须臾还本国,有如是神力。佛寿六万劫,正法住倍寿,像法复倍是,法灭天人忧。其五百比丘,次第当作佛,同号曰普明,转次而授记。我灭度之后,某甲当作佛,其所化世间,亦如我今日。国土之严净,及诸神通力,菩萨声闻众,正法及像法,寿命劫多少,皆如上所说。迦叶汝已知,五百自在者,余诸声闻众,亦当复如是。其不在此会,汝当为宣说。

【白话】

这时，法会中有一千二百名无烦无恼、心地自在的阿罗汉，听了释迦牟尼的说法和授记，不禁这样想道："我们真是太高兴了！今日所见所闻的确是从未有过的。如果我们也能像其他大弟子那样，得到世尊的授记，那不是件很快乐的事么？"释迦牟尼佛知道这些人心中的想法，于是对摩诃迦叶说："这一千二百名阿罗汉，我今天就当场为他们逐一授无上正等之佛智。在这些人中，我的大弟子憍陈如比丘，将在未来供养六万二千亿个佛，然后自身证果成佛，名号为普明如来，并具足十号，即：应供、正遍知、明行足、善逝、世间解、无上士、调御丈夫、天人师、佛、世尊。其五百阿罗汉，如优楼频螺迦叶、伽耶迦叶、那提迦叶、迦留陀夷、优陀夷、阿㝹陀罗、离婆多、劫宾那、薄拘罗、周陀、莎伽陀等，他们皆当证得无上正等正觉，即成就如来佛的大彻大悟而即身成佛。这五百罗汉成佛后皆是同一佛号，即名叫普明。"

授记完后，释迦牟尼佛又想重宣其义，便说偈道：

"憍陈如比丘将遇见并供养无量个佛，历经无数劫之后即可证得佛的无上圣智而得道成佛。此佛常放光明之瑞相，具足各种神通，名号传遍十方，成为一切众生所恭敬的圣者。此佛常说无上妙法，犹如慧光普照，故名号叫作普明。普明佛的国土清净庄严，国中菩萨个个勇猛精进，他们都可升入微妙的楼阁之中，遍游十方诸国，以最好的供具奉献给诸佛。作完这些供养之后，内心畅悦，满怀欢喜，片刻间又回到本国，可见他们有多大的神通之力。该佛寿命六万劫。佛灭度后，他的正法流行于世十二劫，继正法之后的像法时代长达二十四劫。佛法灭时，天神和人类将陷于忧愁之中。五百罗汉比丘，也将依次成佛，皆号为普明如来。他们将转次授记说：'我灭度后，某甲当作佛。'这些佛所教化的世间同我释迦牟尼佛所教化的世间是一样的。佛国的庄严、清净，以及各种神通变化之力、菩萨和声闻的情况、正法和像法的时代，还有佛的寿命等情况，皆如以上所说。迦叶，你已经知道五百罗汉皆获授记，必将成佛。其余的声闻大众也是如此，他们都将证果成佛。凡是今天不在法会中的人，就由你为他们宣说吧！"

【经文】

尔时，五百阿罗汉于佛前得授记已，欢喜踊跃，即从座起，到于佛前，头面礼足，悔过自责："世尊，我等常作是念，自谓已得究竟灭度，今乃知之如无智者。所以者何？我等应得如来智慧，而便自以小智为足。世尊，譬如有人至亲友家，醉酒而卧。是时，亲友官事当行，以无价宝珠系其衣里，与之而去。其人醉卧都不觉知。起已，游行到于他国，为衣食故，勤力求索，甚大艰难。若少有所得，便以为足。于后亲友会遇见之，而作是言：'咄哉！何为衣食乃至如是？我昔欲令汝得安乐，五欲自恣，于某年月日，以无价宝珠系汝衣里，今故现在，而汝不知。勤苦忧恼，以求自活，甚为痴也！汝今可以此宝贸易所需，常可如意，无所乏短。

"佛亦如是，为菩萨时教化我等，令发一切智心，而寻废忘，不知不觉。既得阿罗汉道，自谓灭度，资生艰难，得少为足。一切智愿，犹在不失。今者，世尊觉悟我等，作如是言：'诸比丘，汝等所得，非究竟灭。我久令汝等种佛善根，以方便故，示涅槃相，而汝谓为实得灭度。'世尊，我今乃知实是菩萨，得受阿耨多罗三藐三菩提记，以是因缘，甚大欢喜，得未曾有。"

【白话】

五百罗汉在释迦牟尼佛前得到授记以后，无不欢喜雀跃。他们立即从座位上站起来，走到佛的面前，以其头面礼佛之足，悔过自责道："世尊！我等过去常有这种念头，自认为已得到最终的灭度。今天，我们才知道自己太愚蠢了。为什么呢？因为我们最终的目标应该是获得如来佛的智慧，但我们却以小智为满足。世尊，譬如有人到亲友家中作客，喝醉酒后便自个睡着了。恰在这时，亲友因官家之事要外出，他便将一颗无价宝珠塞进此人的衣服里，赠送此物之后，他便自个走了，而那人依然醉卧不起，对此毫不觉知。等他醒来之后，他又辗转到了其他国家。为了获得衣食，他辛勤努力，奔波不息，生活十分艰难。所以，如果稍微得到一点，他便感到很满足。后来，有一天那位亲友忽然碰见了他，便对他说：'岂不怪哉！怎么会为了衣食而到这步田地呢？过去，我为了让你得到安乐，尽享五欲之福，于某年某月某日，将一颗无价珠宝系在你的衣服里，今天依然在此，而你却不知不觉，竟然如此辛勤忧恼，艰苦度日，真是太傻了！你现在可以用此珍宝换取所需的一切，你将永远开心如意，要啥有啥，再也不会贫穷了。'"

五百罗汉接着对释迦牟尼佛说："佛也是如此，您在作菩萨时，就教化我们让我们发心追求一切智慧，但我们很快又都荒废淡忘了，对此，我们竟然不知不觉。得证阿罗汉道后，便自以为得到了最终的灭度，如同生活穷困的人，得一点就很满足。幸亏以前菩萨教化令发的追求一切智慧的大愿犹在未久，今天，世尊为了使我们觉悟，而说如此之言：'诸比丘，你们所得到的涅槃，并非最终的灭度。我过去长期以来，为了让你们种下成佛的善根，以方便之力，开示涅槃之相，但你们却以为是得到了真实的灭度。'世尊,我们今天才终于知道自己实际上都是真正的菩萨,都受到了无上佛智的记号,因此,我们皆大欢喜,叹为未有之幸事。"

【经文】

尔时,阿若憍陈如等欲重宣此义,而说偈言:我等闻无上,安隐授记声,欢喜未曾有,礼无量智佛。今于世尊前,自悔诸过咎,于无量佛宝,得少涅槃分,如无智愚人,便自以为足。譬如贫穷人,住至亲友家,其家甚大富,具设诸肴膳。以无价宝珠,系著内衣里,默与而舍去,时卧不觉知。是人既已起,游行诣他国,求衣食自济,资生甚艰难。得少便为足,更不愿好者,不觉内衣里,有无价宝珠。与珠之亲友,后见此贫人,苦切责之已,示以所系珠。贫人见此珠,其心大欢喜,富有诸财物,五欲而自恣。我等亦如是,世尊于长夜,常愍见教化,令种无上愿。我等无智故,不觉亦不知,得少涅槃分,自足不求余。今佛觉悟我,言非实灭度,得佛无上慧,尔乃为真灭。我今从佛闻,授记庄严事,及转次受决,身心遍欢喜。

【白话】

这时,阿若憍陈如等人欲重宣其义,便以偈颂形式说道:"我等得闻世尊无上安稳的授记之声,均感到从未有过的高兴。此时此刻,我们向您这位具足无量智慧的佛虔诚致礼,并在你的面前悔过自新。我们本来拥有无量佛宝,但当得证小乘有余涅槃后,便自以为足,真像没有智慧的愚人一般。譬如有一位贫困的人,来到某亲友家暂住。这家十分富有,便以各种美味佳肴款待,同时还以无价宝珠系在这位贫者的内衣里面。悄悄地赠此珍宝之后，这位亲友便因故外出了。当时贫者正在睡觉，并不知道亲友送给他珍宝。后来，他游历到其他国家，寻衣求食以自活命，日子过得十分艰难。所以，只要稍有所得便十分满足，更不愿追求妙好的东西。那时，他并未察觉内衣里面有无价宝珠。赠给他宝珠的亲友后来遇见了这位穷人，将他狠狠地责备了一番，并给他指出所系的宝珠。贫者看见这颗宝珠后，内心充满欢喜，从此他财物丰饶，享尽五欲之福。

"我们这些人也是如此，世尊曾在过去漫长的岁月中怜悯教化我们，使我们种下追求无上佛道的大愿。可我们没有智慧，对此竟然不知不觉。一旦得到小乘少许的涅槃之乐，便自我满足，不想再追求其他什么。今天，佛使我们迷中觉悟，告诉我们这种小乘的有余涅槃并非真实的灭度，只有证得佛的无上智慧，才算是真正的灭度。我们今天从佛这里听到授记成佛及佛土庄严和转次授记、依次作佛等情况，身心充满了无比的欢喜。"

授学无学人记品第九

【经文】

尔时，阿难、罗睺罗而作是念："我等每自思惟，设得授记，不亦快乎？"即从座起，到于佛前，头面礼足，俱白佛言："世尊，我等于此亦应有分。惟有如来我等所归。又，我等为一切世间天、人、阿修罗所见知识，阿难常为侍者，护持法藏；罗睺罗是佛之子。若佛见授阿耨多罗三藐三菩提记者，我愿既满，众望亦足。"尔时，学、无学声闻弟子二千人，皆从座起，偏袒右肩，到于佛前，一心合掌，瞻仰世尊，如阿难、罗睺罗所愿，住立一面。

尔时，佛告阿难："汝于来世当得作佛，号山海慧自在通王如来，应供、正遍知、明行足、善逝、世间解、无上士、调御丈夫、天人师、佛、世尊。当供养六十二亿诸佛，护持法藏，然后得阿耨多罗三藐三菩提。教化二十千万亿恒河沙诸菩萨等，令成阿耨多罗三藐三菩提。国名常立胜幡，其土清净，琉璃为地。劫名妙音遍满。其佛寿命无量千万亿阿僧祇劫，若人于千万亿无量阿僧祇劫中算数校计，不能得知。正法住世复倍于寿命，像法住世复倍于正法。阿难，是山海慧自在通王佛,为十方无量千万亿恒河沙等诸佛如来所共赞叹,称其功德。"

尔时,世尊欲重宣此义,而说偈言:我今僧中说,阿难持法者,当供养诸佛,然后成正觉。号曰山海慧,自在通王佛,其国土清净,名常立胜幡。教化诸菩萨,其数如恒沙,佛有大威德,名闻满十方。寿命无有量,以悯众生故,正法倍寿命,像法复倍是。如恒河沙等,无数诸众生,于此佛法中,种佛道因缘。

【白话】

这时,阿难、罗睺罗心中也想:"我们常常私下暗想,假如能得到释迦牟尼佛的授记,那不是也非常快乐吗?"想到这儿,二位尊者便从座位上起来,走到佛的面前,以其头面礼佛之足,行此大礼之后,二人一起对佛说道:"世尊!我们也应当成为您授记成佛弟子中的一员吧!我们始终以如来佛作为惟一的归依之处。另外,我们也是一切世间的天神、人类和阿修罗的良师益友。阿难是时常亲近侍候佛的弟子,长期护持佛的一切法藏;罗睺罗是佛的儿子。假如佛能慈悲为我们授无上圣智之记的话,不但我俩的愿望可以得到满足,就是法会上两千多位小乘四果位上的弟子们也都可以实现他们的愿望。"这时,小乘初果、二果、三果等有学位以及四果无学位上的声闻弟子二千人都从座位上站立起来,他们偏袒右肩,来到佛的面前,一心合掌,仰望世尊。这些人静静地站在一旁,他们的愿望和阿难、罗睺罗一模一样。

这时,释迦牟尼佛告诉阿难说:"你于来世将会作佛,号为山海慧自在通王如来,同时具足十名,即:应供、正遍知、明行足、善逝、世间解、无上士、调御丈夫、天人师、佛、世尊。阿难将供养六十二亿位佛,并尽心护持这些佛的一切法藏,然后即可证得无上佛智。成佛之后,他将教化两万亿恒河沙数之多的菩萨,使他们都证得无上的佛智。阿难成佛后的国名叫常立胜幡,国内一片清净,琉璃为地。当时的劫名叫妙音遍满。该佛的寿命长达无量亿阿僧祇劫,即使有人在无量无尽的漫长年月中去计算佛寿的长远,也是不能得知的。该佛灭度后,佛的正法流行于世的时间比佛的寿命还长一倍,而继正法而来的像法时代则比正法时代还长一倍。阿难,这位山海慧自在通王佛受到十方界内无量亿恒河沙佛的共同赞叹,他们都会称扬该佛的功德。"

这时,释迦牟尼佛欲重宣其义,便以偈颂形式说道:

"我现在当着所有僧众的面宣布,阿难弟子护持一切佛的法藏,并当供养所有这些如来佛,然后,他将功德圆满,证成正觉而成佛,佛名为山海慧自在通王佛,该佛国土清净,国名叫常立胜幡。该佛将教化恒河沙数之多的菩萨,他威德甚大,名震十方,为了怜悯众生,而长住于世,寿命无边无量。佛灭度后,他的正法流行于世的时间比其寿命还长一倍,继正法时代之后的像法,流行于世的时间又比正法的时代长一倍。犹如恒河沙之多的众生都在该佛的佛法中种下了成就佛道的因缘。"

【经文】

尔时,会中新发意菩萨八千人咸作是念:"我等尚不闻诸大菩萨得如是记,有何因缘而诸声闻得如是决?"尔时,世尊知诸菩萨心之所念,而告之曰:"诸善男子!我与阿难等于空王佛所,同时发阿耨多罗三藐三菩提心。阿难常乐多闻,我常勤精进，是故我已得成阿耨多罗三藐三菩提，而阿难护持我法，亦护将来诸佛法藏，教化成就诸菩萨众。其本愿如是，故获斯记。"

阿难面于佛前，自闻授记及国土庄严，所愿具足，心大欢喜，得未曾有，即时忆念过去无量千万亿诸佛法藏，通达无碍，如今所闻，亦识本愿。尔时，阿难而说偈言：世尊甚希有，令我念过去。无量诸佛法，如今日所闻。我今无复疑，安住于佛道，方便为侍者，护持诸佛法。

【白话】

这时，法会中有八千位刚刚发心修行菩萨道的弟子都同时产生了这种想法："我们还不曾听到诸大菩萨得到佛的授记，为什么那些小乘声闻弟子会得到成佛之记呢？"释迦牟尼佛知道这些菩萨内心的想法，便告诉他们说："诸位善男子！我释迦牟尼和阿难等声闻大众曾在过去空王佛那里一起立志求证无上佛智。阿难总喜欢多闻强记，而我则经常勤修佛法，精进不息，所以我如今已得到了至高无上的佛智而即身成佛，而阿难则继续护持我的佛法，并将护持未来诸佛的法藏，教化并成就一切菩萨大众，从而积功累德，证成佛智。阿难早就发下证佛智、成佛果的誓愿了，所以，他现在才得到佛的授记。"

阿难站在佛的面前，亲自听到佛为他授记，并得知未来佛土的庄严等情况，他的长期以来的愿望总算圆满实现，于是，他心中充满欢喜，感到从未有过的快乐。这时候，他立即回忆起过去无量千万亿佛所说的一切法藏，并都能通达无碍，记忆犹新。同时，他也记起了很久很久以前所发下的宏大誓愿。于是，阿难怀着激动的心情，诵偈道：

"世尊啊！您是世间最稀有难得的圣者，您让我想起了过去无量无数佛的一切法藏，这些法与我今天听到的法是一样的。所以，我现在不再有任何怀疑了，我将安住于佛道，用种种善巧法门来作佛的侍者，护持请佛的一切法藏。"

【经文】

尔时，佛告罗睺罗："汝于来世当得作佛，号蹈七宝花如来、应供、正遍知、明行足、善逝、世间解、无上士、调御丈夫、天人师、佛、世尊。当供养十世界微尘等数诸佛如来，常为诸佛而作长子犹如今也。是蹈七宝花佛国土庄严，寿命劫数，所化弟子、正法、像法，亦如山海慧自在通王如来无异。亦为此佛而作长子。过是已后，当得阿耨多罗三藐三菩提。"尔时，世尊欲重宣此义而说偈言：我为太子时，罗睺为长子，我今成佛道，受法为法子，于未来世中，见无量亿佛，皆为其长子，一心求佛道。罗睺罗密行，惟我能知之，现为我长子，以示诸众生。无量亿千万，功德不可数，安住于佛法，以求无上道。

【白话】

这时，释迦牟尼佛又告诉罗睺罗说："你于来世当得作佛，佛号为蹈七宝花如来，并具足如来十号，即：应供、正遍知、明行足、善逝、世间解、无上士、调御丈夫、天人师、佛、世尊。在未来世极其漫长的岁月中，你将供养十个世界微尘数之多的如来佛，并作这些佛的长子，就像你现在作我的长子一样。这位蹈七宝花佛的国土非常庄严，他的寿命劫数，所教化的弟子、正法和像法流行于世的时间等情况和山海慧自在通王如来没有什么差别。你也将为这位佛作长子。在此之后，你将证得至高无上的佛智，从而证果成佛。"

接着，释迦牟尼佛又想复述其义，便诵偈说："我未出家修道之前作太子时，罗睺罗是我的长子。我现在已成就佛道，他又接受我的佛法，作为我的习法弟子。在未来的世界中，他将遇见无量亿个佛，并逐一无漏地作他们的长子，一心一意追求佛道。罗睺罗所行的密行神奇奥妙，只有我才能知道。他的现身作为我的长子，也是为了示现给众生看，以求无上佛道。他的功德有无量万亿，不可尽数。他永恒信受佛法，并以法修持，以求证至高无上的佛道。"

【经文】

尔时，世尊见学、无学二千人，其意柔软，寂然清净，一心观佛。佛告阿难："汝见是学、无学二千人否？""唯然，已见。""阿难，是诸人等，当供养五十世界微尘数诸佛如来，恭敬尊重，护持法藏。末后，同时于十方国各得成佛，皆同一号，名曰宝相如来、应供、正遍知、明行足、善逝、世间解、无上士、调御丈夫、天人师、佛、世尊。寿命一劫。国土庄严。声闻、菩萨、正法、像法同等。"尔时，世尊欲重宣此义而说偈言：是二千声闻，今于我前往，悉皆与授记，未来当成佛。所供养诸佛，如上说尘数，护持其法藏，后当成正觉。各于十方国，悉同一名号，俱时坐道场，以征无上慧。皆名为宝相，国土及弟子，正法与像法，悉等无有异。咸以诸神通，度十方众生，名闻普周遍，渐入于涅槃。

尔时，学、无学二千人闻佛授记，欢喜踊跃，而说偈言：世尊慧灯明，我闻授记音，心欢喜充满，如甘露见灌。

【白话】

这时，释迦牟尼佛以其妙观察智观察法会中的两千位小乘三果有学位和四果无学位的声闻弟子，发现他们个个柔和慈善，心清意净，都在全神贯注地看着自己。于是，佛就对阿难说："你看见这两千名有学和无学位上的声闻大众了吗？"阿难回答说："是的，我看见了。"佛又对阿难说："阿难，这些人将供养五十个世界微尘数那么多的如来佛，悉皆尽心恭敬、尊重，并拥护、受持这些佛的一切法藏。最后，他们将在十方国土同时成佛，佛号也完全一样，都叫宝相如来，同时也都具足十号，即应供、正遍知、明行足、善逝、世间解、无上士、调御丈夫、天人师、佛、世尊。他们成佛后的寿命都是一劫，各自的佛土一样庄严，国中的声闻、菩萨以及佛灭后的正法、像法时代等也都完全一样。"

接着，释迦牟尼佛欲重宣其义，便诵偈道："这两千声闻弟子现在都站在我的面前，我皆给他们授记，他们将在未来世证果成佛。这两千声闻弟子在未来世中所要供养的佛有如上所说的微尘数那么多，在这些佛面前，他们将护持诸佛法藏，之后，他们当共成佛道于十方国土，佛名完全相同。他们也都是在同一时间安坐道场，证悟了至高无上的如来智慧。成佛后都叫宝相如来，他们各自的国土与弟子、正法与像法等情况也都相同无异。这两千位如来佛将在他们各自的国土上以各种神通之力救度十方受苦众生，所以，他们的名声遍闻于十方世界。随后，他们都将渐渐入于涅槃境界。"

这时，有学和无学位上的两千弟子一听释迦牟尼佛为他们授记，个个欢喜踊跃，他们异口同声地诵偈道："世尊啊！您的智慧好像明灯一样明亮了我们的心扉，我们都听到了您为我们授记的声音，就好像是得到了甘露法水的浇灌，我们心中充满了欢喜！"

法师品第十

【经文】

尔时，世尊因药王菩萨告八万大士："药王，汝见是大众中无量诸天、龙王、夜叉、乾闼婆、阿修罗、迦楼罗、紧那罗、摩睺罗伽、人与非人及诸比丘、比丘尼、优婆塞、优婆夷、求声闻者、求辟支佛者、求佛道者，如是等类咸于佛前，闻妙法莲华经一偈一句，乃至一念随喜者，我皆与授记，当得阿耨多罗三藐三菩提。"

佛告药王："又如来灭度之后，若有人闻妙法华经乃至一偈一句、一念随喜者，我亦与授阿耨多罗三藐三菩提记。若复有人受持、读诵、解说、书写妙法华经，乃至一偈。于此经卷敬视如佛，种种供养花、香、璎珞、末香、涂香、烧香、缯盖、幢幡、衣服、伎乐乃至合掌恭敬。药王，当知是诸人等已曾供养十万亿佛，于诸佛所成就大愿，愍众生故，生此人间。药王，若有人问何等众生于未来世当得作佛。应示是诸人等，于未来世必得作佛。

【白话】

这时，释迦牟尼佛借对药王菩萨说法之机，告诉法会中的八万大士说："药王，你看见了吗？参加这次法会的大众中有无量无数的天众、龙王、夜叉、乾闼婆、阿修罗、迦楼罗、紧那罗、摩睺罗伽、人与非人，还有比丘、比丘尼、优婆塞、优婆夷，有修小乘法的声闻众，有修中乘的辟支佛众，有修大乘追求佛道者，所有这些不同种类的大众今天都在佛前听闻到《妙法莲华经》的一偈一句，甚至只是在一念间欢喜信受这部经，我都给他们授记，他们均会证得至高无上的佛智。"

释迦牟尼佛告诉药王菩萨说："另外，在如来佛灭度之后，如果有人听到《妙法莲华经》甚至只是经中的一个偈颂、一句话语，或者一念间欢喜信奉，我也会为他们授无上佛智之记。如果还有人能信受持行、阅读记诵、解释阐说或者书写《妙法莲华经》，甚至只是其中的一个偈颂，或者有人将此经卷敬视如佛，用各种各样的供具进行供养，如花、香、璎珞、末香、涂香、烧香、缯盖、幢、幡、衣服、伎乐等，甚至只是合掌恭敬，药王，你应当知道，这些人曾在过去生中供养过十万亿个佛，并在这些佛的国土中成就了他们的宏大誓愿。只因为他们怜悯一切众生，所以才转生到人间来。药王，如果有人问哪一类众生在未来世中将会成佛，你就应当为他们指出，是这些人于未来世必将作佛。"

【经文】

"何以故？若善男子、善女人于法华经乃至一句、受持、读诵、解说、书写。种种供养经卷，花、香、璎珞、末香、涂香、烧香、缯盖、幢、幡、衣服、伎乐，合掌恭敬。是人一切世间所应瞻奉，应以如来供养而供养之。当知此人是大菩萨，成就阿耨多罗三藐三菩提，哀愍众生，愿生此间，广演分别妙法华经。何况尽能受持，种种供养者。药王，当知是人自舍清净业报，于我灭度后，愍众生故，生于恶世，广演此经。若是善男子、善女人，我灭度后能窃为一人说法华经乃至一句，当知是人则如来使，如来所遣行如来事。何况于大众中广为人说。

"药王，若有恶人以不善心于一劫中现于佛前，常毁骂佛，其罪尚轻，若人以一恶言，毁訾在家出家读诵法华经者，其罪甚重。药王，其有读诵法华经者，当知是人以佛庄严而自庄严。则为如来肩所荷担。其所至方应随向礼。一心合掌，恭敬供养。尊重赞叹，花、香、璎珞、末香、涂香、烧香、缯盖、幢、幡、衣服、肴馔、作诸伎乐，人中上供而供养之。应持天宝而以敬之，天上宝聚，应以奉献。所以者何？是人欢喜说法，须臾闻之，即得究竟阿耨多罗三藐三菩提故。"

【白话】

释迦牟尼佛又解释道："为什么呢？因为，若善男子、善女人对于《法华经》甚至只是其中的一句，受持、读诵、解说、书写，或者用花、香、璎珞、末香、涂香、烧香、缯盖、幢、幡、衣服、伎乐等各种各样的供具供养这部经卷，甚至只合掌礼拜，那么，此人就是一切世间所有众生应该瞻仰尊奉的人，应该受到如同供养如来佛一样的恭敬供养。应当知道，这人就是大菩萨的化身，本已成就了至高无上的如来智慧，只因哀愍众生，而发愿生此世间，来广泛演说、分别讲解这部《法华经》。受持一句尚且如此，更何况能全部受持，并以种种供具进行供养，药王，你应当知道，这些人本已成就了如来佛智，但他们自愿舍弃了这种清净的果报，发愿在我灭度之后，要怜愍受苦众生，故而再转生于这个恶浊的世界，来广泛演说这部《法华经》。如果这些善男子、善女人在我灭度之后，能私下为另外一人讲说《法华经》，甚至只讲一句，当知此人就是如来佛的使者，受如来佛的派遣，执行佛的使命。讲一句尚且如此，更何况在所有大众之中广泛宣传，到处弘扬。

"药王菩萨，假如有位恶人在某一劫中现身于佛前，他心地不善，经常毁谤辱骂于佛，此人由此而获得的罪业还算轻。可是，如果有人以一句恶言，毁谤讽刺读诵《法华经》的在家人和出家人，那么，此人的罪业就太重了。药王，若有人能读诵《法华经》，你应当知道，此人能得到佛一样的庄严，就好比如来佛将他荷担在肩上，无论他到什么地方，人们都应该向他致礼、一心合掌、恭敬供养、尊重、赞颂，并以花、香、璎珞、末香、涂香、烧香、缯盖、幢、幡、衣服、肴馔、种种伎乐等人间最上等的供具来供养他，还应用天上的宝花散在他的身上，因为这人就是天上的宝聚，理应受到如此的奉献和供养。为什么这样说呢？因为此人喜欢说法，众生即使在很短的时间内听他说法，即可最终证得至高无上、圆融无碍的如来圣智。"

【经文】

尔时，世尊欲重宣此义而说偈言：若欲住佛道，成就自然智，常当勤供养，受持法华者。其有欲疾得，一切种智慧，当受持是经，并供养持者。若有能受持，妙法华经者，当知佛所使，愍念诸众生。诸有能受持，妙法华经者，舍于清净土，愍众故生此。当知如是人，自在所欲生。能于此恶世，广说无上法。应以天花香，及天宝衣服，天上妙宝聚，供养说法者。吾灭后恶世，能持是经者，当合掌礼敬，如供养世尊。上馔众甘美，及种种衣服，供养是佛子，冀得须臾闻。若能于后世，受持是经者，我遣在人中，行于如来事。若于一劫中，常怀不善心，作色而骂佛，获无量重罪。其有读诵持，是法华经者，须臾加恶言，其罪复过彼。有人求佛道，而于一劫中，合掌在我前，以无数偈赞。由是赞佛故，得无量功德，叹美持经者，其福复过彼。于八十亿劫，以最妙色声，及与香味触，供养持经者。如是供养已，若得须臾闻，则应自欣庆，我今获大利。药王今告汝，我所说诸经，而于此经中，法华最第一。

【白话】

这时，释迦牟尼佛欲重宣其义，便诵偈道：

"如果有人想要进住于至高无上的佛道，成就任运自如的自然智慧，就应当经常殷勤供养受持《法华经》的人。如果有人想要非常迅速的得到包罗万有、一切圆满的智慧，就应当信受《法华经》，并以此身体力行，精勤修持，同时，还要供养其他一切受持《法华经》的人。凡是能受持这部《妙法莲华经》的人，当知他们是受佛指使来怜悯关怀受苦众生的。所有能受持《妙法莲华经》的人，他们都舍弃了清净无染、美妙极乐的佛国净土，为了怜悯救度受苦众生而自愿转生到人间。你应当知道，这些人都不受业报而生到人间，他们已摆脱了任何业障的束缚，愿意转生到哪里就转生到哪里，十分自在自如。他们能自愿来到这个恶浊的世界广说这部至高无上的妙法，你们就应当以天花、香以及天上的宝物、衣服和天上最妙的宝聚来供养这些说法的人。在我释迦牟尼佛灭度之后，若有人能受持这部《妙法莲华经》，人们就应当向他合掌礼拜、恭敬，如同供养世尊一样，用上等菜肴和各种衣服供养这位佛的法子，希望能在短短的时间内听到这部《法华经》。如果在未来世中，有人能受持这部经典，这一个人如同是我所派遣到人间来，实行佛所做的事情。

"假如有人在一劫当中，经常怀着邪恶之心，板起面孔而毁谤佛，此人获得的罪报无量无尽。可是，如果有人在极短的时间内恶言攻击读诵、受持《法华经》的人，这种人由此而获得的罪报比毁谤佛的罪过还要重。假使有人一心追求成佛之道，故而在长达一劫的时间里，合掌恭敬于我的面前，并以无量无数的偈颂赞叹我、歌颂我，这种人由此将获得无量的功德。假使有人赞美受持《法华经》的人，他的福德善报比合掌赞佛者的福报更大。如果有人在八十亿劫之中，以最妙的眼观之色、耳闻之声、鼻嗅之香、舌品之味、身感之触等来供养受持《法华经》的人，并在这种供养之后，于很短时间内听听《法华经》，那就应该暗自庆幸自己今天获得了很大的利益。

"药王，我现在告诉你，我所说的一切经典，与今天所说之经相比，《法华经》是第一中的第一。"

【经文】

尔时，佛复告药王菩萨摩诃萨："我所说经典无量千万亿，已说、今说、当说，而于其中此法华经最为难信难解。药王，此经是诸佛秘要之藏，不可分布妄授与人。诸佛世尊之所守护，从昔已来未曾显说。而此经者，如来现在，犹多怨嫉，况灭度后。药王，当知如来灭后，其能书、持、读、诵、供养、为他人说者，如来则为以衣覆之，又为他方现在诸佛之所护念。是人有大信力及志愿力，诸善根力，当知是人与如来共宿，则为如来手摩其头。药王，在在处处，若说、若读、若诵、若书，若经卷所住处，皆应起七宝塔，极令高广严饰，不需复安舍利。所以者何？此中已有如来全身，此塔应以一切花、香、璎珞、缯盖、幢、幡、伎乐、歌颂，供养恭敬，尊重赞叹。若有人得见此塔，礼拜供养，当知是等皆近阿耨多罗三藐三菩提。

"药王，多有人在家、出家行菩萨道，若不能得见、闻、读、诵、书、持、供养是法华经者，当知是人未善行菩萨道。若有得闻是经典者，乃能善行菩萨之道。其有众生求佛道者，若见、若闻是法华经，闻已信解受持者，当知是人得近阿耨多罗三藐三菩提。药王，譬如有人渴乏需水，于彼高原穿凿求之，犹见干土，知水甚远。施功不已，转见湿土逐渐至泥，其心决定，知水必近。菩萨亦复如是，若未闻、未解、未能修习是法华经者，当知是人去阿耨多罗三藐三菩提尚远。若得闻、解、思维、修习，必知得近阿耨多罗三藐三菩提。

【白话】

这时，释迦牟尼佛又告诉药王大菩萨说："我所说的经典有无量千万亿之多，无论是已说过的、现在正说的、还是未来将要说的，这其中只有《法华经》是最难信、最难解的。药王，这部经典是十方诸佛最重要、最奥秘的法藏，是不可随便向外传授的，所以，十方诸佛一齐守护此经，始终未曾向外显说。如今，我说出这部经典，招致了许多怨恨和嫉妒。我在时尚且如此，何况我灭度之后。药王，你应当知道，在如来佛灭度之后，若有人能书写、受持、阅读、记诵、供养并为他人讲说这部经,这样的人就好像佛以袈裟披覆在他的身上,而且还会受到他方现在诸佛的保护和关怀。这样的人具有很大的信心力、志愿力和各种善根之力,他们往昔广修福德,种下善根,故能坚信并志愿奉持此经。你应当知道,这些人常与佛住在一起,为如来佛以手摩顶,以德加被。药王,不论在任何地方,若有人阅读、若有人记诵、若有人书写《法华经》,凡是本经典存在的地方,皆应该建起七宝塔,所建之塔应极尽高广、极尽庄严,不需再安放舍利。为什么呢?因为此宝塔中有《法华经》,就等于有如来佛的法身,所以,人们应以各种花、香、璎珞、缯盖、幢、幡、伎乐、歌颂等进行供养,并恭敬、尊重和赞叹这座宝塔。如果有人看见这座塔后对塔进行礼拜供养,当知这样的人皆已接近至高无上、圆融无碍的正觉境界了。

"药王,如果有许多在家和出家修行菩萨道的人未能见到、听闻、阅读、记诵、书写、受持、供养这部《法华经》,你应当知道,这些人并未圆满地修行菩萨道。如果能听闻到这部经典,那才能善修圆满的菩萨之道。另外有一些众生追求成佛之道,他们若能见到或听闻这部《法华经》,并随之坚信不疑、心领神会、身体力行,你应当知道这些人将接近至高无上、圆融无碍的正觉境界。药王,譬如有人干渴需水,在一高原上挖井求取。当挖出的全是干土时,他知道离水还远。他继续用功,挖凿不息,转而发现了湿土,逐渐地又看到了泥土,于是,他心里十分自信和坚定,他知道水肯定就在附近。菩萨也是如此,如果没有听闻、没有理解、没有修习这部《法华经》,那么,你应当知道,这些人离至高无上、圆融无碍的正觉境界尚远。但如果能够听闻、理解、思维、修习这部经,那么,你应当知道,他们离至高无上的正觉境界已很近了。

【经文】

"所以者何！一切菩萨阿耨多罗三藐三菩提，皆属此经，此经开方便门示真实相。是法华经藏深固幽远，无人能到，今佛教化成就菩萨而为开示。药王，若有菩萨闻是法华经，惊疑、怖畏，当知是为新发意菩萨。若声闻人闻是经，惊疑、怖畏，当知是为增上慢者。药王，若有善男子、善女人，如来灭后欲为四众说是法华经者，云何应说？是善男子、善女人入如来室，著如来衣，坐如来座，尔乃应为四众广说斯经。如来室者，一切众生中大慈悲心是。如来衣者，柔和忍辱心是。如来座者，一切法空是。安住是中，然后以不懈怠心为诸菩萨及四众广说是法华经。药王，我于余国遣化人为其集听法众，亦遣化比丘、比丘尼、优婆塞、优婆夷，听其说法。是诸化人，闻法信受，随顺不逆。若说法者在空闲处，我时广遣天龙、鬼神、乾闼婆、阿修罗等，听其说法。我虽在异国，时时令说法者得见我身。若于此经忘失句读，我还为说，令得具足。"

【白话】

释迦牟尼佛又为药王菩萨解释说："为什么这样说呢？因为一切菩萨法门及其所要证得的无上正觉都包含于这部《法华经》之中。此经揭开一切方便权巧之法门，显示万法实相无相之妙理。这部法华经藏，深奥、坚固、幽远，没有人能探测得到。现在，佛为了教化并成就所有的菩萨而为他们分别开示。药王，如果有菩萨听闻这部《法华经》后，惊奇、怀疑、畏惧，你应当知道，这些菩萨都是刚刚发心修行的菩萨。如果声闻人中有的听闻此经后，惊奇、怀疑、畏惧，你应当知道，这些人都是虚伪傲慢、不知上进的弟子。药王，如果有善男信女在如来灭度之后想为四众弟子讲说这部《法华经》，应该怎样去讲说呢？这些善男信女必须住到如来室、穿上如来衣、坐到如来座，这样才可为四众广说此经。所谓如来室，就是对一切众生均怀大慈大悲之心。所谓如来衣，就是具足柔和忍辱之心。所谓如来座，就是体悟到一切事物、一切概念、一切现象皆是非实而假有的。达到这三种条件，然后再以不懈怠之心为诸菩萨及四众弟子广泛宣说这部《法华经》。药王，虽然我在这个娑婆世界入了涅槃，到其他国土教化众生，可是只要有人在此世上能入如来室、穿如来衣、坐如来座，为众生讲解《法华经》，我就会派遣我所变化的人为他召集听法之众，也会派遣我所变化的比丘、比丘尼、优婆塞、优婆夷等四众弟子去听他说法。我所变化的这些人听闻他的说法之后，便会坚信不疑，受持不息，随顺不逆。假使那位说《法华经》的人在偏僻空闲之处，我就派遣所有的天众、龙众、鬼神、乾闼婆、阿修罗等来听他说法。我虽然在其他佛国之中，但我会时时刻刻令说《法华经》的人见到我的法身。如果说法者忘记了《法华经》中的某句经文，我会去告诉他，让他能记起所忘的经文，以便完完整整，一句不差地为大众讲说此经。"

【经文】

尔时，世尊欲重宣此义而说偈言：欲舍诸懈怠，应当听此经。是经难得闻，信受者亦难。如人渴需水，穿凿于高原，犹见干燥土，知去水尚远，渐见湿土泥，决定知水近。药王汝当知，如是诸人等，不闻法华经，去佛智甚远。若闻是深经，决了声闻法，是诸经之王，闻已谛思惟，当知此人等，近于佛智慧。若人说此经，应入如来室，著于如来衣，而坐如来座，处众无所畏，广为分别说。大慈悲为室，柔和忍辱衣，诸法空为座，处此为说法。若说此经时，有人恶口骂，加刀杖瓦石，念佛故应忍。我千万亿土，现净坚固身，于无量亿劫，为众生说法。若我灭度后，能说此经者，我遣化四众，比丘比丘尼，及清净士女，供养于法师，引导诸众生，集之令听法。若人欲加恶，刀杖及瓦石，则遣变化人，为之作卫护。若说法之人，独在空闲处，寂寞无人声，读诵此经典，我尔时为现，清净光明身。若忘失章句，为说令通利。若人具是德，或为四众说，空处读诵经，皆得见我身。若人在空闲，我遣天龙王，夜叉鬼神等，为作听法众。是人乐说法，分别无罣碍，诸佛护念故，能令大众喜。若亲近法师，速得菩萨道，随顺是师学，得见恒沙佛。

【白话】

这时，释迦牟尼佛欲重宣其义，便说偈道：

"若有人想要克服懈怠，就应当听此部《法华经》。这部《法华经》是很难听到的，也是很难信解、受持的。好比有人干渴需水，在高原上挖井。当挖出的土依然十分干燥时，他知道离水尚远。当继续挖凿，渐渐看到湿土甚至泥土时，他坚信离水很近了。药王，你应当知道，那些不听闻《法华经》的人，离佛智是非常遥远的。如果能听闻到这部义理深邃的大乘经典，就会真正明白，声闻乘的法只是如来佛的权巧方便法门，而《妙法莲华经》才是所有经典中的经王。若能在听闻该经之后，聚精会神地思考经中的微妙义趣，当知此类人已接近于佛的智慧了。如果有人在我灭度之后，要为大众解说这部《法华经》，他就应该进入如来之室，穿上如来之衣，坐上如来之座，然后在大众之中严整威仪，无有怖畏，广泛宣说这部经典。室即大慈大悲，衣即柔和忍辱，座即一切本性空寂，具足这三个条件，即可宣讲此部《法华经》。若在讲解此经时，有人恶言辱骂，甚至用刀杖瓦石等来打他，他应该心念于佛，忍受这些污辱。

"当我灭度之后，我将在千万亿的国土中现清净、坚固之身，在无量无亿劫中，为众生说法。若有人能在我灭度之后讲说《法华经》，我就会派遣我所变化的四众即比丘、比丘尼以及在家修行的清净士和清净女，让他们去供养这位法师，并引导所有众生，集合一起，听这位法师说法。如果有人用刀杖瓦石来伤害他，我就会派遣一些化人来卫护这位法师。如果说法的法师独自一人在偏僻空旷之处，这里非常清净，荒凉寂寞，听不见任何人的声音，这位法师在此阅读或背诵《法华经》，我将于此时，为这位法师现化出清净光明的佛身。如果他忘记了《法华经》中的某些句子，我便会以神通之力默默告诉他，使他能记忆起来。如果有人具备这种功德，为四众弟子宣说《法华经》，或者在空旷寂静的地方读诵经文，我都会让他们得见我的法身宝相。假使有人在荒野深山里讲解这部《法华经》，我就会派遣诸天神、龙神、夜叉、鬼神等来作他的听众。此人喜欢讲说《法华经》，而且能把此经的妙理解释得圆融无碍，光光相照，孔孔相通，无有任何矛盾之处。由于这位法师时时受到诸佛的保护和关怀，所以，他为大众说法，肯定会让大众满意欢喜的。如果人们能亲近这位法师，即可很快通达菩萨之道。如果能跟随这位法师修学，将来即可得见如恒河沙数那么多的如来佛。"

见宝塔品第十一

【经文】

尔时,佛前有七宝塔,高五百由旬,纵广二百五十由旬。从地涌出,住在空中,种种宝物而庄校之。五千栏楯,龛室千万,无数幢幡以为严饰,垂宝璎珞,宝铃万亿而悬其上。四面皆出多摩罗跋栴檀之香,充遍世界。其诸幡盖,以金银、琉璃、砗磲、玛瑙、真珠、玫瑰七宝合成,高至四天王宫。三十三天雨天曼陀罗花,供养宝塔。余诸天、龙、夜叉、乾闼婆、阿修罗、伽楼罗、紧那罗、摩睺罗伽、人非人等,千万亿众,以一切花、香、璎珞、幡盖、伎乐供养宝塔,恭敬、尊重、赞叹。尔时,宝塔中出大音声,叹言:"善哉!善哉!释迦牟尼世尊,能以平等大慧教菩萨法,佛所护念妙法莲华经为大众说。如是,如是,释迦牟尼世尊,如所说者,皆是真实。"

【白话】

这时,在释迦牟尼佛前面,现出七宝之塔,高五百由旬,宽二百五十由旬。此塔从地下涌出,慢慢上升,最后停住在虚空之中。在宝塔上面,有种种无价宝物装饰着。在宝塔的四周,有五千栏杆，千万个龛室以及无数幢、幡作为庄严之饰。宝塔上面还垂挂着珍贵的璎珞和亿万个宝铃。宝塔的四面皆发出多摩罗跋栴檀香味，香气随风飘散，充满了整个世界。塔上所有的宝幡和宝盖皆用黄金、白银、琉璃、砗磲、玛瑙、珍珠、玫瑰等七种宝物合成，这些宝幡、宝盖个个高耸云霄，直达四大天王的宫殿。天主帝释率三十三天神降下曼陀罗花，供养这座宝塔。其余一切天众、龙众、夜叉、乾闼婆、阿修罗、迦楼罗、紧那罗、摩睺罗伽以及人非人等亿万天神，用其所有的一切妙花、妙香、璎珞、宝幡、宝盖以及种种伎乐供养宝塔，并尽情礼拜、赞颂这座宝塔。这时，宝塔中发出了洪亮的声音，赞叹道："善哉！善哉！世尊能以最平等的大智慧来教化菩萨，十方诸佛保护你为大众讲说《法华经》。就是这样！就是这样！世尊所说之言皆是真实不虚的。"

【经文】

尔时，四众见大宝塔住在空中，又闻塔中所出音声，皆得法喜，怪未曾有，从座而起，恭敬合掌，却住一面。尔时，有菩萨摩诃萨，名大乐说，知一切世间天、人、阿修罗等，心之所疑，而白佛言："世尊！以何因缘有此宝塔从地涌出？又于其中发是音声？"尔时，佛告大乐说菩萨："此宝塔中有如来全身。乃往过去东方无量千万亿阿僧祇世界，国名宝净，彼中有佛，号曰多宝。其佛行菩萨道时，作大誓愿：'若我成佛，灭度之后，于十方国土有说法华经处，我之塔庙为听是经故，涌现其前，为作证明，赞言善哉！'彼佛成道已，临灭度时于天人大众中，告诸比丘：'我灭度后，欲供养我全身者，应起一大塔。'其佛以神通愿力，十方世界在在处处，若有说法华经者，彼之宝塔皆涌出其前，全身在于塔中，赞言：'善哉！善哉！'"大乐说，今多宝如来塔，闻说法华经故，从地涌出，赞言：'善哉！善哉！'"

【白话】

这时，法会中的比丘、比丘尼以及男女居士看见这座巨大的宝塔停留在空中，又听见塔中发出的声音，都感到十分欢喜，也觉得非常奇怪，他们从来也没有见到这样的情景。于是，四众弟子们从各自座位上站立起来，恭恭敬敬地合起双掌，退到一旁等待解释这个问题。就在这时，有一位名叫大乐说的大菩萨，明白所有天神、人类和阿修罗等众生心中所怀疑的问题，于是他对释迦牟尼佛说道："世尊！为什么会有此宝塔从地下涌出而留住于空中？为什么会从宝塔之中发出这种声音？"释迦牟尼佛告诉大乐说菩萨："这座宝塔之中有如来佛的全身舍利。这位如来佛是过去世东方无量个世界之外一个名叫宝净佛国中的一位佛，名号多宝。该佛在未成佛之前修行菩萨道时，曾发下宏大的誓愿：'我若能成佛，在灭度之后，于十方所有佛国之中，凡是有佛演说《妙法莲华经》的地方，我的塔庙因为听闻这部经的缘故，会从地下涌出而现于说法者的面前，为他作证，为他赞美。'这位多宝佛后来证果成佛，在他临入涅槃时，当着天神和人类大众的面，对所有比丘们说：'我灭度之后，欲供养我全身者，应建起一座大塔。'多宝如来佛以其不可思议的神通和愿力，在十方世界任何一个有讲说《法华经》的地方，他的宝塔都会从地下涌出，现于其前，而他则置身塔中，称赞这位宣说《法华经》的佛：'善哉！善哉！'大乐说，今天，多宝如来佛的真身宝塔因为听到我在宣说《法华经》，所以从地下涌出，并赞叹道：'善哉！善哉！'"

【经文】

是时，大乐说菩萨以如来神力故，白佛言："世尊，我等愿欲见此佛身。"佛告大乐说菩萨摩诃萨："是多宝佛有深重愿：'若我宝塔为听法华经故，出于诸佛前时，其有欲以我身示四众者，彼佛分身诸佛在于十方世界说法，尽还集一处，然后我身乃出现耳。'大乐说，我分身诸佛在于十方世界说法者，今应当集。"大乐说白佛言："世尊，我等亦愿欲见世尊分身诸佛，礼拜供养。"

尔时，佛放白毫一光，即见东方五百万亿那由他恒河沙等国土诸佛。彼诸国土皆以玻璃为地，宝树、宝衣以为庄严，无数千万亿菩萨充满其中，遍张宝幔，宝网罗上。彼国诸佛，以大妙音而说诸法。及见无量千万亿菩萨，遍满诸国，为众说法。南西北方，四维上下，白毫相光所照之处，亦复如是。尔时，十方诸佛各告众菩萨言："善男子，我今应往娑婆世界释迦牟尼佛所，并供养多宝如来宝塔。"

时，娑婆世界即变清净，琉璃为地，宝树庄严，黄金为绳以界八道，无诸聚落、村营、城邑、大海、江河、山川、林薮。烧大宝香，曼陀罗花遍布其地，以宝网幔罗覆其上，悬诸宝铃。惟留此会众，移诸天人、置于它土。是时，诸佛各将一大菩萨以为侍者，到娑婆世界，各到宝树下。一一宝树高五百由旬，枝叶花果次第庄严。诸宝树下皆有师子之座，高五百由旬，亦以大宝而校饰之。尔时，诸佛各于此座结跏趺坐，如是展转遍满三千大千世界，而于释迦牟尼佛一方所分之身，犹故未尽。

【白话】

这时，大乐说菩萨因为以如来神力加持的缘故，故而代表大众向释迦牟尼佛请法，说道："世尊！我们大家都希望能瞻仰多宝如来佛全身宝相。"释迦牟尼佛告诉大乐说大菩萨："这位多宝佛在往昔未成佛以前还发过一个深重的大愿：'假使我的宝塔为听《法华经》的缘故，出现于诸佛面前时，有哪位佛想将我的全身示现给法会中的四众弟子的话，这位佛就必须将他在十方世界中说法的所有分身佛全部集合在一处，然后，我的全身才出现于四众面前。'大乐说，我所有的分身佛如今都在十方各个世界中讲经说法，现在应当召集他们都来这里。"大乐说菩萨对释迦牟尼佛说："世尊！我们也很想见到您的分身诸佛，以使我们能礼拜、供养这些分身佛。"

这时，释迦牟尼佛从两眉之间放出一道白毫相光，即刻照见东方五百万亿那由他条恒河中所有沙数之多的国土诸佛。所有这些国土皆以玻璃为地，以各种宝树和宝衣作为装饰，到处挂着宝幔，上面覆盖着罗网，非常庄严和华丽。各国中均有无数亿菩萨。这些国土上的分身如来佛都以其洪亮微妙的声音演说佛法。在释迦牟尼佛的白毫相光中，大家还看见无数亿菩萨遍满诸国，他们都在为众生演说佛法。东方诸佛国如此，南方、西方、北方、东南、西南、西北、东北、上方、下方，凡是释迦牟尼佛白毫相光所照耀的地方也都是如此。这时，十方一切佛各自对其座下的菩萨们说："善男子！我现在应该去娑婆世界释迦牟尼佛那里，并且供养多宝如来的舍利宝塔。"

就在这时，充满恶浊的娑婆世界，因释迦牟尼佛的巨大神力而顿时变得无比清净。整个大地全由玻璃铺成，行行七宝之树将大地点缀得庄严华丽，条条大道四通八达，大道两侧拦着黄金作成的绳子。既没有聚落、村营、城邑，也没有大海、江河、山川、林薮。到处燃烧着巨大的宝香，遍地开放着曼陀罗花，花上还盖着宝网、宝幔，并悬挂着宝铃。惟独留下在法华会上听释迦牟尼佛说法的大众，其余的天众和人民全转移到其他国土去了。这时，释迦牟尼佛所分身的十方诸佛，各带一位大菩萨作为侍者，一同来到这个娑婆世界，各自在菩提宝树下止步。这些菩提树每个均高五百由旬，菩提树的枝叶和花果均非常茂盛。每个树下都有狮子座，座高五百由旬。这些宝座也都用各种名贵的七宝装校一新。十方分身佛来到菩提树下后，便都在狮子座上结跏趺坐，如此一树连一树，一座接一座，布满了整个大千世界。即使如此，在释迦牟尼佛所住的东方世界中的分身诸佛尚有未能入座者，何况其他九方诸国土中的分身佛呢！

【经文】

时，释迦牟尼佛欲容受所分身诸佛故，八方各更变二百万亿那由他国，皆令清净，无有地狱、饿鬼、畜生及阿修罗。又移诸天、人置于它土。所化之国亦以琉璃为地，宝树庄严。树高五百由旬，枝叶花果次第严饰。树下皆有宝师子座，高五由旬，种种诸宝以为庄校。亦无大海、江河及目真邻陀山、摩诃目真邻陀山、铁围山、大铁围山、须弥山等诸山王，通为一佛国土。宝地平正，宝交露幔遍覆其上，悬诸幡盖，烧大宝香，诸天宝花遍布其地。

释迦牟尼佛为诸佛当来坐故，复于八方各更变二百万亿那由他国，皆令清静，无有地狱、饿鬼、畜生及阿修罗，又移诸天、人置于它土。所化之国亦以琉璃为地，宝树庄严。树高五百由旬，枝叶花果次第庄严。树下皆有宝师子座，高五由旬，亦以大宝而校饰之。亦无大海、江河及目真邻陀山、摩诃目真邻陀山、铁围山、大铁围山、须弥山等诸山王，通为一佛国土。宝地平正，宝交露幔遍覆其上。悬诸幡盖，烧大宝香，诸天宝花遍布其地。

尔时，东方释迦牟尼佛所分之身，百千万亿那由他恒河沙等国土中诸佛，各各说法，来集于此。如是次第，十方诸佛皆悉来集，坐于八方。尔时，一一方四百万亿那由他国土，诸佛如来，遍满其中。

【白话】

这时，释迦牟尼佛见大千世界已坐满诸佛，而许多分身佛依然无座可坐，于是，为了全部容纳所有的分身佛，释迦牟尼佛便运用其巨大的神通之力，在宝塔周围八个方向各变出二百万亿那由他个国土，并使这些国土清净庄严，没有地狱、饿鬼、畜生以及阿修罗等四道众生，其他两道众生即天神和人民都被转移到其他国土去了。这些变化出来的国土也是以琉璃为地，用各种宝树来作庄严。树高五百由旬，枝叶和花果依次严饰，美观大方。每棵树下均有一狮子宝座，座高五由旬，不但高大雄伟，而且全装饰着各种各样的珍宝，显得十分华丽。这些国土之中，也没有大海、江河、石山、大石山、铁围山、大铁围山、须弥山等各种高山峻岭，所有国土均连成一片，相通无阻，成为一个完整的佛国大地，极其平坦，极其规正。众宝交络的露幔覆盖在这无边无垠的大地上。除此之外，到处还悬挂着各种宝幡和宝盖，燃烧着各种巨大的宝香，还有天神们所散的宝花更是铺天盖地，非常美丽壮观。

释迦牟尼佛为使十方所分身的化佛来到后有座位可坐，又在八方各变化出二百万亿那由他个国土，个个圣洁而清净，没有地狱、饿鬼、畜生三种恶道众生，也没有多怒好斗没有天福的阿修罗众，其他两道众生即各种天神和人民都被搬到其他国土去了。这次新变化出的国土也是以琉璃为地，以宝树来作庄严点缀。这些宝树高五百由旬，枝叶花果无不茂盛华丽。每棵树下都有狮子宝座，座高五由旬，皆用珍宝精心装饰，珠光宝气，十分美观。这些国土上也没有大海、江河、石山、大石山、铁围山、大铁围山、须弥山等高山峻岭，所以，各国连成一片，成为一个佛国世界。整个大地平坦规正，众宝交织而成的露幔覆盖在大地之上，宝幡、宝盖到处飘悬，大宝之香遍地燃烧，诸天神散下的宝花铺天盖地。

这时，东方释迦牟尼佛所分身的化佛，在成百上千以至亿万那由他条恒河之沙数那么多的国土中说法教化众生，他们皆辞别大众来到释迦牟尼佛这里集会。就这样，十万无数国土中的无数佛相继都来集会，坐在宝塔的八方。这时，每一方各有四百万亿那由他那样多的国土，每一国土之中都充满了释迦牟尼佛分身的化佛。

【经文】

是时，诸佛各在宝树下坐师子座，皆遣侍者问讯释迦牟尼佛，各赍宝花满掬而告之言："善男子，汝往诣耆阇崛山释迦牟尼佛所，如我辞曰：'少病少恼？气力安乐？及菩萨声闻众悉安隐否？'以此宝花散佛供养，而作是言：'彼某甲佛，与欲开此宝塔。'"诸佛遣使亦复如是。尔时，释迦牟尼佛见所分身佛悉已来集，各各坐于师子之座，皆闻诸佛与欲同开宝塔，即从座起，住虚空中。一切四众，起立合掌，一心观佛。

于是释迦牟尼佛以右指开七宝塔户，出大音声，如却关钥开大城门，即时一切众会，皆见多宝如来，于宝塔中坐师子座，全身不散，如入禅定。又闻其言："善哉！善哉！释迦牟尼佛快说是法华经。我为听是经故而来至此。"尔时，四众等见过去无量千万亿劫灭度佛说如是言，叹未曾有，以天宝花聚散多宝佛及释迦牟尼佛上。尔时，多宝佛于宝塔中，分半座于释迦牟尼佛，而作是言："释迦牟尼佛可就此座。"即时，释迦牟尼佛入其塔中，坐其半座，结跏趺坐。尔时，大众见二如来在七宝塔中师子座上，结跏趺坐，各作是念："佛坐高远，唯愿如来以神通力，令我等辈俱处虚空。"即时，释迦牟尼佛以神通力接诸大众皆在虚空，以大音声普告四众："谁能于此娑婆国土，广说妙法华经，今正是时。如来不久当入涅槃，佛欲以此妙法华经付嘱有在。"

【白话】

这时，十方分身诸佛各在菩提宝树下面坐于狮子宝座之上，他们都派遣侍者去问候释迦牟尼佛。诸佛手捧宝花交给侍者，嘱咐他们说："善男子！你到耆阇崛山释迦牟尼佛的道场，代我这样说：'世尊！近来身体健康吧！心情愉快吧！气力充沛吧！

安稳舒适吧！世尊座下的菩萨及声闻大众也都好吧！'问候完之后，你再将这些宝花奉献于佛，作为供养，并对释迦牟尼佛说：'某某佛愿您打开这座塔，瞻仰多宝如来的德相。'"十方诸佛都是这样派遣使者的。这时，释迦牟尼佛看见自己所分身的所有化身都已集合而来，个个坐在狮子宝座上，也听到所有这些佛都想打开多宝佛塔的心声，于是，他立即从座位上起来，住立于虚空之中。这时，所有四众弟子都站起身来，恭敬合掌，一心观看着释迦牟尼佛。

接着，释迦牟尼佛用他的右手指打开七宝佛塔的门户，只听一声巨响，犹如却关钥打开大城门一样。顿时，所有大众都同时看见了多宝如来。多宝如来坐在宝塔之中的狮子座上，佛身完整无缺，安然无恙犹如入定一般安详自在。这时，又听见多宝如来说道："善哉！善哉！释迦牟尼佛请你快点宣说《妙法莲华经》，我就是为了听你说这部经才来到这里的。"这时，四众弟子看见过去无量千万亿劫前已经灭度的多宝如来说出这样的话语，莫不慨叹这般景象的稀奇难得，他们将各种天宝和天花散在多宝如来和释迦牟尼佛的身上。这时，多宝佛在宝塔中将他所坐的狮子座让出一半给释迦牟尼佛，说道："释迦牟尼佛！你可以坐到这个狮子座上。"于是，释迦牟尼佛进入多宝佛塔之中，同多宝佛共坐一座，盘腿打坐。这时，大众看见两位如来佛同坐七宝塔中的狮子座上，结跏趺坐，非常亲近，于是都产生了这种念头："二位如来佛坐在又高又远的宝塔之中，我们看不清楚，听不清楚，惟愿如来慈悲，用大神通之力，将我们这些参加法会的大众都接到虚空中去。"释迦牟尼佛了知大众之心，他立即以其神通之力，把众人全接到虚空之中，并以其洪亮深远的嗓音普告四众弟子们说："谁能在这个恶浊充满、众苦煎熬的娑婆世界中广泛宣说《妙法莲华经》，现在正是时候。因为我释迦牟尼佛不久将入涅槃，我想将这部《妙法莲华经》托付于人,希望有人能担此大任,使这部微妙之法永远流传于世!"

【经文】

尔时,世尊欲重宣此义而说偈言:"圣主世尊,虽久灭度,在宝塔中,尚为法来,诸人云何?不勤为法。此佛灭度,无央数劫,处处听法,以难遇故。彼佛本愿,我灭度后,在在所住,常为听法。又我分身,无量诸佛,如恒沙等,来欲听法。及见灭度,多宝如来,各舍妙土,及弟子众,天人龙神,诸供养事。令法久住,故来至此。为坐诸佛,以神通力,移无量众,令国清净。诸佛各各,诣宝树下,如清净池,莲花庄严。其宝树下,诸师子座,佛坐其上,光明严饰,如夜暗中,然大炬火。身出妙香,遍十方国,众生蒙薰,喜不自胜,譬如大风,吹小树枝。以是方便,令法久住。告诸大众,我灭度后,谁能护持,读说斯经,今于佛前,自说誓言。其多宝佛,虽久灭度。以大誓愿,而师子吼。多宝如来,及与我身,所集化佛,当知此意。诸佛子等,谁能护法,当发大愿,令得久住。其有能护,此经法者,则为供养,我及多宝。此多宝佛,处于宝塔,常游十方,为是经故,亦复供养,诸来化佛。庄严光饰,诸世界者,若说此经,则为见我,多宝如来,及诸化佛。

【白话】

这时,释迦牟尼佛想复述其义,便以偈语形式说道:"多宝如来是众圣之主和一切世间最尊贵的人。他虽然已在无量劫前就已灭度，住在多宝佛塔中，可是为了听这部《妙法莲华经》，他尚且来到耆阇崛山的法华会上，诸位怎么就不精勤修持佛法呢？多宝佛自从灭度以来，已有无数无量劫了，可是由于《法华经》确实是太难遭遇了，所以，他仍到处听法。这位佛在往昔时曾发过大愿：'我灭度以后，无论何处何佛讲《妙法莲华经》，我都会去听法，并作为证明。'另外，我分身的无数化佛多如恒河之沙，他们为了听闻《法华经》，并瞻仰久已灭度的多宝如来，各自都舍弃了自己的妙土和众弟子，舍弃了天众、人民和龙神的各种供养，来到了这里，以使佛法永远流传世间。我释迦牟尼佛为了给我的分身诸佛安置座位，用神通之力将无量众生转移到其他国土，使这个国土变得极为清净。十方诸佛各到菩提宝树下，这些菩提树个个精心装饰，美观华丽，如同清澈明净的水池有莲花作为庄严一样。在每棵菩提宝树下面，都有一个狮子宝座，分身诸佛都坐宝座上面。每个宝座都用七宝装饰，闪闪发光，犹如黑暗之中燃起了巨大的火炬。分身诸佛的身上皆发放出一种微妙的香气，这种香气芬芳扑鼻，弥漫了十方所有的国土。这些国土上的众生幸蒙这种香气的熏染，个个喜不自胜，由此都下定了追求佛道的决心。分身诸佛利用这种权巧方便之法，来使佛的正法永久流传于世。"

释迦牟尼佛又以偈语形式告诉所有大众说："在我灭度之后，谁能发愿受持此经，读诵此经、宣说此经，现在应当在多宝如来座前和分身诸佛座前，自我宣誓。这位多宝佛虽然久已灭度，可是仍以他的大誓愿在宝塔中作大狮子吼。你们今日发誓，多宝如来和我以及集聚在此的我的化身佛都会知道你们所发誓愿的意思，并将护持你们专心修道。各位佛的弟子！谁能有护法之心，就当发下最大的誓愿，令《妙法莲华经》的法恒久流行于世。假使有人能护持此经妙法，就等于是供养我和多宝如来。这位多宝如来虽然身处宝塔之中，可是为了听闻《妙法莲华经》并为此经法作证，他时常游于十方世界。你们若能发心供养《妙法莲华经》，就等于供养我所分身的一切化佛，也就等于庄严一切国土，光饰一切世界。假使能解说《妙法莲华经》，就能见到我身和多宝佛身以及我的一切分身化佛。"

【经文】

诸善男子，各谛思惟，此为难事，宜发大愿。诸余经典，数如恒沙，虽说此等，未足为难。若接须弥，掷置他方，无数佛土，亦未为难。若以足指，动大千界，远掷他国，亦未为难。若立有顶，为众演说，无量余经，亦未为难。若佛灭后，于恶世中，能说此经，是则为难。假使有人，手把虚空，而以游行，亦未为难。于我灭后，若自书持，若使人书，是则为难。若以大地，置足甲上，升于梵天，亦未为难。佛灭度后，于恶世中，暂读此经，是则为难。假使劫烧，担负乾草，入中不烧，亦未为难。我灭度后，若持此经，为一人说，是则为难。若持八万，四千法藏，十二部经，为人演说，令诸听者，得六神通，虽能如是，亦未为难。于我灭后，听受此经，问其义趣，是则为难。若人说法，令千万亿，无量无数，恒沙众生，得阿罗汉，具六神通，虽有是益，亦未为难。于我灭后，若能奉持，如斯经典，是则为难。我为佛道，于无量土，从始至今，广说诸经，而于其中，此经第一。若有能持，则持佛身。诸善男子，于我灭后，谁能受持，读诵此经，今于佛前，自说誓言。此经难持，若暂持者，我则欢喜，诸佛亦然。如是之人，诸佛所叹，是则勇猛，是则精进，是名持戒，行头陀者，则为疾得，无上佛道。能于来世，读持此经，是真佛子，住淳善地。佛灭度后，能解其义，是诸天人，世间之眼。于恐畏世，能须臾说，一切天人，皆应供养。

【白话】

释迦牟尼佛接着说："各位善男子！你们各自都要认真地想一想，受持、讲说《妙法莲华经》可不是件容易的事，你们各位应当发下宏大的誓愿。除《妙法莲华经》外，其余的经典多如恒河之沙。即使演说这么多的经典，也不算是一件难事。假使举起须弥山，将其抛掷到他方无数个佛土之中，也是不难的。即使以脚趾来挪动大千世界，将其踢到遥远的他国，这也是不难的。假使站立在三界之中最高的有顶天中，为众生演说其余无量无数的经典，也不是一件很难的事情。但是，如果有人在佛灭之后的恶浊世界中，能为众生演说这部《妙法莲华经》，这却是一件十分困难的事。假使有人神通广大，手把虚空到处游行，这件事还不算出奇，可以办到。可是如果有人在我灭度之后自己书写、受持这部《法华经》，或者令人书写此经，这便不容易做到了。假若有人将整个大地放在脚指甲上，然后飞升到大梵天中，这也不算太难。而在佛灭度之后，如果有人能在这个恶浊的世界中，短暂地读一读这部《妙法莲华经》，这就难了。假使在劫火燃烧的时候，有人背着干草进入熊熊大火而不被火所烧，这也是不难做到的。如果有人在我灭度之后，受持这部《妙法莲华经》，为另外一个人讲说，这便是很难的事了。假使有人受持八万四千法藏，以全部的十二种经为众人演说，使听法者获得六种神通，即使如此，这也不算太难的事。但是在我灭度之后，如果有人听闻、受持此经，探求此经的微妙义趣，这便是一件很难的事了。假若有人讲经说法，使无数恒河之沙数那么多的众生都获得阿罗汉果位，具备六种神通之力，虽有这么大的功德，可还不算是难事。如果有人能在我灭度之后奉持《妙法莲华经》，这才是一件很难的事。

"我释迦牟尼佛为了教化众生皆成佛道，所以，从开始到现在，我于无量佛国之中，广说各种经典，但在所有这些经典之中，只有这部《妙法莲华经》才是至高无上的经典。如果有人能受持此经，就是受持佛的真身。各位善男子！在我灭度之后，谁能受持、读诵此经，现在就应当在佛的面前，亲自宣誓。这部《妙法莲华经》很难受持，若有人能暂时受持，我便会非常高兴，其他诸佛也会十分欢喜的。这样的人将受到诸佛的赞叹，如是之人就是勇猛精进不懈怠，就是严持戒律不放逸，就是修行十二种头陀苦行，他们必将很快证得至高无上的佛道。若有人能在来世读诵、受持这部《妙法莲华经》，此人便是真正的佛弟子，便是达到了最纯淳的善地。在佛灭度以后，谁能理解《法华经》的妙义，谁便是诸天神和人类的眼睛。在邪恶恐惧的世界中，如果有人能在须臾之间讲说《法华经》，那么，一切天神和人民都应当供养他。"

提婆达多品第十二

【经文】

尔时，佛告诸菩萨及天人四众："吾于过去无量劫中，求法华经无有懈倦。于多劫中常作国王，发愿求于无上菩提，心不退转。为欲满足六波罗蜜，勤行布施，心无吝惜，象、马、七珍、国、城、妻、子、奴婢、仆从、头、目、髓、脑、身、肉、手、足，不惜躯命。时世人民，寿命无量，为于法故，捐舍国位，委政太子，击鼓宣令四方求法，谁能为我说大乘者，吾当终身供给走使。时有仙人来白王言，我有大乘，名妙法莲华经，若不违我当为宣说。王闻仙言，欢喜踊跃。即随仙人供给所需。采果汲水，拾薪设食，乃至以身而为床座，身心无倦。于时奉事，经于千岁。为于法故，精勤给侍，令无所乏。"

尔时，世尊欲重宣此义而说偈言：我念过去劫，为求大法故，虽作世国王，不贪五欲乐。椎钟告四方，谁有大法者，若为我解说，身当为奴仆。时有阿私仙，来白于大王，我有微妙法，世间所希有，若能修行者，吾当为汝说。时王闻仙言，心生大喜悦，即便随仙人，供给于所需。采薪及果蓏，随时恭敬与，情存妙法故，身心无懈倦。普为诸众生，勤于求大法，亦不为己身,及以五欲乐。故为大国王,勤求获此法,遂致得成佛,今故为汝说。

【白话】

这时,释迦牟尼佛告诉各位菩萨以及天神和人间的四众弟子们说:"我在过去无量劫中,为追求《法华经》的妙理,而精进不息,始终未生出丝毫懈怠和疲倦之心。在许许多多劫中,我常转生为人间的国王,但我不贪俗世之欲,誓愿求证至高无上的智慧,毫不变心,毫不后退。为了圆满持戒、布施、忍辱、精进、禅定、般若等六种度脱法门,我勤行布施,心无吝惜。无论是象、马、七宝,还是国家城池;无论是妻子儿女,还是奴婢仆从,甚至连自己的头、眼、髓、脑、身子、肉、手、足等都愿拿出布施,毫不吝惜自己的身躯性命。那时的人民,寿命无边无量。我为了追求正法,舍弃王位,把所有的权力交给太子,然后击鼓宣布:'我要到四方求法,谁能为我说大乘佛法,我就终身侍奉他,供养他,跟着他。'那时,有一位仙人来对国王说:'我有一部大乘经,名叫《妙法莲华经》,你若能不违于我,我就会为你宣说。'身为国王的我,一听此言,欢喜跳跃,便立即跟随仙人,供给他的一切所需。在那些时日里,我采果、挑水、拾柴、做饭,甚至以自己的身体当作仙人的床座,毫无厌倦和疲惫之感。如此长达一千年,为了求得正法而殷勤奉事、供养这位仙人,使其丰衣足食,要啥有啥,毫无匮乏。"

讲完这个故事后,释迦牟尼佛又以偈颂形式复述道:

"回想起我在过去劫时,为了追求无上大法,所以虽身居国王之位,但无意于五欲之乐,于是用椎击钟普告四方说:'哪位有大乘之法,若能为我解说,我将终身做他的奴仆。'当时有一位阿私仙人来对大王说：'我有一部最微妙的法，是极为稀奇难得的。你若能依我所教，如法修行，我就为你解说。'国王一听，心中充满喜悦，便立即跟随仙人，供给他的一切所需，砍柴、摘果、采瓜，随时恭敬侍候。因为一心一意要追求无上妙法，所以，身心毫无懈倦。我是为了普度一切众生才精勤求法的。我不是为了自己的身心利益，也不是要求得五欲之乐，所以，即使我身居国王之位，却依然辛勤求法，终于获得了这无上的妙法，从而证果成佛。也正因为如此，我今天才能在此为你们演说这无上的妙法。"

【经文】

佛告诸比丘："尔时王者，则我身是。时仙人者，今提婆达多是。由提婆达多善知识故，令我具足六波罗蜜、慈悲喜舍、三十二相、八十种好、紫磨金色、十力、四无所畏、四摄法、十八不共、神通道力，成等正觉，广度众生，皆因提婆达多善知识故。"告诸四众："提婆达多却后过无量劫，当得成佛，号曰天王如来、应供、正遍知、明行足、善逝、世间解、无上士、调御丈夫、天人师、佛、世尊。世界名天道。时，天王佛住世二十中劫，广为众生说于妙法。恒河沙众生得阿罗汉果，无量众生发缘觉心，恒河沙众生发无上道心，得无生忍，至不退转。时，天王佛般涅槃后，正法住世二十中劫。全身舍利起七宝塔，高六十由旬，纵广四十由旬，诸天人民，悉以杂花、末香、烧香、涂香、衣服、璎珞、幢幡、宝盖、伎乐、歌颂礼拜供养七宝妙塔。无量众生得阿罗汉果，无量众生悟辟支佛，不可思议众生发菩提心，至不退转。"佛告诸比丘："未来世中，若有善男子、善女人闻妙法莲华经提婆达多品，净心信敬，不生疑惑者，不堕地狱、饿鬼、畜生，生十方佛前。所生之处常闻此经。若生人天中，受胜妙乐。若在佛前，莲花化生。"

【白话】

释迦牟尼佛告诉诸比丘说："那时的国王就是我的前身，那时的那位仙人就是今天的提婆达多。正是因为提婆达多这位良师益友，才使我具足了六波罗蜜之法；具足了大慈、大悲、大喜、大舍等四无量心；具足了三十二种殊妙身相和八十种非凡的细微特征，身体可以放出一种最殊胜的紫磨金色；具足了十种智力和四种无畏；具足了布施、爱语、利行、同事等四种摄受众生之法；具足了不与声闻、缘觉、菩萨共有的十八种不共之法，具足了无量的神通道力，成就了至高无上的正觉，从而普度众生。所有这一切都是因为当初跟随提婆达多这位良师益友精勤习法的缘故。"

释迦牟尼佛又告诉四众弟子说："这位提婆达多再过无量劫当会证果成佛，名号叫天王如来，同时具足十号，即：应供、正遍知、明行足、善逝、世间解、无上士、调御丈夫、天人师、佛、世尊。当时的世界名叫天道。届时，天王佛将住留于世二十中劫。在此期间，天王佛将广为众生宣说无上妙法，使恒河之沙那么多的众生得到阿罗汉果位，无量众生发心求缘觉果位，又有恒河沙之多的众生发誓求证至高无上的佛道，从而得到无生忍法，体悟到无生无灭的真如实相，达到了永不退转的境界。天王佛进入涅槃之后，他的纯正无缺的佛法继续行世二十中劫。佛的全身舍利放于七宝做成的佛塔之中。塔高六十由旬，长宽均四十由旬。所有天神和人民以杂花、末香、烧香、涂香、衣服、璎珞、幢、幡、宝盖、伎乐、歌颂等来礼拜供养这座七宝妙塔。由此，又有无量众生得到阿罗汉果位，无量众生悟得辟支佛果位，还有不可思议多的众生发心求证无上菩提，终于达到不退转的境界。"

释迦牟尼佛告诉诸比丘说："在未来之世中，如果有善男子、善女人听闻《妙法莲华经》的提婆达多品，并心清意净，恭敬信受，毫不疑惑，这样的人将不会转生于地狱、饿鬼、畜生等恶道之中，必将转生于十方佛的面前，他们所转生的地方，也将常闻此经。如果这些人转生于人间或天上，他们就会享受各种殊胜而微妙的快乐。若转生于佛前，那将是由莲花而来化生，以九品莲花作为父母。"

【经文】

于时下方多宝世尊所从菩萨，名曰智积，白多宝佛："当还本土。"释迦牟尼佛告智积曰："善男子，且待须臾！此有菩萨名文殊师利，可与相见，论说妙法，可还本土。"尔时，文殊师利坐千叶莲花，大如车轮。俱来菩萨亦坐宝莲花。从于大海娑竭罗龙宫自然涌出，住虚空中，诣灵鹫山，从莲花下至于佛所，头面敬礼二世尊足。修敬已毕往智积所，共相慰问，却坐一面。智积菩萨问文殊师利："仁往龙宫，所化众生，其数几何？"文殊师利言："其数无量，不可称计，非口所宣，非心所测，且待须臾，自当证知。"言未竟，无数菩萨坐宝莲花，从海涌出，诣灵鹫山，住虚空中。此诸菩萨皆是文殊师利所化度，具菩萨行，皆共论说六波罗蜜。本声闻人在虚空中说声闻行,今皆修行大乘空义。文殊师利谓智积曰:"于海教化,其事如是。"

尔时,智积菩萨以偈赞曰:大智德勇健,化度无量众,今此诸大会,及见皆已见。演畅实相义,开阐一乘法,广导诸众生,令速成菩提。

【白话】

就在这个时候,来自下方的多宝佛的一位随从菩萨名叫智积,对多宝佛说:"我们该返回本土了。"释迦牟尼佛告诉智积菩萨说:"善男子,请稍等!这里有一位菩萨名叫文殊师利,你可和他见面,相互论说《妙法莲华经》的道理,然后再回去吧!"这时,文殊师利菩萨坐在一朵大如车轮的千叶宝莲之上,与他同来的其他菩萨也坐在宝莲花之上,他们从大海之中的娑竭罗龙宫自然涌出,浮在虚空之中,来到灵鹫山法华会场。他们从莲花上下来走到佛的面前,以自己的头面向两位世尊的双足敬礼。行此极敬大礼之后,他们又去智积菩萨之处,互相问候,退坐一旁。智积菩萨问文殊师利道:"仁者!你到龙宫去教化了多少众生呢?"文殊师利回答说:"我在那里所教化的众生无量无数,不可计算,非口所能说出,非心所能测量。暂且稍等一会儿,你将自我证知。"还没等文殊师利说完,有无量无数的菩萨坐在宝莲花之上,从大海之中涌现出来,直奔灵鹫山,个个都停浮在虚空中。这些菩萨都是文殊师利菩萨在大海龙宫之中教化出来的,他们个个具足菩萨之行,都在一起讨论大乘六种度脱法门。他们原本都是小乘声闻弟子,所以他们在虚空中宣说声闻的修行。可是,他们如今都已回小向大,修行大乘一切皆空的真如实相法义。文殊师利对智积说:"我在海中教化众生的情况,就是如此。"

这时，智积菩萨以偈语称赞道：

"尊敬的文殊菩萨，您不愧是一位具足大智慧、大功德、大勇猛、大殊胜的尊者，您教化度脱了无量无边的众生。现在，这法会中的一切众生以及其他能看见的众生都已看到了您的教化成果。您能畅演实相奥义，开示一乘妙法，广泛引导教化一切众生，令他们快速成就无上的菩提妙果。"

【经文】

文殊师利言："我于海中，惟常宣说妙法华经。"智积问文殊师利言："此经甚深微妙，诸经中宝，世所希有，颇有众生勤加精进，修行此经，速得佛不？"文殊师利言："有娑竭罗龙王女，年始八岁，智慧利根，善知众生诸根行业，得陀罗尼。诸佛所说甚深秘藏，悉能受持。深入禅定，了达诸法。于刹那顷发菩提心，得不退转，辩才无碍。慈念众生犹如赤子，功德具足。心念口演，微妙广大。慈悲仁让，志意和雅，能至菩提。"智积菩萨言："我见释迦如来，于无量劫难行苦行，积功累德，求菩提道，未曾止息。观三千大千世界，乃至无有如芥子许，非是菩萨舍身命处，为众生故，然后乃得成菩提道。不信此女于须臾顷便成正觉。"

言论未讫，时，龙王女忽现于前，头面礼敬，却住一面，以偈赞曰：深达罪福相，遍照于十方，微妙净法身，具相三十二，以八十种好，用庄严法身。天人所戴仰，龙神咸恭敬，一切众生类，无不宗奉者。又闻成菩提，唯佛当证知。我阐大乘教，度脱苦众生。

【白话】

文殊师利菩萨说:"我在大海之中,经常只宣说《妙法莲华经》。"智积菩萨问文殊师利道:"这部《妙法莲华经》极为深奥,极为微妙,是一切佛经中的珍宝,是整个世间最稀奇少有的东西。如果有众生依此经典勤奋、精进地修行,能不能很快证果成佛呢?"文殊师利说:"娑竭罗龙王有一位女儿,年方八岁,聪明伶俐,富有智慧。她了知众生的前因后果,得到十八种陀罗尼之法,对于诸佛所说的一切深奥玄秘的法藏都能信受持行。她还能深入禅定,了达诸法,在一刹那间,发心求证无上智慧,达到永不退转的境地,获得了圆融无碍的辩才。这位八岁的女子慈悲关怀一切众生,视一切众生犹如赤子。她具足了一切功德,心里念法,口中说法,所说之法既微妙又广大。她还具足慈悲仁让之心地,富有柔和雅善之意志。像龙王之女这样的众生必能速成菩提之道。"智积菩萨说:"我见释迦牟尼佛在无量劫以前,行难行的苦行,不停地积功累德以求菩提之道。看看这大千世界,甚至就是像芥子那么大的地方,无不是他为了众生而舍弃身命的处所。经过长期如此的修行,释迦牟尼才得以证成菩提之道。所以,我不相信这位龙女能在须臾间就立地成佛。"

文殊、智积二人的辩论尚未结束,这时,龙王之女忽然出现在眼前。她恭敬地顶礼膜拜诸佛菩萨,然后退坐一旁,以偈语赞颂道:

"如来佛深达明了一切众生的罪福果报,这种圣智的光明普照于十方无穷无尽的世界。如来佛微妙清净的法身,表现在外则具足三十二种非凡的大人之相。如来佛还以八十种细微身相来庄严自己的清净法身。所以,对于如来佛,所有的天神和人类都顶戴敬仰,所有的龙神也都恭敬备至,总之,无论是哪类众生,没有不宗奉如来佛的。我又听说证得菩提成就佛果的境界,只有佛才能证知。所以,我现在阐扬大乘教理,欲救度一切受苦受难的众生。"

【经文】

时,舍利弗语龙女言:"汝谓不久得无上道,是事难信。所以者何?女身垢秽,非是法器,云何能得无上菩提?佛道悬旷,经无量劫勤苦积行,具修诸度,然后乃成。又女人身犹有五障:一者不得作梵天王;二者帝释;三者魔王;四者转轮圣王;五者佛身。云何女身速得成佛?"尔时,龙女有一宝珠,价值三千大千世界,持以上佛。佛即受之。龙女谓智积菩萨:"尊者,舍利弗言我献宝珠,世尊纳受,是事疾否?"答言:"甚疾!"女言:"以汝神力观我成佛,复速于此。"

当时,众会皆见龙女忽然之间变成男子,具菩萨行,即往南方无垢世界,坐宝莲华,成等正觉,三十二相,八十种好,普为十方一切众生演说妙法。尔时,娑婆世界菩萨、声闻、天龙八部、人与非人皆遥见彼龙女成佛,普为时会人天说法,心大欢喜,悉遥敬礼。无量众生闻法解悟,得不退转。无量众生得受道记。无垢世界六反震动。娑婆世界三千众生住不退地,三千众生发菩提心而得受记。智积菩萨及舍利弗,一切众会,默然信受。

【白话】

这时,法会中的舍利弗尊者对龙女说:"你说自己不久当成就至高无上的佛道，这真令人难以置信。为什么呢？因为女身垢秽不净，不是成佛的法器，怎么会得到至高无上的佛智呢？何况成佛之道极其遥远广阔，只有经过无量无数之劫的勤苦修行，布施、持戒、忍辱、精进、禅定、般若等六度之行样样俱通，条条圆满，如此才可成就佛道。另外，女人之身还有五种障碍：一是不能作大梵王；二是不能作帝释；三是不能作魔王；四是不能作国王；五是不能成佛。如此说来，女身怎么会很快成佛呢？"这时，龙女将一颗价值大千世界那么宝贵的宝珠拿出呈献给佛，佛便接受了。龙女对智积菩萨说："尊者！从舍利弗发言到我献宝珠，世尊纳受，这是不是很快的呢？"智积菩萨回答说："是很快的。"龙女接着说："依你的威神之力来观察我的成佛，将比这还快！"

当此之时，法会中的大众都看见龙女忽然之间变成男子之身，并圆满具足了菩萨的一切行门，随即前往南方的无垢世界，端坐于宝莲花之上，成就了至高无上、惟佛具有的正觉，从而即身成佛，具足三十二种非凡身相和八十种细微妙相，为十方一切众生演说无上妙法。这时，身处这个娑婆世界中的菩萨、声闻、天龙八部神、人与非人等都远远看见这位龙女证果成佛，并普为当时法会中的人和天神说法，故而皆大欢喜，全都遥相敬礼。有无量众生听闻龙女说法而得理解开悟，达到不退转的境界，又有无量众生得受成佛之记。当时，无垢世界出现了震、吼、击、动、涌、起等六种震动。娑婆世界的三千众生得住不退转的果位，又有三千众生发心求证无上菩提而得受成佛之记。面对这种奇妙的景象，智积菩萨、舍利弗以及法会中的一切众生无不默然信受。

劝持品第十三

【经文】

尔时,药王菩萨摩诃萨及大乐说菩萨摩诃萨,与二万菩萨眷属俱,皆于佛前作是誓言:"惟愿世尊不以为虑,我等于佛灭后,当奉持、读诵、说此经典。后恶世众生,善根转少,多增上慢,贪利供养,增不善根,远离解脱。虽难可教化,我等当起大忍为,读诵此经,持说、书写、种种供养,不惜身命。"尔时众中五百阿罗汉得受记者白佛言:"世尊,我等亦自誓愿于异国土广说此经。"复有学、无学八千人得受记者,从座而起,合掌向佛,作是誓言:"世尊,我等当于他国土广说此经。所以者何?是娑婆国中,人多敝恶,怀增上慢,功德浅薄,瞋浊谄曲,心不实故。"

【白话】

这时,药王大菩萨和大乐说大菩萨与其两万菩萨眷属,一起来到释迦牟尼佛的面前,宣誓说:"惟愿世尊不要担心忧虑,我们在佛灭以后,当会奉持、读诵、讲说这部《妙法莲华经》。在以后的恶浊世界中的众生,善根逐渐转少,傲慢无知的人不断增多。他们贪图利益贪图供养，日益增加其不善之根，离成佛解脱越来越远。虽然这些众生很难教化，但我们仍将以巨大的忍耐之力，读诵此经，受持、讲说、书写此经，以种种供具供养此经，不惜捐弃自己的生身性命。"这时，大众中有五百位刚得受记的阿罗汉，他们对释迦牟尼佛说："世尊！我们五百罗汉也自我发誓在其他国土之中，广泛讲说这部《妙法莲华经》。"又有小乘有学位和无学位上的八千位刚得到受记的弟子，也从座位上站立起来，向佛合掌致礼，并发誓说："世尊！我们这些人将在其他国土广泛演说这部《妙法莲华经》。为什么呢？因为这个娑婆国土中的人，大多数性情邪恶，傲慢浮浅，功德浅薄，多恼好怒，污浊不净，谄媚折腰，虚伪奸诈，没有一点诚实之心。"

【经文】

尔时，佛姨母摩诃波阇波提比丘尼与学、无学比丘尼六千人俱，从座而起，一心合掌，瞻仰尊颜，目不暂舍。于时，世尊告憍昙弥："何故忧色而视如来，汝心将无谓我不说汝名，授阿耨多罗三藐三菩提记耶？憍昙弥，我先总说一切声闻，皆已授记。今汝欲知记者，将来之世，当于六万八千亿诸佛法中为大法师，及六千学、无学比丘尼俱为法师。汝如是渐渐具菩萨道，当得作佛，号一切众生喜见如来、应供、正遍知、明行足、善逝、世间解、无上士、调御丈夫、天人师、佛、世尊。憍昙弥，是一切众生喜见佛及六千菩萨，转次授记，得阿耨多罗三藐三菩提。"

尔时，罗睺罗母耶输陀罗比丘尼作是念："世尊于授记中，独不说我名。"佛告耶输陀罗："汝于来世百千万亿诸佛法中修菩萨行，为大法师，渐具佛道，于善国中当得作佛，号具足千万光相如来、应供、正遍知、明行足、善逝、世间解、无上士、调御丈夫、天人师、佛、世尊。佛寿无量阿僧祇劫。"

尔时，摩诃波阇波提比丘尼及耶输陀罗比丘尼并其眷属，皆大欢喜，得未曾有，即于佛前而说偈言：

世尊导师，安隐天人，我等闻记，心安具足。诸比丘尼说是偈已，白佛言："世尊，我等亦能于他方国土广宣此经。"

【白话】

这时，释迦牟尼佛的姨母摩诃波阇波提比丘尼和小乘初果、二果、三果等有学位和四果无学位上的比丘尼共六千人，从各自的座位上起来，一心一意合掌致礼，目不转睛地看着释迦牟尼佛的尊颜。这时，释迦牟尼世尊对他们当中的憍昙弥说："你为什么面带忧郁之色看着我呢？在你的心中是不是认为我没有说出你的名字，从而没有为你授无上圣智之记呢？憍昙弥，我一开始先总说一切声闻，他们都已得到我的授记了。现在你想知道自己的成佛之记吗？那我就告诉你。将来之世，你当在六万八千亿个佛的说法之中为大法师，还有这六千位有学位和无学位上的比丘尼与你一起都作为法师。如此经过在六万八千亿个佛那里供养侍奉、说法教化，你渐渐具足了菩萨之道，从而最终成佛，名号叫一切众生喜见如来，同时具足十号，即：应供、正遍知、明行足、善逝、世间解、无上士、调御丈夫、天人师、佛、世尊。憍昙弥，这位一切众生喜见如来和六千菩萨依次相互授记，依次获得至高无上的如来佛智。"

这时，罗睺罗的母亲、释迦牟尼佛未出家前的妻子耶输陀罗比丘尼，心中暗想："世尊对这么多的比丘、比丘尼授记，怎么就不提我的名字呢？"释迦牟尼佛告诉耶输陀罗说："你于来世，将在亿万个佛那里修持菩萨行，作为大法师，从而渐渐具足成佛之道，从而在善良国中即身作佛，佛号为具足千万光相如来，同时具足十号，即：应供、正遍知、明行足、善逝、世间解、无上士、调御丈夫、天人师、佛、世尊。该佛寿命无量阿僧祇劫。"

这时，摩诃波阇波提比丘尼和耶输陀罗比丘尼以及她们的眷属，都充满了巨大的欢喜，感受到从未有过的欣慰。她们便在佛前诵偈道：

"世尊啊！我们伟大的导师！您能使天上的众生和人间的众生得到安稳快乐。我们这些比丘尼大众听了您给我们的授记，心中充满了巨大的安慰。"

诸位比丘尼说完这道偈语之后，又对佛说："世尊，我们这些人也能在其他国土之中，广泛宣说这部《妙法莲华经》。"

【经文】

尔时，世尊视八十万亿那由他诸菩萨摩诃萨。是诸菩萨皆是阿惟越致，转不退法轮得诸陀罗尼。即从座起，至于佛前，一心合掌而作是念："若世尊告敕我等持说此经者，当如佛教，广宣斯法。"复作是念："佛今默然，不见告敕，我当云何？"时，诸菩萨敬顺佛意，并欲自满本愿，便于佛前作师子吼，而发誓言："世尊，我等于如来灭后，周旋往返十方世界，能令众生书写此经，受持读诵，解说其义，如法修行，正忆念，皆是佛之威力，惟愿世尊，在于他方，遥见守护。"即时，诸菩萨俱同发声而说偈言：惟愿不为虑，于佛灭度后，恐怖恶世中，我等当广说。有诸无智人，恶口骂詈等，及加刀杖者，我等皆当忍。恶世中比丘，邪智心谄曲，未得谓为得，我慢心充满。或有阿练若，衲衣在空闲，自谓行真道，轻贱人间者。贪著利养故，与白衣说法，为世所恭敬，如六通罗汉。是人怀恶心，常念世俗事，假名阿练若，好出我等过，而作如是言，此诸比丘等，为贪利养故，说外道论议，自作此经典，诳惑世间人，为求名闻故，分别于是经。常在大众中，欲毁我等故，向国王大臣，婆罗门居士，及余比丘众，诽谤说我恶，谓是邪见人，说外道议论。我等敬佛故，悉忍是诸恶。为斯所轻言，汝等皆是佛，如此轻慢言，皆当忍受之。浊劫恶世中，多有诸恐怖，恶鬼入其身，骂詈毁辱我。我等敬信佛，常著忍辱铠，为说是经故，忍此诸难事。我不爱身命，但惜无上道，我等于来世，护持佛所嘱。世尊自当知，浊世恶比丘，不知佛方便，随宜所说法，恶口而颦蹙，数数见摈出，远离于塔寺。如是等众恶，念佛告敕故，皆当忍是事。诸聚落城邑，其有求法者，我皆到其所，说佛所嘱法。我是世尊使，处众无所畏，我当善说法，愿佛安隐住。我于世尊前，诸来十方佛，发如是誓言，佛自知我心。

【白话】

这时，释迦牟尼佛又将目光注视到八十亿那由他那样多的大菩萨身上。这些菩萨都是位不退、念不退、行不退位上的大菩萨，他们转不退法轮，永无止息地讲经说法，获得各种陀罗尼神咒。这些大菩萨同时从各自的座位上站立起来，一起来到佛前，一心合掌致礼，心中这样想道："假若世尊命我们受持、讲说这部《妙法莲华经》，我们将一定遵从佛的教诲，广为一切众生宣讲这部大乘经典的微妙之法。"接着，他们又想："佛现在默然不语，未见下敕传旨，我们该怎么办呢？"当时，这些大菩萨们只好恭敬顺从佛的心意，并欲满足自己原本所发的大愿，于是，他们在佛前如狮子吼一样地发誓说："世尊，我们将在如来灭度之后，周旋往返于十方诸世界之内，使众生书写此经，受持、读诵此经，并解说其义理，然后再根据经义去修行和正确无误地回忆、背诵。所有这些都有赖于佛的威神之力，所以，但愿世尊在遥远的他方，大发慈悲，守护我们和一切众生。"接着，所有这些菩萨同时发声诵偈道：

"世尊啊，请您放心！在您灭度之后的恐怖邪恶之世中，我们将担负起说法的重任，为众生广泛宣讲这部甚深微妙的经典。如果遇到那些没有智慧的人，无论是恶口漫骂，还是刀棒相加，我们都应当忍受。恶世中的比丘，心怀邪智邪见，善于谄媚，缺乏坦诚。未得道时却自称已得，充满了自傲自大之心。有的修阿练若行的比丘，穿着百衲衣，身处空闲处，自认为是修行真道，轻视人间讲《法华经》的法师。他们贪图利益，为在家人说法，好像自己很受世人恭敬，犹如具足六种神通的罗汉一样。这类人怀着邪恶之心，总是关怀世俗的名利和争斗。他们打着修阿练若行的幌子，攻击我们有诸多过错，说什么：'这些比丘贪图利益而说外道观点。他们自己搞出这部《妙法莲华经》，以欺骗迷惑世人。为了求名，他们才分别讲说这部自作的经典。'这些恶性比丘总想在大众之中毁谤我们，所以，他们在国王、大臣、婆罗门、居士及其他比丘大众面前诽谤我们是邪见之人，说的是外道的理论。我们因为恭敬佛的缘故，全都忍受了这些恶意的攻击。可是，这些人又讽刺我们说：'你们都是佛。'这种轻慢的言语，我们都将忍受。在这五浊恶世之中，总会有各种各样的恐怖之事来扰乱我们的身心。恶鬼会附上人身而作祟，肆意漫骂毁辱我们。我们是敬信佛法之人，应当穿上忍辱的铠甲。为了宣说这部《妙法莲华经》，我们要忍受如此众多的困难。我们不爱惜自己的生命，但却爱惜无上的道法。我们大众将在未来世中，遵守佛的嘱咐，护持这部经典。世尊，您一定知道，浊世中的恶性比丘不知佛所说的方便法门乃是随顺众生之机宜而说的法。他们恶口毁谤，皱眉作态，常常把善性比丘摈出塔寺之外。像这样的各种恶事，我们念着佛的告敕，而当默默忍受，在所有的村落或城邑之中，只要有人求法，我们便会来到他的面前，演说佛所咐嘱的妙法。我们是世尊的使者，在任何大众之中都是毫无畏惧的。我们将不遗余力地认真说法，愿佛安安稳稳地住在常寂光净土中，不要再担心《法华经》的后世弘宣问题。我们在释迦牟尼世尊和来自十方的一切佛面前，发下如此誓言，佛自当知道我们的心愿。"

安乐行品第十四

【经文】

尔时，文殊师利法王子菩萨摩诃萨白佛言："世尊，是诸菩萨甚为希有，敬顺佛故，发大誓愿，于后恶世护持读说是法华经。世尊，菩萨摩诃萨于后恶世云何能说是经？"佛告文殊师利："若菩萨摩诃萨于后恶世欲说是经，当安住四法：一者安住菩萨行处及亲近处，能为众生演说是经。文殊师利，云何名菩萨摩诃萨处？若菩萨摩诃萨住忍辱地，柔和善顺而不猝暴，心亦不惊，又复于法无所行。而观诸法如实相，亦不行不分别，是名菩萨摩诃萨行处。云何名菩萨摩诃萨亲近处？菩萨摩诃萨不亲近国王、王子、大臣、官长，不亲近诸外道梵志尼犍子等，及造世俗文笔，赞咏外书，及路伽耶陀、逆路伽耶陀者，亦不亲近诸有凶戏，相叉相扑及那罗等种种变现之戏，又不亲近旃陀罗及畜猪羊鸡狗、畋猎渔捕、诸恶律仪。如是人等或时来者，则为说法，无所睎望。又不亲近求声闻比丘、比丘尼、优婆塞、优婆夷亦不问讯。若于房中，若经行处，若在讲堂中，不共住止。或时来者随宜说法，无所睎求。文殊师利，又菩萨摩诃萨不应于女人身取能生欲想相，而为说法亦不乐见。若入他家不与小女、处女、寡女等共语。亦复不近五种不男之人以为亲厚，不独入他家。若有因缘须独入时，但一心念佛。若为女人说法，不露齿笑，不现胸臆，乃至为法犹不亲厚，况复余事。不乐畜年少弟子、沙弥、小儿，亦不乐与同师。常好坐禅，在于闲处，修摄其心。文殊师利，是名初亲近处。复次，菩萨摩诃萨观一切法空，如实相不颠倒，不动不退不转。如虚空无所有性。一切语言道断，不生、不出、不起，无名、无相，实无所有，无量、无边、无碍、无障，但以因缘有，从颠倒生故说。常乐观如是法相，是名菩萨摩诃萨第二亲近处。"

【白话】

这时，佛法王子、大菩萨文殊师利对佛说："世尊，这些发大誓愿的菩萨是非常难得的。他们敬重顺从于佛，而发下了宏大誓愿，要在以后的五浊恶世中，护持、读诵、讲说这部《法华经》。世尊，这些菩萨、大菩萨们怎样才能在以后的五浊恶世之中讲说这部经典呢？"

佛告诉文殊师利说："如果这些菩萨、大菩萨们在以后的五浊恶世之中要讲说这部经典，应当安住于四种方法：首先，安住于菩萨修行的地方，和菩萨所亲近的境界，如此，才能讲说此经。文殊师利，什么叫菩萨、大菩萨的修行处所呢？如果菩萨、大菩萨从事忍辱修行，柔和善顺而不暴躁，内心平稳而不惊惧，同时对一切事物和现象都不执着，所以，行而不行，即不执着于修行之相，如此而观悟万事万物背后的真如实相，即本性空寂，无所分别的湛然清净之相，如此，行而不行，毫无分别，这就叫菩萨、大菩萨安乐之行。

"什么叫菩萨、大菩萨的亲近之处呢？菩萨、大菩萨不亲近国王、王子、大臣、长官，不亲近不属佛门的外道出家人如尼犍子等，不能编造低级趣味的世俗文学作品，不阅读赞咏外道的书籍以及教人造恶之论和背逆常理之论，不观看各种有暴力凶杀情节的戏剧以及相互打斗、力士角逐、魔术表演等，不亲近专门从事屠宰之业的旃陀罗以及畜养猪羊鸡狗和打猎捕鱼的人，不亲近以各种邪恶不善的法则为行为规范的人。诸如此类的人，如果他们有时也来听讲，那也可为他们说法，但不能存有希求或攀缘之心。此外，还不能亲近小乘四众，即小乘的比丘、比丘尼、男居士、女居士；就是见了面，也不能合十问候。如果在房屋内，在房屋外，在讲堂上，不与他们共处同行。若他们要求听法，那就为他们随缘说法，但不能存有希求和攀缘之心。

"文殊师利，另外，菩萨、大菩萨不能对女人之身产生欲望，不能出于对女人的欲望而为她们说法，也不能乐意见到女人。如果到了别人家中，不能与幼女、姑娘、寡妇等说话，也不能亲近五种似男非男之人，即生来无男根者、后天男根被除者、既妒忌男又妒忌女的人、男不男女不女的人、半月是男半月是女的人。对于这些人，不但不能亲近，而且更不能深交厚结。为了避免嫌疑，修菩萨行的菩萨、大菩萨们也不能单独一人到别人家去。如果确实因某事必须一个人到别人家中去时，就应一心念佛，不存杂念。如果为女人说法，则不能露齿而笑，不能袒胸露腹。像这样为了说法都不亲近深交，何况因为其他事情呢？菩萨、大菩萨还不能乐意收年少弟子，不乐意留下小沙弥和小孩子在自己身边，也不能乐意与小沙弥一同随师修习。应于平时爱好坐禅，尤其是在空闲寂静的地方坐禅修定，以消除心的散乱。

"文殊师利，以上所述就是菩萨、大菩萨的第一类亲近之处。

"其次，菩萨、大菩萨观悟到万事万物的空幻假有，就像这假有背后的真如实相一样清净自在，不颠倒妄想，不为外境所动，不退失正法、不受生死轮回，就像虚空一样，没有自在之本性，超言绝象，非任何概念所能表述，无所谓生，无所谓出，无所谓起，既无名称，也无外相，一无所有，但却无量无边，无障无碍。万事万物只是在一定条件下由诸多因素临时凑合而成的假相，人们不明白观悟实相的般若圣智，所以妄生执见，认为万事万物实有，并由此而给予各种虚妄不实的说明。经常乐于观察这种非实假有的法相，体悟法相背后的清净实相，这就是菩萨、大菩萨的第二种亲近之处。"

【经文】

尔时，世尊欲重宣此义而说偈言：若有菩萨，于后恶世，无怖畏心，欲说是经，应入行处，及亲近处。常离国王，及国王子，大臣官长，凶险戏者，及旃陀罗，外道梵志。亦不亲近，增上慢人，贪著小乘，三藏学者，破戒比丘，名字罗汉，及比丘尼，好戏笑者，深著五欲，求现灭度，诸优婆夷，皆勿亲近。若是人等，以好心来，到菩萨所，为闻佛道，菩萨则以，无所畏心，不怀睎望，而为说法。寡女处女，及诸不男，皆勿亲近，以为亲厚。亦莫亲近，屠儿魁脍，畋猎渔捕，为利杀害，贩肉自活，炫卖女色，如是之人，皆勿亲近。凶险相扑，种种嬉戏，诸淫女等，尽勿亲近。莫独屏处，为女说法，若说法时，毋得戏笑。入里乞食，将一比丘，若无比丘，一心念佛。是则名为，行处近处，以此二处，能安乐说。又复不行，上中下法，有为无为，实不实法，亦不分别，是男是女，不得诸法，不知不见，是则名为，菩萨行处。一切诸法，空无所有，无有常住，亦无起灭，是名智者，所亲近处。颠倒分别，诸法有无，是实非实，是生非生。在于闲处，修摄其心，安住不动，如须弥山。观一切法，皆无所有，犹如虚空，无有坚固，不生不出，不动不退，常住一相，是名近处。若有比丘，于我灭后，入是行处，及亲近处，说斯经时，无有怯弱。菩萨有时，入于静室，以正忆念，随义观法，从禅定起，为诸国王，王子臣民，婆罗门等，开化演畅，说斯经典，其心安稳，无有怯弱。文殊师利，是名菩萨，安住初法，能于后世，说法华经。

【白话】

这时，释迦牟尼佛为了重宣以上义理，便以偈颂格式说道：

"若有发大菩提心的菩萨，于将来的五浊恶世中，无恐怖畏惧之心，欲为众人演说这部法华经，就应该进入身所行之安乐处所以及应该亲近之处。要时常远离国王、王子、大臣、长官、作凶险演戏者、屠宰牲畜者及一切修外道之法的出家者，也不能亲近傲慢之人、贪著于小乘三藏经典而不发大乘心的人，不守戒律的比丘、冒名伪称的所谓罗汉以及好戏笑的比丘尼。对于那些深深贪著于色、声、香、味、触或财、色、名、食、睡五欲，只求今生今世获得灭度的女居士，也不能亲近。如果这类人以善意的求道之心来到菩萨的修行之所，欲听闻佛法，菩萨则应以无所畏惧之心，不怀任何贪求供养等企图，而为她们说法。

"寡妇、姑娘以及似男非男者，皆不能与之亲近或深交厚结。也不要亲近屠宰牲畜之人、狩猎捕鱼之人、为图私利而杀害众生之人或贩卖肉类为生之人，以及出卖色相的女人。以上这几类人都不要亲近。

"凶险搏斗之人、各种杂耍嬉戏之人以及各种淫乱之女,均不可亲近。不要在屏障背后单独为女人说法。若说法时,不得戏笑。进入市中乞食,应携另一比丘同行,若无比丘相伴,入他人家乞食时则应一心念佛。

"以上即是修行菩萨道者的行处和亲近处。安住于这两种处所,就可安稳快乐地为大众讲说《法华经》。

"另外,修行菩萨道者也不修行上中下法、有为法和无为法以及实法、不实法,也不分别是男是女。不认为自己真实得到了什么法,不知、不见一切法相,这就叫菩萨的修行处。一切事物和现象从本质上看都是空幻的,其内部并无永恒的主宰,所以,它们是不生不灭的。如此观悟万法,就是智者所应亲近的地方。不要为颠倒妄念所蒙蔽,人为地分别诸法的有与无、实与虚以及生与不生。应该在空闲幽静之处修习禅定,收摄心念,像须弥山一样安住不动。观悟万事万物空无所有,犹如虚空,没有坚固常存之自体。观悟清净之实相,不生不出,不动不退,经常住于这种微妙之实相,就叫做菩萨修行的亲近处。

"若有比丘在我灭度之后,进入如是菩萨修行的处所及菩萨亲近的处所,演说这部《法华经》时,没有怯弱,或者若有菩萨有时入于静室之中,以正念思考佛法之道理,然后从禅定中起来,为各位国王、王子、大臣、人民或婆罗门等开讲这部《法华经》,做到心中平稳安乐,无所畏惧。文殊师利啊,这就叫做菩萨安住于初步法门,他们若能如此修行,将来末法时,就能演说这部《法华经》。"

【经文】

"又,文殊师利,如来灭后于末法中欲说是经,应住安乐行。若口宣说若读经时,不乐说人及经典过。亦不轻慢诸余法师，不说他人好恶长短。于声闻人亦不称名说其过恶，亦不称名赞叹其美，又亦不生怨嫌之心。善修如是安乐心故，诸有听者不逆其意，有所难问不以小乘法答，但以大乘而为解说，令得一切种智。"

尔时，世尊欲重宣此义而说偈言：菩萨常乐，安隐说法，于清静地，而施床座，以油涂身，澡浴尘秽，著新净衣，内外俱净。安处法座，随问为说。若有比丘，及比丘尼，诸优婆塞，及优婆夷，国王王子，群臣士民，以微妙义，和颜为说。若有难问，随义而答。因缘譬喻，敷演分别，以是方便，皆使发心，渐渐增益，入于佛道。除懒惰意，及懈怠想，离诸忧恼，慈心说法。尽夜常说，无上道教，以诸因缘，无量譬喻，开示众生，咸令欢喜。衣服卧具，饮食医药，而于其中，无所睎望。但一心念，说法因缘，愿成佛道，令众亦尔，是则大利，安乐供养。我灭度后，若有比丘，能演说斯，妙法华经。心无嫉恚，诸恼障碍，亦无忧愁，及骂詈者，又无怖畏，加刀杖等，亦无摈出，安住忍故。智者如是，善修其心，能住安乐，如我上说。其人功德，千万亿劫，算数譬喻，说不能尽。

【白话】

释迦牟尼佛又对文殊师利菩萨说："文殊啊，我灭度之后，在末法时代中，修菩萨行的大菩萨们要演说这部《法华经》，就应住于上面所说的安乐行门。如果用口宣讲或读诵此经时，不要乐意诉说他人的过错或经典的过错，也不要轻慢其他各位法师，不要谈论他人之好恶与长短。对于声闻小乘之人，不能高傲无礼，直呼其名，诉说他们的过失，也不能赞叹他们如何的美。同时还不能产生怨恨、嫌弃之心。若能善修这种安乐之心性，那么，对于一切前来听法者，就不要违逆其来意。若对方有所质问，则勿以小乘佛法答之，而应以大乘之法为他们进行解说，令他们获得大乘神妙之智，即一切种智。"

这时，释迦牟尼佛为了重宣这种义理，便以偈颂格式说道："修行菩萨道的菩萨总是乐于安稳说法，为此，他们就应在清净之地安置床坐，以香油涂身，洗净一切尘秽，穿上新鲜洁净的衣服，里外皆十分清净，然后安安稳稳地坐在法座之上，随听法者之问而为他们讲说佛法。若遇到比丘、比丘尼、男居士、女居士、国王、王子、群臣、百姓，应该以微妙的佛法义理，和颜悦色地为之讲说。若有疑难和质问，应该随顺大乘义理而来答复，并以各种因缘与譬喻的方式，为他们敷演分析，借助于这种权宜之计，使他们发起大乘菩提之心，由此日益增长，最终成就无上的佛道。应该克服懒散之心及一切懈怠之情，远离一切忧愁与烦恼，以慈悲之心为众生演说大乘佛法。如此夜以继日地讲说无上道法，以各种因缘和譬喻的方便法门开示众生，使他们皆大欢喜，但绝不能因此而希望众生施行衣服、床具、饮食、医药的供养，只是一心一意地想着为众生随机说法的事情，想着自己如何成就佛道，如何令众生也成就佛道，如此，才是大利众生、安乐众生之清净供养。

"我灭度之后，若有比丘能演说这部《妙法莲华经》，内心没有嫉妒和瞋怒等各种烦恼障碍，对于责骂不担忧，对于刀杖之危不惧怕，相互忍耐，融洽共处。有智慧的人就应该这样去修炼其心，安住于如上所述的安乐行门。这种人的功德之大，即使千万年亿万年中以各种算法度量，以各种譬喻衡量，也是说不尽、道不完的。"

【经文】

"又，文殊师利，菩萨摩诃萨于后末世法欲灭时，受持、读诵斯经典者，无怀嫉妒谄诳之心，亦勿轻骂学佛道者，求其长短。若比丘、比丘尼、优婆塞、优婆夷，求声闻者、求辟支佛者、求菩萨道者，无得恼之，令其疑悔。语其人言，汝等去道甚远，终不能得一切种智，所以者何？汝是放逸之人，于道懈怠故。又亦不应戏论诸法，有所诤竞。当于一切众生起大悲想，于诸如来起慈父想，于诸菩萨起大师想，于十方诸大菩萨常应深心，恭敬礼拜。于一切众生平等说法，以顺法故，不多不少及至深受法者，亦不为多说。文殊师利，是菩萨摩诃萨于后末世法欲灭时，有成就是第三安乐行者，说是法时，无能恼乱，得好同学共读诵是经。亦得大众而来听受，听已能持，持已能诵，诵已能说，说已能书，若使人书，供养经卷，恭敬、尊重、赞叹。"

尔时，世尊欲重宣此义而说偈言：若欲说是经，当舍嫉恚慢，谄诳邪伪心，常修质直行，不轻蔑于人，亦不戏论法，不令他疑悔，云汝不得佛。是佛子说法，常柔和能忍，慈悲于一切，不生懈怠心。十方大菩萨，愍众故行道，应生恭敬心，是则我大师。于诸佛世尊，生无上父想，破于憍慢心，说法无障碍。第三法如是，智者应守护，一心安乐行，无量众所敬。

【白话】

释迦牟尼佛接着说："另外，文殊师利，菩萨、大菩萨在末法时代佛法将灭时，凡是能受持读诵这部经典者，都不能怀有嫉妒、谄媚、欺诳之心，也不能轻慢辱骂学习佛道的人，对他们吹毛求疵。无论是比丘、比丘尼、男居士、女居士，还是追求声闻乘、辟支佛乘和菩萨乘等三乘的人，都不能恼怒上述之人，使他们心有疑虑而后悔并生退转之心。例如，就不能这样对他们说：'你们这些人距离佛道还差得太远，永远也不可能获得无上神妙的一切种智。为什么呢？因为你们都是些放纵沉溺、安逸享乐的人，修行道法时会松懈和怠慢。'

"还有，就是不能对各种佛法随意妄论亵玩，彼此争执，各持异见。应当对一切众生怀有大悲之心，对于诸如来佛心想他们就像自己的慈父，对于诸菩萨要心想他们都是自己的大师，对于十方世界中的一切菩萨始终诚心恭敬，虔诚礼拜。对于一切众生要一视同仁、无所分别地讲说佛法，根据佛法的深浅与众生的根基，适时应机地说法，不该多说则不多说，不该少说则不少说，就是遇到深深敬信佛法的人，也不能不适宜地为他们多说佛法。

"文殊师利啊，这就是菩萨、大菩萨在未来末法时代佛法将灭时，所要成就的第三种安乐之行。若能如此，他们在讲说这部经典的妙法之时，心志就不会烦恼散乱，就能够获得同志同道合的人一同修学，大家一起读诵这部经典。同时，还能吸引大众前来听闻，听闻后接受，接受后读诵，读诵后还能为他人解说，除了解说外还能书写或请别人书写，与此同时便是把这部经典供养起来，并对其恭敬、尊重、赞颂。"

这时，释迦牟尼佛为了再次说明这种道理，便以偈颂格式说道："修行菩萨道的大菩萨，若想讲说这部经典时，应当舍弃嫉妒、瞋怒、轻慢、谄媚、欺诳等邪伪之心，经常修行质朴、直率的心性，不轻视他人，也不亵玩佛法。不要使他人对佛道产生疑惑后悔之心，说他们不可证成佛道。这些佛子们说法时，能常怀柔和之心地，常持忍辱之修行，以大慈大悲之胸怀对待一切众生，不生懈怠之心。十方的大菩萨因为怜悯众生之故而发心修行菩萨道，所以，对他们应生恭敬之心，视其为自己的大师。对于诸佛，则视其为无上慈悲的父亲，破除骄慢之心，从而毫无障碍地说法，这就是第三种安乐之行。有智慧的人坚持并护卫这种修行之法，一心一意地住于这种安乐之行，这样的大菩萨必然会得到无量众生的敬仰。"

【经文】

"又，文殊师利，菩萨摩诃萨于后末世法欲灭时，有持是法华经者，于在家出家人中生大慈悲心，于非菩萨人中生大悲心，应作是念：'如是之人，则为大失。如来方便随宜说法，不闻不知不觉，不问不信不解，其人虽不问不信不解是经，我得阿耨多罗三藐三菩提时，随在何地，以神通力、智慧力引之，令得住是法中。'文殊师利，是菩萨摩诃萨于如来灭后，有成就此第四法者，说是法时，无有过失，常为比丘、比丘尼、优婆塞、优婆夷、国王、王子、大臣、人民、婆罗门、居士等，供养、恭敬、尊重、赞叹。虚空诸天为听法故，亦常随侍，若住聚落、城邑、空闲林中，有人来欲难问者，诸天昼夜常为法故而卫护之，能令听者皆得欢喜。所以者何？此经是一切过去、未来、现在诸佛神力所护故。文殊师利，是法华经于无量劫中乃至名字不可得闻，何况得见、受持、读诵。文殊师利，譬如强力转轮圣王，欲以威势降伏诸国，而诸小王不顺其命，时转轮圣王起种种兵而往讨伐。王见兵众战有功者，即大欢喜，随功赏赐，或予田宅、聚落、城邑，或予衣服、严身之具，或予种种珍宝，金银、琉璃、砗磲、玛瑙、珊瑚、琥珀、象、马、车乘、奴婢、人民，惟髻中明珠不以予之。所以者何？独王顶上有此一珠，若以予之，王诸眷属必大惊怪。

【白话】

释迦牟尼佛又对文殊师利菩萨说："文殊啊，菩萨、大菩萨于将来的末法时代佛法将要灭亡之时，凡是奉行受持这部《法华经》的，对于佛门的居家弟子和出家弟子要生令其快乐的大慈之心，对于非佛门的其他人也要生救拔其苦的大悲之心，应该这样想：'这些尚未皈依佛门的人，他们真是损失惨重，如来为众生大开方便之门，根据不同众生之根机而随宜应机讲说妙法，可他们这些人竟不闻、不知、不觉、不问、不信、不解。这些人虽然不询问、不理解、不信从这部经典，但是，只要我们一旦证得至高无上的佛智慧，那么，不论我们在什么地方，我们都要运用神通之力和智慧之力，引导这些人悟入此经的神妙法义之中。'

"文殊师利，这就是菩萨或大菩萨在佛灭度后，所要成就的第四种安乐之行。若能这样，他们讲说此经妙法时，就不会产生过失，而且还会常常受到比丘、比丘尼、男居士、女居士、国王、王子、大臣、民众、婆罗门居士等的供养与恭敬、尊重和赞颂。空中的各位天神为了聆听这种妙法，也常会随行侍奉。如果在村落、城镇或寂静的山林中说法，有人前来质疑责难，诸位天神便会昼夜不离地守护在旁边，以不使佛法受损，并能使前来听法的人皆大欢喜。为什么呢？因为这部经典是过去、未来、现在三世之中一切如来佛的神力所保护的。

"文殊师利，这部《法华经》在无量无数的年代中，连其名字几乎都湮没无闻，更何况见到并受持、读诵此经的人，那就更为稀有了。文殊师利，譬如力量强大的国王，想以威武之势降伏各国，而各小国之王却不顺从其命令，这时，大王就诸兵齐发，前往讨伐。大王若发现众兵之中有战功的人，便会非常高兴，并根据其战功的大小而给予赏赐，如有的给予田园家宅、村庄、城镇等封邑，有的给予衣服或其他装饰之物，有的给予各种珍宝和金银、琉璃、砗磲、玛瑙、珊瑚、琥珀以及象、马、车乘和奴婢、属民。总之，什么都可拿出来赏赐，只有自己头上髻中的一颗明珠却从来不给别人。为什么呢？因为只有大王头上有这样的一颗明珠，如果把它拿来赏赐，大王的随从与部下一定会十分惊异。

【经文】

"文殊师利，如来亦复如是，以禅定智慧力得法国土，王于三界而诸魔王不肯顺伏。如来贤圣诸将与之共战，其有功者，心亦欢喜，于四众中为说诸经，令其心悦赐以禅定，解脱、无漏根力、诸法之财，又复赐予涅槃之城，言得灭度，引导其心令皆欢喜，而不为说是法华经。文殊师利，如转轮圣王见诸兵众有大功者，心甚欢喜，以此难信之珠久在髻中，不妄予人，而今予之。如来亦复如是，于三界中为大法王，以法教化一切众生，见贤圣军，与五阴鬼、烦恼魔、死魔共战，有大功勋，灭三毒，出三界，破魔网，尔时，如来亦大欢喜，此法华经能令众生至一切智，一切世间多怨难信，先所未说而今说之。文殊师利，此法华经是诸如来第一之说，于诸说中最为甚深，末后赐予，如彼强力之王久护明珠，今乃予之。文殊师利，此法华经，诸佛如来秘密之藏，于诸经中最在其上，长夜守护不妄宣说，始于今日乃予汝等而敷演之。

【白话】

"文殊师利,如来佛也是这样,他运用禅定和智慧的力量,获得了佛法国土,作为法王统领欲界、色界和无色界。但魔王并不肯顺从臣服,法王如来派各位贤圣将帅与魔王交战。若有谁从中立下战功,如来也会非常欢喜,于是便在比丘、比丘尼、男居士、女居士等四众弟子当中,讲说各种经典,使他们内心感到喜悦。通过讲经,赐予禅定之法、解脱之法及断尽烦恼的五根之力等各种佛法财宝,赐予涅槃之城,说他们获得了灭度解脱,引导其心,使之皆大欢喜。但是,如来佛就是没有为他们讲说这部《法华经》。

"文殊师利,譬如国王看见士兵立下大功勋,心中万分欢喜,那颗难以置信的珍贵明珠,即使久藏于自己的头髻之中,从不轻易地赠予他人,这时还是赏赐给了士兵。如来佛也是这样,他是欲界、色界、无色界等三界之中的大法王,以佛法教化三界之内的一切众生,看见自己手下的贤圣之军与色、受、想、行、识等五蕴之魔作战,与烦恼魔、死亡魔互战,取得了很大的功勋,消灭了贪欲、瞋怒、愚痴等三毒,超出了欲界、色界、无色界三界,冲破了魔王的罗网,这时,如来佛也会十分欢喜。这部《法华经》是一部能使众生获得无上之智的经典,所以,也是一部世人大多会抱怨其难以信奉的经典。如来佛先前从未说过,现在方为众生演说。文殊师利,这部《法华经》是所有如来佛的第一说法,是所有佛法中最深奥微妙的,所以,直到最后才赐予众生,就像力量强大的国王,长期守护着自己的明珠,到了最后才赐予士兵一样。文殊师利啊,这部《法华经》是所有如来佛的秘密宝藏,居于所有佛经之首。在漫漫长夜之中,如来佛小心守护,从不轻易宣说,直到今天,才向你们敷演讲说。"

【经文】

尔时,世尊欲重宣此义而说偈言:常行忍辱,哀悯一切,乃能演说,佛所赞经。后末世时,持此经者,于家出家,及非菩萨,应生慈悲,斯等不闻,不信是经,则为大失。我得佛道,以诸方便,为说此法,令住其中。譬如强力,转轮圣王,兵战有功,赏赐诸物,象马车乘,严身之具,及诸田宅,聚落城邑,或予衣服,种种珍宝,奴婢财物,欢喜赐予。如有勇健,能为难事,王解髻中,明珠赐之。如来亦尔,为诸法王,忍辱大力,智慧宝藏,以大慈悲,如法化世。见一切人,受诸苦恼,欲求解脱,与诸魔战。为是众生,说种种法,以大方便,说此诸经。既知众生,得其力已,末后乃为,说是法华,如王解髻,明珠予之。此经为尊,众经中上,我常守护,不妄开示,今正是时,为汝等说。

【白话】

这时,释迦牟尼佛想重宣这种义理,便以偈颂格式说:"修菩萨行的诸位菩萨或大菩萨应常行忍辱之法,哀悯一切众生,才能演说这部诸佛赞叹的经典。将来的末法时代,受持这部经典的人,对皈依佛门的在家和出家信众以及尚未皈依佛法的人,均应怀抱一片慈悲之情。那些不听闻、不信从这部经典的人,的确有很大的损失,将来我们一旦获得佛道,将以各种方便之法门,为他们讲说此经妙法,使他们也能沐浴于这种妙法之中。

"譬如力量强大的国王,对其士兵中作战有功者赏赐各种宝物,如象、马、车乘、装饰之物、田园家宅、村落、城镇,或衣服、各种珍宝、奴婢、财物等。假若有勇健之将,做了一般人所不能做的事，这时，国王便拿下自己头髻中的明珠，赐予这位健将。如来佛与国王一样，他是法中之王，具备忍辱等无畏之力和无尽的智慧宝藏。他以大慈大悲之胸怀，依法教化世间，看见一切众生遭受苦恼，欲求解脱，从而与诸魔作战，于是，佛便为这些众生赏赐种种妙法，先以方便法门，演说诸经之理，当得知众生已从中获得了力量，最后才为他们讲说这部《法华经》。就好像国王拿出自己头髻中的珍珠来赐予士兵，这部经典乃是至尊之经，众经中的无上之品，我长期以来谨慎守护，从不轻易开示，可如今正是时候，所以便为你们讲说。

【经文】

我灭度后，求佛道者，欲得安隐，演说斯经，应当亲近，如是四法。读是经者，常无忧恼，又无病痛，颜色鲜白，不生贫穷，卑贱丑陋。众生乐见，如慕贤圣，天诸童子，以为给使。刀杖不加，毒不能害，若人恶骂，口则闭塞。游行无畏，如师子王，智慧光明，如日之照。若于梦中，但见妙事。见诸如来，坐师子座。诸比丘众，围绕说法。又见龙神、阿修罗等，数如恒沙，恭敬合掌，自见其身，而为说法。又见诸佛，身相金色，放无量光，照于一切，以梵音声，演说诸法。佛为四众，说无上法，见身处中，合掌赞佛，闻法欢喜，而为供养，得陀罗尼，证不退智，佛知其心，深入佛道，即为授记，成最正觉。汝善男子，当于来世，得无量智，佛之大道，国土严净，广大无比，亦有四众，合掌听法。

又见自身，在山林中，修习善法，证诸宝相，深入禅定，见十方佛。诸佛身金色，百福相庄严，闻法为人说，常有是好梦。又梦作国王，舍宫殿眷属，及上妙五欲，行诣于道场。在菩提树下，而处师子座，求道过七日，得诸佛之智。成无上道已，起而转法轮，为四众说法，经千万亿劫，说无漏妙法，度无量众生。后当入涅槃，如烟尽灯灭。若后恶世中，说是第一法，是人得大利，如上诸功德。

【白话】

"我灭度之后，追求佛道的诸位菩萨、大菩萨，要想安安稳稳演说此经，就应当亲近如上所述的四种安乐之行。读诵此经的人，常无忧愁烦恼，没有各种病痛，红光满面，皮肤白嫩，不会成为贫穷、卑贱、丑陋的人，众生乐意见到，就好像思慕圣贤一样，天上的诸位童子也会听其使唤，刀杖不会加害其身，鸩毒不会为害其身。若有人想恶意诬骂时，却总是难开其口。外出行路之时，毫无畏惧，就好像狮子王一样。他的智慧之光，明遍法界，就像日光普照大地一样。

"如果在梦中遇到吉祥之境界，看见诸佛坐在狮子座上为众多环列周围的比丘说法；又看到龙神、阿修罗等各类天神如恒河沙一样众多，他们都恭恭敬敬地合掌致礼，而自己正在为他们说法；又看到诸佛，身现紫金色，放出无量光明，遍照大千世界，佛以清净的梵音，演说诸法，而当梦到佛如此向四众弟子说无上妙法时，也看到自己置身其中，合掌赞佛。

"听闻佛法之后，十分欢喜，便对佛进行供养，进而得到总持法门，证得不退之智。佛知其人之心业已深入佛道，便为其授予成就无上正觉的记莂，佛这样说：'你这位善男子，将于未来生中，获得无量智慧，证成佛道，你的佛国庄严清净，广大无比，其中也有四众弟子向你合掌礼拜，听你讲经说法。'还在梦中看到自己身处山林之中，修习善法，证得实相之境，在禅定中看见十方世界中的所有佛。诸佛身相呈金色，具足百福之相，十分庄严。听闻佛法之后又为他人讲解，就会时常做这样的好梦。还可梦见自己当了国王，舍弃了富丽堂皇的宫殿以及三宫六院的妃嫔，舍弃了世俗人间美妙的五欲享受，走到修行的道场，在菩提树下，坐于狮子座，修道历时七日，便证得诸佛之智。成就了这种至高无上的佛道之后，起来再转法轮，为四众弟子说法，经过亿万年，演说清净妙法，救度无量众生。然后将入涅槃，就好比烟尽灯灭一样。

"若在将来的五浊恶世中，有谁能演说这部至高无上的妙法，那么，此人必将获得大吉大利，犹如以上所述的各种功德。"

从地涌出品第十五

【经文】

尔时,他方国土诸来菩萨摩诃萨,过八恒河沙数,于大众中起,合掌作礼而白佛言:"世尊,若听我等于佛灭后,在此娑婆世界,勤加精进,护持、读诵、书写、供养是经典者,当于此土而广说之。"尔时,佛告诸菩萨摩诃萨众:"止!善男子,不需汝等护持此经。所以者何?我娑婆世界自有六万恒河沙等菩萨摩诃萨,一一菩萨,各有六万恒河沙眷属,是诸人等,能于我灭后护持、读诵、广说此经。"

佛说是时,娑婆世界三千大千国土,地皆震裂,而于其中有无量千万亿菩萨摩诃萨同时涌出。是诸菩萨身皆金色,三十二相,无量光明。光尽在此娑婆世界之下,此界虚空中住。是诸菩萨闻释迦牟尼佛所说音声,从下发来。一一菩萨皆是大众唱导之首,各将六万恒河沙眷属,况将五万、四万、三万、二万、一万恒河沙等眷属者,况复乃至一恒河沙、半恒河沙、四分之一乃至千万亿那由他分之一,况复千万亿那由他眷属,况复亿万眷属,况复千万、百万乃至一万,况复一千、一百乃至一十,况复将五、四、三、二、一弟子者,况复单己、乐远离行，如是等比无量无边，算数譬喻所不能知。

【白话】

这时，从其他国土来到法会上的菩萨、大菩萨，其数量已比八条恒河的沙粒总合之数还要多。他们在大众中站立起来，合掌致礼，对佛言道：

"世尊，请您允许我们在您灭度之后，在这个娑婆世界勤奋修行，精进不息，护持、读诵、书写、供养这部经典，并在这个国土上广泛演说此经法义。"这时，佛告诉诸位菩萨、大菩萨说："不必了吧！各位善男子，不需要你们来护持这部经典。为什么呢？因为我娑婆世界已经有六万恒河沙数那么多的菩萨、大菩萨，每一位菩萨又各有六万恒河沙数那么多的眷属，这些人能在我灭度之后，护持、读诵、广泛演说这部经典。"

释迦牟尼佛说此话时，娑婆世界的三千大千国土上，大地全都震动开裂了，从裂缝之中，同时涌出了无数千万亿的菩萨、大菩萨。这些菩萨，身皆金色，具足三十二种殊妙之相，身放无量光明。他们原先都住在这个娑婆世界的下边，即下方世界的虚空之中。这些菩萨听到释迦牟尼佛说法的音声，便从下面一涌而出，他们每一个人都是教化众生的导师，各自率领着自己的眷属，有的有六万恒河沙数那么多的眷属，有的有五万、四万、三万、二万或一万恒河沙数那么多的眷属，还有的则只率领了一恒河之沙数那么多的眷属，或者半条恒河之沙数、四分之一恒河之沙数、直至千万亿兆分之一恒河之沙数的眷属。还有一些菩萨的眷属有千万亿兆，亿万、千万、百万直至一万。另一些菩萨的眷属则只有一千、一百直至一十不等，还有的菩萨则只带了五个、四个、三个、两个或一个弟子。当然也有那些单身独行、乐于远离的菩萨，他们则没有眷属。总之，从地中涌出的菩萨及其眷属，无量无边，各种算数数之，各种譬喻譬之，都是不能知晓其数量之浩大的。

【经文】

是诸菩萨从地出已，各诣虚空七宝妙塔多宝如来，释迦牟尼佛所，到已向二世尊头面礼足，及至诸宝树下师子座上佛所，亦皆作礼，右绕三匝合掌恭敬，以诸菩萨种种赞法而以赞叹，住在一面欣乐瞻仰于世尊。是诸菩萨摩诃萨从初涌出，以诸菩萨种种赞法而赞于佛，如是时间经五十小劫。是时，释迦牟尼佛默然而坐，及诸四众亦皆默然五十小劫，佛神力故，令诸大众谓如半日。尔时，四众亦以佛神力故，见诸菩萨遍满无量百千万亿国土虚空。

是菩萨众中有四导师，一名上行、二名无边行、三名净行、四名安立行。是四菩萨于其众最为上首唱导之师，在大众前各共合掌，观释迦牟尼佛而问讯言："世尊，少病、少恼安乐行否？所应度者受教易否？不令世尊生疲劳耶？"尔时，四大菩萨而说偈言：世尊安乐，少病少恼，教化众生，得无疲倦。又诸众生，受化易否，不令世尊，生疲劳耶。

尔时，世尊于菩萨大众中而作是言："如是！如是！诸善男子，如来安乐，少病少恼，诸众生等易可化度，无有疲劳，所以者何？是诸众生世世已来，常受我化，亦于过去诸佛恭敬尊重，种种善根。此诸众生始见我身，闻我所说，即皆信受入如来慧。除先修习学小乘者,如是之人我今令得闻是经入于佛慧。"尔时,诸大菩萨而说偈言:善哉善哉!大雄世尊,诸众生等,易可化度。能问诸佛,甚深智慧,闻已信行,我等随喜。

于时,世尊赞叹上首诸大菩萨:"善哉!善哉!善男子,汝等能于如来发随喜心。"

【白话】

这些菩萨从地下涌出后,都到那虚空中的七宝妙塔处,即多宝如来和释迦牟尼佛的所在之处。抵达之后,他们便向两位如来佛顶礼膜拜,接着又到从十方而来的菩提宝树下的狮子座前,向坐在上面的诸佛一一作礼,右向绕佛三周,双手合掌,恭恭敬敬,用菩萨的各种赞叹之辞,赞叹如来佛。然后,退立一旁,欢喜欣悦地瞻仰着多宝如来和释迦牟尼佛这两位世尊。这些菩萨、大菩萨从初由地下涌出到以种种菩萨的赞叹之法赞叹如来佛,其间所经历的时间,达五十小劫之久。在此期间,释迦牟尼佛默默而坐,其他四众弟子也都默默无语。五十小劫那么漫长的时间,经过释迦牟尼佛神力的作用,使大家感到只有半天的时间。与此同时,四众弟子也借助于释迦牟尼佛的神力,看到诸菩萨遍布在无量百千万亿国土的虚空之中。

在所有的菩萨众当中,有四位导师:第一位名叫上行,第二位名叫无边行,第三位名叫净行,第四位名叫安立行。这四位菩萨是所有菩萨大众中的上首菩萨,是化导众生的导师。他们在大众面前,一起合掌致礼,看着释迦牟尼佛,向佛问候说:"世尊啊,您没有病痛,没有烦恼吧?您身心安稳快乐吧?所应该度化的众生都容易接受教法吧?他们没有使世尊感到疲劳吧?"

接着，四大菩萨又用偈颂格式问安道："世尊啊，您很安乐吧？没有疾病、烦恼吧？教化众生辛苦吧？诸位众生接受您的教化还容易吧，他们没有使您感到疲劳吧？"

这时，释迦牟尼佛在大众之中说道："是这样！是这样！各位善男子，如来我很安乐，无病无忧，所有众生也很容易教化，所以我并不感觉到疲劳。为什么呢？因为所有这些众生，他们生生世世，一直到今世以来，时常接受我的教化，同时，他们在过去的诸佛面前恭敬皈信，尊重礼佛，从而种下了许多善根。所以，这些众生一开始见到我的身相，听到我的说法，便立即信从接受，从而证入如来的无上圣智，除非那些原先修习小乘的众生。不过，对于这些众生，我现在也要让他们听闻这部经典，以便证入佛的智慧。"

这时，诸位大菩萨又以偈颂格式说道："善哉！善哉！佛啊，您是伟大的圣雄，世间最尊贵者非您莫属。诸众生在您的神力加庇下，变得容易教化，从而使他们有幸听到诸佛深妙的智慧，并在听闻之后信受奉行。我们这些菩萨对此非常高兴，也愿随喜这种功德。"

当此之时，释迦牟尼佛赞扬这几位大菩萨说："善哉！善哉！各位善男子，你们大家能在如来面前发随喜之心，真是难能可贵啊！"

【经文】

尔时，弥勒菩萨及八千恒河沙诸菩萨众，皆作是念："我等从昔已来，不见不闻如是大菩萨摩诃萨众，从地涌出，住世尊前，合掌供养，问讯如来"。时，弥勒菩萨摩诃萨知八千恒河沙诸菩萨等，心之所念，并欲自决所疑，合掌向佛，以偈问曰：无量千万亿，大众诸菩萨，昔所未曾见，愿两足尊说，是从何所来，以何因缘集。巨身大神通，智慧叵思议，其志念坚固，有大忍辱力，众生所乐见，为从何所来。一一诸菩萨，所将诸眷属，其数无有量，如恒河沙等。或有大菩萨，将六万恒沙，如是诸大众，一心求佛道。是诸大师等，六万恒河沙，俱来供养佛，及护持是经。将五万恒沙，其数过于是。四万及三万，二万至一万，一千一百等，乃至一恒沙，半及三四分，亿万分之一，千万那由他，万亿诸弟子，乃至于半亿，其数复过上。百万至一万，一千及一百，五十与一十，及至三二一，单己无眷属，乐于独处者，俱来至佛所，其数转过上。

如是诸大众，若人行筹数，过于恒沙劫，犹不能尽知，是诸大威德，精进菩萨众，谁为其说法，教化而成就。从谁初发心，称扬何佛法。受持行谁经，修习何佛道。如是诸菩萨，神通大智力，四方地震裂，皆从中涌出。我于此众中，乃不识一人，忽然从地出，愿说其因缘。今此之大会，无量百千亿。是诸菩萨等，皆欲知此事，是诸菩萨众，本末之因缘，无量德世尊，惟愿决众疑。

【白话】

这时，弥勒菩萨和八千恒河沙数那么多的菩萨都这么想："我们从往昔以来，从来没有见到，也没听说过这么多的大菩萨从地下涌出，一下子都站在世尊面前，合掌致礼，恭敬供养，并向如来问候请安。"这时，弥勒这位菩萨中的大菩萨，已晓得了八千恒河沙数那么多的菩萨，他们心中所怀疑的问题，并且他自己也想解决这些疑问。因此，弥勒菩萨便双手合掌，向佛致礼，以偈颂格式问道：

"从地下涌出的无量大菩萨有千万亿那么多，我们过去从未见到过，愿福慧具足的世尊为我们讲一讲，他们到底是从什么地方来的？到底以什么因缘而聚集在此法会当中？他们皆现巨身，有很大的神通之力，所具备的智慧更是不可思议。他们的心志与信念十分坚固，具有很大的忍辱之力。众生都很乐意见到他们，但却不知他们从何而来。另外，每一位菩萨所率领的眷属，其数没有限量，如像恒河沙数那么多。其中有的大菩萨率领着六万恒河沙数那么多的弟子。这些大众皆是一心一意地追求佛道。这些六万恒河沙数那么多的菩萨大师们一同来供养佛，又发愿护持这部《法华经》。有的大菩萨率领着五万恒河沙甚至更多的眷属，有的大菩萨所率领的眷属则有四万、三万、二万、一万、一千、一百一直到一条恒河沙或半条、三分之一条、四分之一条直至亿万分之一条恒河沙数那么多，有的菩萨的眷属则是千万亿兆，亿万直到半亿或更多一些的弟子。还有的菩萨，其眷属有一百万直至一万、一千、一百、五十、一十再到三、二、一个，相互不等。有的大菩萨则单独一人，没有眷属，因为他们乐于独处，不愿收徒弟。现在，这些菩萨也都来到释迦牟尼佛的道场中。以上所说的菩萨之数量，假使有人设法计算，就是经过恒河沙数那么多年代，也不能完全知道他们的数目。

"这些具有大威德、精进修行的菩萨众，最初是谁为他们说法，教化他们而得成就如此功德的呢？他们是从谁发心修道的？他们称扬何种佛法？受持奉行哪一部经典？修习何种佛道？这些菩萨神通广大，神智无边，弄得四方大地震裂，他们从中全都一涌而出。世尊啊！我从昔来，从未见到这种事情，愿您为我们说说他们从何而来以及他们所在国土的名号。我经常游历诸国，可从未见到过这些菩萨大众，他们当中，我连一人也不认识，如今忽然便从地下涌出，请求世尊为我们说说其中的因缘。在今天的大法会之中，有无量百千亿个菩萨都想知道这件事情。所以，敬祈具有无量功德的世尊讲释这些菩萨的来龙去脉，以消除众人的疑惑。"

【经文】

尔时，释迦牟尼分身诸佛，从无量千万亿他方国土来者，在于八方诸宝树下师子座上，结跏趺坐。其佛侍者，各各见是菩萨大众，于三千大千世界，四方从地涌出，住于虚空。各白其佛言："世尊，此诸无量无边阿僧祇菩萨大众，从何所来？"

尔时，诸佛各告侍者："诸善男子且待须臾，有菩萨摩诃萨名曰弥勒，释迦牟尼佛之所授记，次后作佛，已问斯事，佛今答之，汝等自当因是得闻。"尔时，释迦牟尼佛告弥勒菩萨："善哉！善哉！阿逸多乃能问佛如是大事。汝等当共一心，被精进铠，发坚固意，如来今欲显发宣示诸佛智慧，诸佛自在神通之力，诸佛师子奋迅之力，诸佛威猛大势之力。"

尔时，世尊欲重宣此义而说偈言：当精进一心，我欲说此事，勿得有疑悔，佛智叵思议。汝今出信力，住于忍善中，昔所未闻法，今皆当得闻。我今安慰汝，勿得怀疑惧，佛无不实语，智慧不可量。所得第一法，甚深叵分别，如是今当说，汝等一心听。

【白话】

这时,释迦牟尼佛的各种化身佛,从他方无量无数的国土中来到法会现场,他们在遍布八方的各种宝树下的狮子座上,结跏趺坐。这些佛的侍者,也都见到了上述菩萨大众在大千世界的四方从地下涌出并住于虚空的情景,于是,他们各自对其所侍奉的佛说:"世尊,这些无量无数的菩萨大众到底从何而来?"

这时,释迦牟尼佛分身的诸佛各自告诉他们的侍从说:"各位善男子,请稍等片刻,有位菩萨中的大菩萨,名叫弥勒,是释迦牟尼佛业已授记将随其之后作佛的菩萨,他已提出了这个问题,释迦牟尼佛现在就要答复他,你们自当因此而听到佛的解释。"

此时,释迦牟尼佛告诉弥勒菩萨说:"善哉!善哉!阿逸多啊,你能问佛这样大的问题,你们大家应当共同一心,披上精进的铠甲,立下坚强的意志,如来今天要显示宣说诸佛的无上智慧,以及诸佛的自在神通之力,诸佛狮子般的奋迅之力,还有诸佛的威猛大势之力。"

这时,释迦牟尼佛想重申此义,便又以偈颂格式说道:"诸位应当勇猛精进,专一其心,我将要说明此事,你们切勿有什么怀疑。佛的智慧是玄妙而不可思议的。你们现在都拿出了信心和力量,修习忍辱之行,滋养诸善之根,过去,你们没有听过这种佛法,今天,你们就要听到了。

我现在安慰你们,不要心怀疑惑和恐惧,佛所说的法,真实不虚,佛的智慧,不可称量。佛所获证的第一妙法,犹如大海,深不可测。这些,我现在就要给你们讲说,你们应当专心致志地来听。"

【经文】

尔时,世尊说此偈已,告弥勒菩萨:"我今于此大众,宣告汝等，阿逸多，是诸大菩萨摩诃萨，无量无数阿僧祇，从地涌出，汝等昔所未见者，我于是娑婆世界得阿耨多罗三藐三菩提已，教化示导是诸菩萨，调伏其心，令发道意。此诸菩萨皆于是娑婆世界之下此界虚空中住。于诸经典，读诵通利，思惟分别正忆念。阿逸多，是诸善男子等，不乐在众，多有所说，常乐静处，勤行精进，未曾休息。亦不依止人天而住。常乐深智，无有障碍，亦常乐于诸佛之法，一心精进，求无上慧。"

尔时，世尊欲重宣此义而说偈言：阿逸汝当知，是诸大菩萨，从无数劫来，修习佛智慧，悉是我所化，令发大道心。此等是我子，依止是世界，常行头陀事，志乐于静处，舍大众愦闹，不乐多所说。如是诸子等，学习我道法，昼夜常精进，为求佛道故，在娑婆世界，下方空中住，志念力坚固，常勤求智慧，说种种妙法，其心无所畏，我于伽耶城，菩提树下坐，得成最正觉，转无上法轮。尔乃教化之，令初发道心，今皆住不退，悉当得成佛。我今说实语，汝等一心信，我从久远来，教化是等众。

【白话】

释迦牟尼佛说完如上偈语之后，告诉弥勒菩萨说："我现在就对你们这些参加今天法华盛会的所有大众宣告。阿逸多啊，这些无量无数的大菩萨，从地下一涌而出，你们大家在往昔的时候从未见过。我在这个娑婆世界，证得至高无上的圣智之后，成为这个世界的教主佛陀，我教化、指导这些菩萨，调伏其心，使他们发下了求证无上妙道的誓愿。这些菩萨都居住在娑婆世界的下方，即十方世界中的下方世界的虚空中，他们对于一切佛经，或读或诵，非常流利，并在此基础上，认真思索分析，正确地记忆和回味。阿逸多啊，这些善男子们不喜欢在大众喧嚣的地方有所多说，而乐于在清幽寂静的地方精进修行，一刻不息。他们既不住于天上，也不住于人间，他们总是喜欢深奥的智慧，没有任何障碍。对于诸佛之法，他们也爱不暂舍，一心一意地修习，精进不息，以求获证至高无上的智慧。"

这时，释迦牟尼佛为了重宣此义，便以偈语形式说道："阿逸多啊，你们应当知道，这些大菩萨早从远古时代以来，就一直修习佛的智慧。他们都是经过我的教化而发下了上求佛道的大愿。他们就像我的儿子一样，总是离不开这个世界。他们常修苦行，安于寂静，远离大众的昏昧与吵闹，沉默寡言，一心修道。这些弟子为了求证无上的佛道，昼夜六时，精进不息地学习我的道法。他们住在这个娑婆世界的下方虚空中，意志和信念十分坚强，恒常勤求佛的智慧，演说种种微妙之法，内心没有任何畏惧。我在摩揭陀国伽耶城的一棵菩提树下静坐，证得至高无上的圣智，成为如来佛，此后开始转无上法轮，弘扬佛法，那时，我便教化这些人，使他们发下了求证佛道的誓愿。如今，他们都达到了不再退转的修行阶位，未来都将证成佛果。我今天所说的都是真实之语，你们应当专一其心，相信我从久远以来就一直教化这些菩萨大众。"

【经文】

尔时，弥勒菩萨摩诃萨及无数诸菩萨等，心生疑惑，怪未曾有，而作是念：云何世尊于少时间，教化如是无量无边阿僧祇诸大菩萨，令住阿耨多罗三藐三菩提。即白佛言："世尊，如来为太子时，出于释宫，去伽耶城不远，坐于道场，得成阿耨多罗三藐三菩提,从是已来,始过四十余年,世尊,云何于此少时大作佛事,以佛势力,以佛功德教化如是无量大菩萨众,当成阿耨多罗三藐三菩提。世尊,此大菩萨众,假使有人,于千万亿劫数不能尽,不得其边,斯等久远已来,于无量无边诸佛所,植诸善根成就菩萨道,常修梵行。世尊。如此之事,世所难信。譬如有人色美发黑,年二十五,指百岁人,言是我子。其百岁人亦指少年,言是我父,生育我等。是事难信。佛亦如是,得道已来,其实未久,而此大众诸菩萨等已于无量千万亿劫,为佛道故,勤行精进,善入、出、住无量百千万亿三昧,得大神通,久修梵行,善能次第习诸善法,巧于问答,人中之宝,一切世间,甚为希有。今日世尊方云得佛道时,初令发心,教化示导,令向阿耨多罗三藐三菩提。世尊得佛未久,乃能作此大功德事。我等虽复信佛随宜所说,佛所出言未曾虚妄,佛所知者,皆悉通达,然诸新发意菩萨,于佛灭后若闻是语,或不信受而起破法罪业因缘。唯然,世尊,愿为解说,除我等疑,及未来世诸善男子闻此事已,亦不生疑。"

【白话】

这时,大菩萨弥勒和无数菩萨听了释迦牟尼佛的话,内心产生了疑惑,觉得很奇怪,怎么从未听说过,他们在想,为什么世尊能在如此短的时间内教化这样多的菩萨,使他们都证得了至高无上的圣智?于是,弥勒菩萨对佛说:"世尊,您当年作为迦毗罗卫国净饭王的太子时,为求解脱之道,走出释家的王宫,在距离菩提伽耶城不远的地方，坐在菩提树下的道场中，证得至高无上的圣智。从那时以来，到现在只不过四十多年。世尊，您怎么能在如此短的时间里，大作佛事，运用佛的势力、佛的功德，教化如此无量无数的菩萨，并使他们有把握在将来也证成至高无上的圣智呢？世尊，这些菩萨的数量之多，即使有人在亿万年中一直去数，也是数不完的。这些菩萨从很久以来，在无数个佛世界中，种下了许多善根，成就了菩萨之道，不停地清净修行。世尊，这等事情，世人难以置信。譬如有人，他的面貌佼好，头发乌黑，年纪二十五岁，竟指着一位业已百岁的老人说：'你是我的儿子。'那位百岁老人也指着这位年轻人说：'你是生我养我的父亲。'像这样的事情，简直太难以置信了。佛也是这样，自从您证成佛果以来，时间的确并不太长，但这些菩萨大众已在无量千万亿年以前，为了求证佛道而精勤修行，他们善于入定，善于出定，也善于住于定中，对于各种各样的定，甚至亿万种定，都是这样。他们获得了巨大的神通，长期修清净行的法门，善于依次修习各种善法，又善于巧妙地回答所问的问题。他们不愧是人类之中最尊贵的菩萨，在任何世界之中都是极其少有的。今天，世尊却说您在证成佛道之后，才使他们发菩提之心，教化示导他们趋向于无上圣智。然世尊证得佛果的时间并不算久，竟能做出如此具有巨大功德的事情。我们虽然相信佛根据众生根机而随宜所说的佛法，我们知道，佛所说的话从来都是真实不虚的，佛所知晓的事情绝对是通达无误的。但是我们担心将来初发菩提心的菩萨，在佛灭度之后，若是听到这种说法，会有人不相信，不接受，从而生破坏佛法这种罪业的因缘。正因为如此，请世尊您为我们作进一步解释，以消除我们的疑惑，也好让未来之世的各位善男子在听闻此事之后而不会产生疑惑。"

【经文】

尔时,弥勒菩萨欲重宣此义而说偈言:佛昔从释种,出家近伽耶,坐于菩提树,尔来尚未久。此诸佛子等,其数不可量,久已行佛道,住于神通力,善学菩萨道,不染世间法,如莲华在水,从地而涌出,皆起恭敬心,住于世尊前。是事难思议,云何而可信,佛得道甚近,所成就甚多,愿为除众疑,如实分别说。譬如少壮人,年始二十五,示人百岁子,发白而面皱,是等我所生,子亦说是父,父少而子老,举世所不信。世尊亦如是,得道来甚近。是诸菩萨等,志固无怯弱,从无量劫来,而行菩萨道,巧于难问答,其心无所畏,忍辱心决定,端正有威德,十方佛所赞,善能分别说,不乐在人众,常好在禅定,为求佛道故,于下空中住。我等从佛闻,于此事无疑,愿佛为未来,演说令开解。若有于此经,生疑不信者,即当堕恶道。愿今为解说,是无量菩萨,云何于少时,教化令发心,而住不退地。

【白话】

这时,弥勒菩萨为了重申其义,又以偈颂格式说道:"佛昔日从释迦种族出生,后来出家来到伽耶城附近,坐于菩提树下开悟成佛,从那时至今,时间并不长久。再看这些佛弟子,他们的数量多得难以称计,很久很久以来,这些人就已修行佛道,拥有巨大的神通之力,善于修学菩萨道,不受世俗的污染,就好像出水芙蓉一样清净。现在,他们从地下涌出,站在佛的面前,无不心怀恭敬。这等事情更是不可思议,难以置信。因为,佛得道的时间很近,而此间所成就的众生又如此众多。请您为我们如实而分别地解释其中缘故,以消除众人的疑惑。我再举一个例子,譬如有个年少力壮的人,年纪刚刚25岁,可他却指着一位百岁老人,说是他的儿子。这位老人已是鬓发花白,满面皱纹。年轻人却说他是自己亲生儿子,而那个老人也说,年轻人就是自己的父亲。这等父少子老的事情,全世界的人都不会相信的。世尊也是如此,得道成佛以来并没有多少时间,而这些菩萨,志向坚强,毫不怯弱,他们从很久以前,就修行菩萨道,善巧答问,心无畏惧,忍辱顽强,相貌端正,道德高尚,受到过十方诸佛的称赞。他们善于分别说一切法,平时不喜欢在闹市人群中周游,而喜欢坐禅入定,为了求得佛道,他们居住于下方世界的空中。我们亲耳听佛讲说,对此事不应怀疑,但为了使未来的众生对此能够理解,请佛演说其中的道理。假使有人对《法华经》产生怀疑而不相信,那么这些人就会堕于三种恶道之中,所以,还请世尊大发慈悲,对《法华经》中的这一说法进行解说。也就是说,这些无量无数的菩萨,为什么会在很短的时间内得到您的教化,以至发下求佛道的誓愿,从而达到了不退转的修行阶位。"

如来寿量品第十六

【经文】

尔时,佛告诸菩萨及一切大众:"诸善男子,汝等当信解如来诚谛之语。"复告大众:"汝等当信解如来诚谛之语。"又复告诸大众:"汝等当信解如来诚谛之语。"是时,菩萨大众弥勒为首,合掌白佛言:"世尊,惟愿说之,我等当信受佛语。"如是三白已,复言:"惟愿说之,我等当信受佛语。"尔时,世尊知诸菩萨三请不止,而告之言:"汝等谛听,如来秘密神通之力,一切世间天、人及阿修罗皆谓今释迦牟尼佛出释氏宫,去伽耶城不远,坐于道场,得阿耨多罗三藐三菩提。然善男子,我实成佛已来,无量无边百千万亿那由他劫。譬如五百千万亿那由他阿僧祇三千大千世界,假使有人抹为微尘,过于东方五百千万亿那由他阿僧祇国,乃下一尘,如是东行,尽是微尘,诸善男子,于意云何?是诸世界可得思惟、校计、知其数否?"

弥勒菩萨等俱白佛言:"世尊,是诸世界无量无边,非算数所知,亦非心力所及,一切声闻、辟支佛,以无漏智,不能思惟,知其限数,我等住阿跋地,于是事中亦所不达。世尊,如是诸世界无量无边。"

尔时,佛告大菩萨众:"诸善男子,今当分明宣语汝等,是诸世界,若著微尘及不著者,尽以为尘,一尘一劫。我成佛已来,复过于此百千万亿那由他阿僧祇劫。自从是来,我常在此娑婆世界说法教化,亦于余处百千万亿那由他阿僧祇国,导利众生。

【白话】

这时,释迦牟尼佛告诉诸位菩萨和法会上的所有其他听众说:"各位善男子,你们应当相信和理解如来佛的真理之语。"接着佛又告诉大众说:"你们应当相信和理解如来佛的真理之语。"此后,佛又第三次告诉大众说:"你们应当相信和理解如来佛的真理之语。"这时,菩萨大众以弥勒为首,恭敬合掌,对佛言道:"世尊,请您开讲吧,我们一定相信、接受佛所说的一切。"这样说了三次,佛仍是默默不语,弥勒菩萨又说:"请您开讲吧,我们一定相信、接受您所说的一切。"

这时,释迦牟尼佛见诸菩萨三次请法而不止,就对他们说:"你们都仔细听着,如来佛有秘密的神通之力。一切世间的天神、人类和阿修罗都认为,现在的这位释迦牟尼佛,从释迦族的王宫中出走,在离伽耶城不远的地方,坐于菩提树下的道场中,证得了至高无上的圣智而成佛。但是,善男子们,实际上我自成佛以来,已过了无量无边百千万亿兆劫的时间。举个例子来说,譬如有五百千万亿兆阿僧祇数那么多的大千世界,假使有人将这么多的世界全部磨碎为微尘,然后又拿着这些微尘一直向东走,经过五百千万亿兆阿僧祇数那么多的国家,便扔下一粒微尘,这样一直向东走。直到把这些微尘扔完。诸位善男子,在你们看来,这下所涉及的世界究竟有多少？能用思惟、算数得知其数目吗？"

弥勒等众菩萨同时对佛说："世尊，这些世界无量无边，既非算数所知，也非心力所及。一切声闻乘和缘觉乘的修行者，以其断尽烦恼的清净智来思惟，也不能知道这些世界的最终数目。我们这些菩萨乘的修行者虽然已达到了不退转的阶位，但对这些世界的数目也是不能了达的。世尊，这些世界的确是无量无边啊！"

这时，释迦牟尼佛告诉诸位菩萨说："各位善男子，我现在应当对你们明确宣示，所有这些世界，不论它投有一粒微尘，还是未投有一粒微尘，全都粉为微尘，假若一粒微尘代表一劫那么长的时间，那么，我自成佛以来所经过的时间，已经超过这个数目百千万亿兆阿僧祇劫。自从那个时候以来，我常在这个娑婆世界说法教化，也曾在其他百千万亿兆阿僧祇数那么多的国土内教导、利益众生。

【经文】

"诸善男子，于是中间我说然灯佛等，又复言其入于涅槃，如是皆以方便分别。诸善男子，若有众生来至我所，我以佛眼观其信等诸根利钝，随所应度，处处自说，名字不同，年纪大小，亦复现言当入涅槃，又以种种方便说微妙法，能令众生发欢喜心。诸善男子，如来见诸众生乐于小法，德薄垢重者，为是人说：'我少出家，得阿耨多罗三藐三菩提。'然我实成佛已来，久远若斯，但以方便教化众生，令入佛道，作如是说。

"诸善男子，如来所演经典，皆为度脱众生。或说己身，或说他身；或示己身，或示他身；或示己事，或示他事。诸所言说，皆实不虚。所以者何？如来实见三界之相，无有生死，若退若出，亦无在世及灭度者，非实非虚，非如非异，不如三界，见于三界，如斯之事，如来明见，无有错谬。以诸众生有种种性、种种欲、种种行、种种忆想，分别故，欲令生诸善根，以若干因缘、譬喻、言辞，种种说法。所作佛事，未曾暂废。如是，我成佛已来甚大久远，寿命无量阿僧祇劫，常住不灭。诸善男子，我本行菩萨道，所成寿命，今犹未尽，复倍上数。然今非实灭度，而便唱言，当取灭度。如来以是方便教化众生。

"所以者何？若佛久住于世，薄德之人，不种善根。贫穷下贱，贪著五欲，入于忆想妄见网中。若见如来常在不灭，便起憍恣，而怀厌怠，不能生于难遭之想、恭敬之心。是故，如来以方便说：'比丘当知，诸佛出世难可值遇。'所以者何？诸薄德人过无量百千万亿劫，或有见佛，或不见者，以此事故，我作是言：'诸比丘，如来难可得见。'斯众生等闻如是语，必当生于难遭之想，心怀恋慕，渴仰于佛，便种善根，是故，如来虽不实灭而言灭度。又，善男子，诸佛如来，法皆如是，为度众生，皆实不虚。

【白话】

"各位善男子，从我成佛到现在这段极其漫长的年代中，我曾说过燃灯佛等诸位如来的事情，还谈到他们涅槃的情况，这些都不过是以方便法门而随机讲说的。各位善男子，假使有众生来到我的处所，我就用佛眼来观察他们的信、进、念、定、慧等五根，看他们的根性是伶俐还是愚钝，然后，根据他们的具体情况，采取不同的手段教化他们。我在不同的地方，说自己的名字均不尽相同，表现出的年纪大小也不一样。我也曾说我将要涅槃，还曾以种种方便法门，随机演说微妙的佛法，能使众生心生欢喜。各位善男子，如来佛见有些众生喜欢小乘法，这些人道德浅薄，烦恼垢重，如来便对他们说：'我在年少的时候出家修道，最后证得了至高无上的佛智慧。'可实际上，我自成佛以来，所历年月已如上面所说的那么久远，只是为了以方便法门随机教化众生，使他们导入于佛道，所以才这样说。

"各位善男子，如来佛所演说的经典，都是为了救度众生脱离苦难而演说出来的。佛教化众生时，有时说自己的身，有时说诸佛的身，有时示现自己的身，有时示现他佛的身；有时开示自己的三世因缘，有时开示他人的三世因缘。佛所说的一切都是真实不虚的。为什么呢？因为，如来佛如实地观察到了欲界、色界、无色界等此岸三界的真相，既没有生，也没有死；既不退于内，也不出于外；既不住世，也不入灭；既非实有，也非虚无；即非一如，也非相异，不像三界中的众生，见到三界，就认为有个三界。诸如此类的事相，只有如来佛才能明见无误。因为众生有各种各样的习性、各种各样的欲望、各种各样的业行、各种各样的忆想和分别，所以，佛为了让众生都能种下善根，便以各种各样的因缘、譬喻、言辞，演说各种各样的佛法。佛的教化事业从未有一时一刻暂废。就这样，我自成佛以来，时间极为久远，我的寿命已有无量阿僧祇劫，我常住于世，并未灭度。各位善男子，我在往昔修行菩萨道时所成就的寿命，至今犹未到头，这种寿命的长久，比我现在已有的寿命要大好多倍。这么说来，我现在说要入涅槃，并非真实的灭度，而只是方便说法，假设将要灭度，以便教化众生罢了。

"为什么呢？因为，佛如果一直住于世间，不入涅槃，那么，福德浅薄的人就生起依赖之心，不想去种善根。贫穷下贱的众生就会贪著于财、色、名、食、睡等五种欲乐，不知不觉堕落在颠倒忆想的妄见罗网之中。他们如果见到佛常住于世，不入灭度，他们便会生出骄傲放纵的心性，从而感到厌倦，逐渐懈怠，不能生起如来佛难以遇到的想法，也难以生起对佛的恭敬之心。所以，如来佛以方便法门，随宜应机地说道：'各位比丘，你们应当知道，诸佛出世，太难遇到了。'为什么这样呢？因为，一些福德浅薄的人，经过无量百千万亿劫那么长时间，有的见到了佛，有的没有见到佛，所以，我才这样说：'各位比丘，如来佛是很难见到的。'这些众生听到这样的话以后，必会产生如来佛很难遇到的想法，于是他们就会心怀爱恋、仰慕，渴望见到佛陀，这样，他们便种下了善根。所以，如来虽然没有真正的灭度，但仍用方便法门权且说如来将要灭度。另外，各位善男子，所有的如来佛都是这样说法的。他们为了教化救度众生而说的法，都是真实不虚的妙法。

【经文】

"譬如良医，智慧聪达，明练方药，善治众病。其人多诸子息，若十，二十，乃至百数。以有事缘，远至余国。诸子于后饮他毒药，药发闷乱，宛转于地。是时，其父远来归家。诸子饮毒，或失本心或不失者，遥见其父皆大欢喜，拜跪问讯：'善安隐归，我等愚痴，误服毒药，愿见救疗，更赐寿命。'父见子等苦恼如是，依诸经方，求好药草，色香美味，皆悉具足。捣筛和合，予子令服，而作是言：'此大良药，色香美味，皆悉具足，汝等可服，速除苦恼，无复众患。'其诸子中，不失心者,见此良药色香俱好,即便服之,病尽除愈。余失心者,见其父来虽亦欢喜问讯,求索治病,然与其药,而不肯服。所以者何?毒气深入,失本心故,于此好色香药,而谓不美。父作是念:'此子可愍,为毒所中,心皆颠倒,虽见我喜,求索救疗,如是好药而不肯服,我今当设方便令服此药。'即作是言:'汝等当知,我今衰老,死时已至。是好良药,今留在此,汝可取服,勿忧不瘥。'作是教已,复至他国,遣使还告:'汝父已死。'是时,诸子闻父背丧,心大忧恼,而作是念:'若父在者,慈愍我等,能见救护。今者舍我,远丧他国。自惟孤露,无复恃怙。'常怀悲感,心遂醒悟,乃知此药色香美味。即取服之,毒病皆愈。其父闻子悉已得瘥,寻便来归,咸使见之。

"诸善男子,于意云何?颇有人能说此良医虚妄罪否?""不也,世尊。"佛言:"我亦如是,成佛已来,无量无边百千万亿那由他阿僧祇劫,为众生故,以方便力言当灭度,亦无有能如法说我虚妄过者。"

【白话】

"举例来说,譬如有一位良医,睿智聪颖,熟悉各种方药,善治各种疾病。此人子女众多,比方说十个、二十个或者甚至上百个子女。这位良医因某些事情而远走他国,家中的儿子在他离家之后,误饮了他配制的毒药,药性发作,儿子慌闷狂乱,在地上滚来滚去。正在这时,他的父亲从遥远的外国回到家中。这些儿子已经中了毒,有的已失去了知觉,有的还算清醒。他们远远望见父亲之后,都感到非常高兴,于是跪拜在地,向父亲问候

道：'父亲，您平安归来，别来可好吧！我们兄弟太愚痴了，不小心把毒药给吃了，愿您为我们治疗，再给我们一次生命吧！'

父亲看见自己的儿子们如此痛苦悲伤，便根据医经中的方法，寻求解毒最好的药草，既颜色好看，又味道甜美，可谓色、香、味俱全。他把这些药草捣烂过滤，制成汤药，然后拿来对儿子们说：'这是上等药草，色味俱佳。你们把这药草服下，即可速除病痛，不会再有任何危险。'他的儿子们当中，有些人神志清醒，看见这般色香俱好的良药，便立即服了下去，他们的病痛便痊愈了。但那些中毒太深业已昏昧的儿子，看见父亲回来，虽也欢喜问安，求父亲治病，可是，父亲给他们的解毒药，他们却不肯服下。为什么呢？因为毒气深入，使其原本清净的心识丧失了，对于这种色香味美的好药，却不认为是好药。

"这位父亲心想：'这些儿子真是可怜，他们中毒太深，理性已经迷乱颠倒，所以，虽然看见我回来也很高兴，也求我治病救命，但我给他们配出这么好的药，他们却不肯服下。看来，我现在只好采取方便权宜之法，使他们服下此药。'于是，这位父亲就对儿子们说：'你们应当知道，我如今已经老了，身体衰弱，死期已到。这些上好的良药，现在就留在这儿，你们可以取而服之，不要担忧这病不会痊愈。'留下这番教诲之后，这位父亲又到其他国家去了，接着他又派一位使者回来，对儿子们说：'你们的父亲已经去世了。'这时，诸位儿子听说自己的父亲死于他乡，内心十分忧伤，心想：'若父亲在世，他老人家慈悲为怀，怜悯我们，我们能够得到他的救护。如今，他老人家撇下我们，命丧他乡。我们现在孤苦伶仃，再也没有依靠了。'儿子们因为心中悲伤，感叹不已，反而慢慢地清醒过来，觉悟到父亲所留之药，色香味俱全，于是拿来服下，所中之毒立即祛除。他们的父亲听说儿子们都已痊愈，便立即从国外归来，使孩子们又全都见到了自己的父亲。

"各位善男子,在你们看来,是否有人会说这个良医犯了虚妄之罪呢?"众人齐声回答说:"不会,世尊。"释迦牟尼佛接着说:"我也是如此,自成佛以来的无量无边阿僧祇劫当中,为了救度众生,以方便法门权且而说将要灭度,也同样不会有人说我犯了妄语之过。"

【经文】

尔时,世尊欲重宣此义而说偈言:自我得佛来,所经诸劫数,无量百千万,亿载阿僧祇,常说法教化,无数亿众生,令入于佛道。尔来无量劫,为度众生故,方便现涅槃,而实不灭度,常住此说法。以诸神通力,令颠倒众生,虽近而不见,众生我灭度,广供养舍利,咸皆怀恋慕,而生渴养心。众生既信伏,质直意柔软,一心欲见佛,不自惜身命。时我及众僧,俱出灵鹫山,我时语众生,常在此不灭,以方便力故,现有灭不灭。余国有众生,恭敬信乐者,我复于彼中,为说无上法,汝等不闻此,但谓我灭度,我见诸众生,没在于苦恼,故不为现身,令其生渴仰,因其心恋慕,乃出为说法,神通力如是,于阿僧祇劫,常在灵鹫山,及余诸住处,众生见劫尽,大火所烧时,我此土安隐,天人常充满。园林诸堂阁,种种宝庄严,宝树多花果,众生所游乐,诸天击天鼓,常作众技乐,雨曼陀罗花,散佛及大众。我净土不毁,而众见烧尽,忧怖诸苦恼,如是悉充满,是诸罪众生,以恶业因缘,过阿僧祇劫,不闻三宝名。诸有修功德,柔和质直者,则皆见我身,在此而说法,或时为此众，说佛寿无量，久乃见佛者，为说佛难值。我智力如是，慧光照无量，寿命无数劫，久修业所得，汝等有智者，勿于此生疑，当断令永尽，佛语实不虚，如医善方便，为治狂子故，实在而言死，无能说虚妄，我亦为世父，救诸苦患者，为凡夫颠倒，实在而言灭，以常见我故，而生骄恣心，放逸著五欲，堕于恶道中，我常知众生，行道不行道，随所应可度，为说种种法，每自作是意，以何令众生，得入无上道，速成就佛身。

【白话】

这时，释迦牟尼佛欲重申这种义理，便又以偈颂形式复述道："自从我证得佛果以来，所经历的劫数有无量百千万亿阿僧祇那么多。在此期间，我说法教化了无数亿的众生，使他们都入于佛道。自从那时以来的无量劫时间里，为了救度众生，我以方便法门，示现涅槃之相，但实际上并未灭度，而是常住此世间，说法度众生。我虽然常在此法会之处，以各种神通之力为众生说法，但为愚痴所颠倒的众生即使离得很近，却还是见不到我。众生看到我灭度了，就广泛地供养舍利，都怀着恋慕的心情，生起渴仰之意。众生信仰并得到调伏之后，个性变得直率而朴实，心意也变得温柔而顺服。他们一心一意想再见到佛，甚至不惜自己的生命。这时，我与一切僧众一起出现于灵鹫山的法会中，我对众生说：'我一直在此，永远不灭。'在其他国土中有些众生恭敬信仰佛法，我在他们之中演说无上妙法。你们没听说过这种事情，只认为我灭度了。我见诸众生沉没于苦海之中，所以不为他们示显身相，使他们生起渴望与敬仰。因为他们内心对佛产生了恋慕，所以我才现身为他们说法。我具有如此神通之力，在阿僧祇劫那么漫长的岁月中，一直住在灵鹫山和其他各种住处。众生见到劫尽的时候，发生大火灾，世界毁灭，可佛居住的地方却非常安稳，天神与人类充满其中，园林楼阁以各种宝物装饰起来，宝树所结的花果也非常繁盛，众生在此间游乐，诸天神击响天鼓，作着伎乐，散下天花，落在佛及大众的头上。

"我的净土永不毁坏，但众生却看见了烧尽一切的景象，故而充满了忧愁、恐怖等苦恼之情。这些众生因为有往昔的恶业因缘，所以，经过无量无数的漫长岁月，也听不到佛、法、僧三宝的名号。一切修行而有功德的人，其性情柔和率直，这些人都可见到我的佛身在此说法。有的时候，我为这些众生说佛寿命无量，对于长久见佛的众生说佛难遇到。我的智力就是这样，智慧之光能照耀到无边的地方。我的寿命有无量劫那么长久，这都是长期修持善业的果报。

"你们都是有智慧的菩萨，切勿对此产生怀疑，应当将怀疑心断尽，相信佛语真实不虚。就好像那位良医，善于使用方便法门，为了救治癫狂的儿子，虽然自己确实在世，但却说自己死了，这不能说他打了妄语，我也是世人的父亲，所以想救护一切受苦受难的众生。因为凡夫颠倒妄想，所以，尽管我确实在世，但却说是灭度了。这些众生因为经常看见我的缘故，产生了骄傲放纵的心情，从而贪著于五欲，将堕落于地狱、饿鬼、畜生等三恶道之中。我知晓众生的根性，知道谁行道谁不行道，所以，我能随各人的具体情况，根据其应该能够救度的方式，为他们说各种不同的佛法。也正因为如此，我经常私下考虑，以什么办法使众生得入无上佛道，尽快成就佛果。"

分别功德品第十七

【经文】

尔时,大会闻佛说寿命劫数长远如是,无量无边阿僧祇众生得大饶益,于时,世尊告弥勒菩萨摩诃萨:"阿逸多,我说是如来寿命长远时,六百八十万亿那由他恒河沙众生得无生法忍,复有千倍菩萨摩诃萨得闻持陀罗尼门,复有一世界微尘数菩萨摩诃萨得乐说无碍辩才,复有一世界微尘数菩萨摩诃萨得百千万亿无量旋陀罗尼,复有三千大千世界微尘数菩萨摩诃萨能转不退法轮,复有二千中国土微尘数菩萨摩诃萨能转清净法轮,复有小千国土微尘数菩萨摩诃萨八生当得阿耨多罗三藐三菩提,复有四四天下微尘数菩萨摩诃萨、四生当得阿耨多罗三藐三菩提,复有三四天下微尘数菩萨摩诃萨三生当得阿耨多罗三藐三菩提,复有二四天下微尘数菩萨摩诃萨二生当得阿耨多罗三藐三菩提,复有一四天下微尘数菩萨摩诃萨一生当得阿耨多罗三藐三菩提,复有八世界微尘数众生皆发阿耨多罗三藐三菩提心。"

佛说是诸菩萨摩诃萨得大法利时,于虚空中雨曼陀罗花、摩诃曼陀罗花,以散无量百千万亿宝树下师子座上诸佛,并散七宝塔中师子座上释迦牟尼佛及久灭度多宝如来，亦散一切诸大菩萨及四部众。又雨细末栴檀、沉水香等，于虚空中，天鼓自鸣，妙声深远。又雨千种天衣，垂诸璎珞、真珠璎珞、摩尼珠璎珞、如意珠璎珞，遍于九方。众宝香炉烧无价香，自然周至，供养大会。一一佛上，有诸菩萨执持幡盖，次第而上，至于梵天。是诸菩萨以妙音声，歌无量颂，赞叹诸佛。

【白话】

这时，法华会上的大众听到释迦牟尼佛说如来寿命的劫数如此漫长，这些无量无边阿僧祇那么多的众生均获得了巨大的教益。此时，释迦牟尼佛告诉弥勒大菩萨说："阿逸多啊，我在说如来寿命如此长远时，有六百八十万亿兆恒河沙数那么多的众生由此证得了无生法忍的阶位；又有比此多千倍的菩萨、大菩萨获得了总持法门；又有将一个世界粉为微尘所得全部微尘数那么多的菩萨、大菩萨得到了乐说佛法的无碍辩才；又有同上一世界微尘数的菩萨、大菩萨获得了百千万亿乃至无量的旋转无量法门的旋陀罗尼门；又有将三千大千世界粉为微尘所得微尘总数那么多的菩萨、大菩萨由此能勇猛精进，大弘佛法，即能转不退法轮；又有将中千世界粉为微尘所得微尘总数那么多的菩萨、大菩萨由此能摧破烦恼，清净说法，即转清净法轮；又有将一小千世界粉为微尘所得微尘总数那么多的菩萨、大菩萨由此经过八次转生将证得至高无上的佛智；又有将四个四大部洲粉为微尘所得微尘总数那么多的菩萨、大菩萨由此经过四度转生将证成至高无上的佛智；又有将三个四大部洲粉为微尘所得微尘总数那么多的菩萨、大菩萨由此经过三度转生将证成至高无上的佛智；又有将两个四大部洲粉为微尘所得微尘总数那么多的菩萨、大菩萨由此经过两次转生将最终证成至高无上的佛智；又有将一个四大部洲粉为微尘所得微尘总数那么多的菩萨、大菩萨由此只经过一次转生就可证得至高无上的佛智而最终成佛；另外还有将八个世界粉为微尘所得微尘总数那么多的众生由此发下了求证至高无上的佛智从而最终成佛的宏大誓愿。"

释迦牟尼佛说这些菩萨、大菩萨获得何等巨大的法利益时，天空中犹如下雨一样，降下了小曼陀罗花和大曼陀罗花。天花飘落在无量百千万亿棵宝树下狮子座上各位如来佛的身上，飘落在七宝塔中狮子座上释迦牟尼佛和久已灭度的多宝如来的身上，也飘落在所有的大菩萨和四众弟子的身上。天空中还像下雨一样撒下了栴檀香、沉水香的细末。与此同时，虚空之中，天鼓自鸣，妙声悠远。接着，虚空中又飘下了上千种天衣，天衣上垂挂着各种各样的璎珞，如珍珠璎珞、摩尼珠璎珞、如意珠璎珞。这些华丽的天衣缤纷而落，遍布四面八方和法会的中心地带。各种各样的宝香炉中，燃烧着无价的上品妙香，香味自然飘散，弥漫各个角落，以供养这次法华大会。在每一位释迦牟尼化身的如来佛上边，都有很多菩萨，手执宝幡和宝盖，依次飘然而上，直至梵天之境。这些菩萨以其微妙的音声，唱出无量的偈颂，赞叹这些如来佛。

【经文】

尔时，弥勒菩萨从座而起，偏袒右肩，合掌向佛，而说偈言：佛说希有法，昔所未曾闻，世尊有大力，寿命不可量。无数诸佛子，闻世尊分别，说得法利者，欢喜充遍身。或住不退地，或得陀罗尼，或无碍乐说，万亿旋总持。或有大千界，微尘数菩萨，各各皆能转，不退之法轮。复有中千界，微尘数菩萨，各各皆能转，清净之法轮。复有小千界，微尘数菩萨，余各八生在，当得成佛道。复有四三二，如此四天下，微尘诸菩萨，随数生成佛。或一四天下，微尘数菩萨，余有一生在，当成一切智。如是等众生，闻佛寿长远，得无量无漏，清净之果报。复有八世界，微尘数众生，闻佛说寿命，皆发无上心。世尊说无量，不可思议法，多有所饶益，如虚空无边。雨天曼陀罗，摩诃曼陀罗，释梵如恒沙，无数佛土来。雨栴檀沉水，缤纷而乱坠，如鸟飞空下，供散于诸佛。天鼓虚空中，自然出妙声，天衣千万种，旋转而来下。众宝妙香炉，烧无价之香，自然悉周遍，供养诸世尊。其大菩萨众，执七宝幡盖，高妙万亿种，次第至梵天。一一诸佛前，宝幢悬胜幡，亦以千万偈，歌咏诸如来。如是种种事，昔所未曾有，闻佛寿无量，一切皆欢喜。佛名闻十方，广饶益众生，一切具善根，以助无上心。

【白话】

这时，弥勒菩萨从座位上站立起来，身披袒露右肩的袈裟，向释迦牟尼佛合掌致礼，然后以偈颂格式说道："佛说如此少有之妙法，我过去从未听过。世尊有巨大的神通力，寿命不可计量。无数佛弟子听到世尊分别讲说获得法利益的情况，浑身上下都充满了欢喜之情。根据世尊刚才所说，听您说此妙法之后，一些菩萨住进不退转的修行阶位，有的菩萨得到了总持法门，有的菩萨获得了无碍乐说的才能，有的菩萨得到万亿种旋转总持的法门。另有大千世界微尘数的菩萨由此能转不退之法轮；还有中千世界微尘数的菩萨由此能转清净之法轮；还有小千世界微尘数的菩萨由此能只转生八次就可最终成佛果；还有四组、三组、二组四部洲微尘数的菩萨也由此只经过四次、三次、二次转生之后，便可即终证成佛果；另有一组四部洲微尘数的菩萨由此只经过一生即可证成佛智而成佛。以上所说的这些菩萨，听到佛说如来寿命长久，故而得到了无量无数的清净果报。此外还有八个世界微尘数那么多的众生，听到佛说如来寿命长久之后，都发下了求证无上佛智的誓愿。世尊，当您说这极其不可思议的佛法时，有大量的众生从中受益，利益之广，犹如虚空一样无边无际。

"天空中飘雨般下起了曼陀罗、大曼陀罗等各种天花，释提桓因和大梵天王就像恒河沙数那么多，纷纷从无数个佛国世界来到这里。栴檀、沉水等名贵的香末如飞鸟一样从天空中缤纷飘坠，散于诸佛面前，作为对佛的供养。天鼓在虚空中自然发出微妙的声音，千万种天衣从空中旋转而下，各种美妙的香炉，焚烧着无价的名香，香气自然飘散，周遍法界，来供养所有的如来佛。那些大菩萨们，各执用七宝装饰的宝幡和宝盖，华丽无比，气象万千，依次徐徐上升到梵天之中。他们在每一位佛的面前竖起宝幢，悬起宝幡，并以千万种偈语歌颂如来佛。各种各样的盛事是过去从未有过的。凡是听到如来佛寿命无量的，无不充满欢喜。佛的名号传遍十方，为众生带来了极大的好处，使他们都种下了善根，帮助他们发起求证无上佛道的心愿。"

【经文】

尔时，佛告弥勒菩萨摩诃萨："阿逸多，其有众生，闻佛寿命长远如是，乃至能生一念信解，所得功德无有限量。若有善男子、善女人为阿耨多罗三藐三菩提故，于八十万亿那由他劫，行五波罗蜜、檀波罗蜜、尸罗波罗蜜、羼提波罗蜜、毗梨耶波罗蜜、禅波罗蜜，除般若波罗蜜。以是功德比前功德，百分、千分、百千万亿分，不及其一，乃至算数、譬喻所不能知。若善男子、善女人有如是功德，于阿耨多罗三藐三菩提退者，无有是处。"

尔时，世尊欲重宣此义而说偈言：若人求佛慧，于八十万亿，那由他劫数，行五波罗蜜。于是诸劫中，布施供养佛。及缘觉弟子，并诸菩萨众。珍异之饮食，上服与卧具，栴檀立精舍，以园林庄严。如是等布施，种种皆微妙，尽此诸劫数，以回向佛道。若复持禁戒，清净无缺漏，求于无上道，诸佛之所叹。若复行忍辱，住于调柔地，设众恶来加，其心不倾动。诸有得法者，怀于增上慢，为斯所轻恼，如是亦能忍。若复勤精进，志念常坚固。于无量亿劫，住于空闲处，若坐若经行，除睡常摄心。以是因缘故，能生诸禅定，八十亿万劫，安住心不乱。持此一心福，愿求无上道，我得一切智，尽诸禅定际。是人于百千，万亿劫数中，行此诸功德，如上之所说。有善男女等，闻我说寿命，乃至一念信，其福过于彼。若人悉无有，一切诸疑悔，深心须臾信，其福为如此。其有诸菩萨，无量劫行道，闻我说寿命，是则能信受。如是诸人等，顶受此经典，愿我于未来，长寿度众生。如今日世尊，诸释中之王，道场师子吼，说法无所畏。我等未来世，一切所尊敬，坐于道场时，说寿亦如是。若有深心者，清净而质直，多闻能总持，随义解佛语，如是诸人等，于此无有疑。

【白话】

这时释迦牟尼佛对弥勒大菩萨说:"阿逸多,若有众生听说如来佛的寿命如此长久,能在一闪念间产生信奉理解的心意,那么,他所获得的功德就没有限量了。如果有善男子和善女人为求证至高无上的佛智,在长达八十万亿兆劫的岁月中修行五种从此岸度脱到涅槃彼岸的波罗蜜法,即:布施波罗蜜、持戒波罗蜜、忍辱波罗蜜、精进波罗蜜、禅定波罗蜜,不包括六波罗蜜中以智慧度彼岸的般若波罗蜜。由这种修持所得到的功德与听闻如来寿命长久而一念间产生信解所得到的功德相比,此功德的百分、千分、甚至百千万亿分不及彼功德的一分,就是用算数来推算,用譬喻来形容均无法探知彼功德的巨大程度。如果善男子、善女人具备了这样的功德,那么,他们绝对能够证得至高无上的佛智而证果成佛。"

这时,释迦牟尼佛为了重复以上义理,便又以偈颂格式复述道:"若有人追求佛智慧,在长达八十万亿兆的劫数中,修行五种波罗蜜法,却不如一念间信解如来寿命长久所得到的功德大。具体来说,他们在如此长的劫数中,以珍异的饮食、上好的衣服、卧具以及园林环绕的、以栴檀木建立的精舍等种种微妙的布施,来供养佛以及缘觉乘的弟子和菩萨大众。诸劫之中始终如此,以求无上佛道。同时,他们还严持各种禁戒,既清净无染,又圆满无缺,以此上求佛道,受到诸佛的称赞。他们还修行忍辱法门,处于调顺柔和的心理状态,假使受到各种恶意对待,他们心里也不会生气。假使受到那些傲慢无理的所谓得法者的轻视和扰乱,他们也能够忍受。他们还勤修精进法门,志向与信念始终坚不可摧,无量亿劫的时间里,没有一时一刻的懈怠与停息。他们还修禅定法门,在无数劫的岁月中,住在寂静的地方,或者坐禅，或者行走，都要摄心收念，除过睡觉之外。由此他们能够生出各种禅定，在长达八十亿劫的时间里一直安住禅定之中，心无一丝散乱。他们把这种由禅定达到摄心一处的福德，用于追求无上佛道，发誓在穷尽一切禅定之后，获得至高无上的圣智。综上所述，这些修行五波罗蜜法的众生，在百千万亿劫的漫长岁月中，的确积下了许许多多的功德。但是，如果有善男信女听我说如来寿命长久之后，能于一转念间产生信仰之心，那么，此人的福德比他们的功德还要多。如果有人排除了一切疑惑，在须臾间产生了深深的信心，他的福德就是这么的巨大。

"有些菩萨从无量劫数以来，修行菩萨道，当听到我讲说如来寿命长久之后，便能信奉接受。这些人顶戴信受这部经典，并发愿希望我将来一直长寿不灭，以便救度众生。就像现在的世尊，是释迦族的法王，坐在道场之中，如狮子一般毫无畏惧地说法。他们希望未来之世，自己受到一切众生的尊敬，像现在一样，坐在道场中，并像今天如来佛讲说寿命长久一样讲说自己寿命的长久。假使有人心境深沉、清净无染、质朴直率、多闻强记并获得了总持法门，他们对于这种说法就不会有任何怀疑。"

【经文】

"又，阿逸多，若有闻佛寿命长远，解其言趣，是人所得功德无有限量，能起如来无上之慧。何况广闻是经、若教人闻、若自持、若教人持、若自书、若教人书、若以花、香、璎珞、幢幡、缯盖、香油、酥灯供养经卷，是人功德无量无边，能生一切种智。阿逸多，善男子、善女人闻我说寿命长远，深心信解，则为见佛常在耆阇崛山，共大菩萨、诸声闻众、围绕说法。又见此娑婆世界，其地琉璃，坦然平正，阎浮檀金以界八道，宝树行列，诸台楼观皆悉宝成，其菩萨众咸处其中。若有能如是观者，当知是为深信解相。

"又复，如来灭后，若闻是经而不毁訾，起随喜心，当知已为深信解相。何况读诵、受持之者，斯人则为顶戴如来。阿逸多，是善男子、善女人不须为我复起塔寺及作僧坊、以四事供养众僧。所以者何？是善男子、善女人受持读诵是经典者，为已起塔建立僧坊、供养众僧。则为以佛舍利起七宝塔，高广渐小至于梵天，悬诸幡盖及众宝铃，花、香、璎珞、末香、涂香、烧香、众鼓、伎乐、箫、笛、箜篌，种种舞戏，以妙音声，歌呗赞颂。则为于无量千万亿劫作是供养已。阿逸多，若我灭后，闻是经典，有能受持，若自书、若教人书，则为起立僧坊，以赤栴檀作诸殿堂三十有二，高八多罗树，高广严好，百千比丘于其中止。园林、浴池、经行、禅窟、衣服、饮食、床褥、汤药、一切乐具充满其中。如是僧坊、堂阁，若千百千万亿，其数无量，以此现前供养于我及比丘僧。是故我说如来灭后，若有受持、读诵、为他人说，若自书、若教人书，供养经卷，不须复起塔寺及造僧坊供养众僧。

【白话】

"另外，阿逸多，如果有人听到如来寿命长久，能理解其中的含义，那么，此人所获得的功德是没有限量的，他必会由此证悟佛的无上智慧。何况有人能听闻此经的全部，并教别人听闻，自己依之修持，并教别人修持，自己抄写，并教别人抄写，还以鲜花、妙香、璎珞、宝幢、宝幡、宝缯、宝盖、香油灯、酥油灯等供养这部经典,那么,此人的功德更是无量无边,他由此将会成就如来佛的无上圣智。阿逸多,假如善男子、善女人听我说如来寿命长久,内心深信不疑,并了解其中义趣,那么他就能够看见佛常在灵鹫山上,同大菩萨和声闻乘弟子一起,在他们的环绕下,演说《法华经》。他还能看见,这个娑婆世界的大地用琉璃铺成,到处平整坦荡,四面八方的大道由阎浮提河的檀金作界,七宝之树,排列成行,所有的楼阁和观台皆用七宝作成。诸大菩萨们都住在其中。假若有人能观察到这种景象,应当知道此人已有了深信《法华经》的信解相。

"还有,在如来佛入灭之后,若有人听到此经,不加诽谤,并随顺经义而产生欢喜之心,应当知道,这也是深信《法华经》的信解相。何况如果有人能读诵、受持,那他就是在顶戴如来。阿逸多,这些善男子、善女人已不必再为我建立塔寺,不必再建造僧房,也不必再以衣服、饮食、卧具、医药四事供养僧众。为什么呢?因为这些善男子、善女人受持、读诵这部经典,本身就算是修建佛塔、僧房和供养众僧。这也算是为供养佛舍利而建起七宝塔,这塔由下而上,逐渐缩小,直达梵天。塔上悬挂着各种幡、盖以及宝铃、鲜花、妙香、璎珞、末香、涂香、烧香、众鼓、伎乐、竹箫、铜笛、箜篌,演奏种种的舞戏和微妙的音乐,来歌咏、赞叹、颂扬。这种供养持续无量千万亿劫那么长时间,而受持、读诵这部经典,就等于完成了这种供养。阿逸多,若我灭度之后,有人听到这部经典之后能够信受持行,自己抄写,并教别人抄写,那他就等于是建立了僧房。这僧房用红色的栴檀木材,共有殿堂三十二栋,有八棵多罗树那么高,宽敞雄伟,富丽堂皇。成百上千的比丘住在其中。这里还有园林、浴池、散步的路径、坐禅的洞窟,衣服、饮食、床褥、汤药及其他乐器也是一应俱全。这样的僧房和堂阁达百千万亿座,数量之多,无法统计。受持《法华经》就等于建造了这么多的僧房并把它们拿来供养我和僧众。所以，我说在如来灭度之后，若有人能受持、读诵此经，自己抄写或教他人抄写，供养经卷，那么，此人就不须再建起塔庙、修造僧房、供养僧众。

【经文】

"况复有人能持是经，兼行布施、持戒、忍辱、精进、一心、智慧，其德最胜，无量无边。譬如虚空，东西南北、四维上下，无量无边。是人功德，亦复如是无量无边，疾至一切种智。若人读诵受持是经，为他人说，若自书、若教人书，复能起塔及造僧坊、供养赞叹声闻众僧，亦以百千万亿赞叹之法赞叹菩萨功德。又为他人种种因缘，随义解说此法华经，复能清净持戒与柔和者而共同止，忍辱无瞋，志念坚固，常贵坐禅，得诸深定，精讲勇猛，摄诸善法，利根智慧，善答问难。阿逸多，若我灭后，诸善男子、善女人受持读诵是经典者，复有如是诸善功德，当知是人已趋道场，近阿耨多罗三藐三菩提，坐道树下。阿逸多，是善男子、善女人若坐、若立、若经行处，此中便应起塔，一切天人皆应供养如佛之塔。"

【白话】

"何况还有一部分人，他们在受持此经的同时，还能兼行布施、持戒、忍辱、精进、禅定、智慧等六种波罗蜜之法，这些人的功德最为殊盛，可说是无量无边，就像虚空一样，找不到它的边际，就像东西南北、四维和上下等十方一样，不可限量。这些人的功德如此巨大，他们很快就会达到无所不知的佛智果位。如果有人读诵、受持此经，为他人解说，自己抄写，并教别人抄写，与此同时还能建起佛塔、兴建僧房、供养并赞颂声闻乘的僧众，并以百千万亿种赞叹的方式赞颂菩萨的功德；另外，还能根据其他人的具体情况，随顺经文义理，机动灵活地讲解这部《法华经》；并且，他还能清净持戒，与温和者同处，忍辱无怒，意志坚强，常习坐禅，深入妙定，勇猛精进，行善利人，天性聪明，富有智慧，善于答辩。阿逸多，如果我灭度之后，善男子、善女人们能在受持、读诵此经的同时，还能有这样的善良功德，应当知道，这些人已经走向道场，接近至高无上的佛智，已坐在了菩提树下，快要悟道成佛了。阿逸多，凡是这些善男子、善女人坐、立或散步的地方，均应建起高塔，所有天神和人类都应像供养佛塔一样，供养这些宝塔。"

【经文】

尔时，世尊欲重宣此义而说偈言：若我灭度后，能奉持此经，斯人福无量，如上之所说。是则为具足，一切诸供养，以舍利起塔，七宝而庄严。表刹甚高广，渐小至梵天，宝铃千万亿，风动出妙音。又于无量劫，而供养此塔，花香诸璎珞，天衣众伎乐，然香油酥灯，周匝常照明。恶世法末时，能持是经者，则为已如上，具足诸供养。若能持此经，则如佛现在，以牛头栴檀，起僧坊供养。堂有三十二，高八多罗树，上馔妙衣服，床卧皆具足，百千众住处，园林诸浴池，经行及禅窟，种种皆严好。若有信解心，受持读诵书，若复教人书，及供养经卷，散花香末香，以须曼薝蔔，阿提目多伽，熏油常然之。如是供养者，得无量功德，如虚空无边，其福亦如是。况复持此经，兼布施持戒，忍辱乐禅定，不瞋不恶口，恭敬于塔庙，谦下诸比丘，远离自高心，常思惟智慧，有问难不瞋，随顺为解说，若能行是行，功德不可量。若见此法师，成就如是德，应以天花散，天衣覆其身，头面接足礼，生心如佛想。又应作是念，不久诣道场，得无漏无为，广利诸人天。其所住止处，经行若坐卧，乃至说一偈，是中应起塔，庄严令妙好，种种以供养。佛子住此地，则是佛受用，常在于其中，经行及坐卧。

【白话】

这时，释迦牟尼佛为了重复以上义理，便又以偈语格式说道："如果我灭度之后，有人能奉持此经，这人的福德已如以上所说，便大得无以称量。能奉持此经，就等于作了一切的供养，如为供养舍利而建起宝塔，宝塔由七种珍宝装饰，塔的外形与塔的刹竿，十分高大，由下而上逐渐缩小，直达梵天。塔上宝铃成千上万，随风吹动，传出妙音。不光建起这样的宝塔，而且于无量劫的时间里一直供养此塔。如用鲜花、妙香、璎珞、天衣、伎乐供养，用香油灯、酥油灯在周围照明。在五浊恶世的末法时期，凡能受持此经的人，就等于具足了如上这种供养。假若有谁能受持《法华经》，那就等于他已建造了如佛现在所处的这种以牛头栴檀为材料的僧院，作为对佛和僧众的供养。他所建造的僧院中有三十二座殿堂，每座殿堂高达八棵多罗树。上好的食品、精妙的衣服，坐床、卧具等应有尽有。成百上千的僧众居住在这里。有园林、浴池，有散步的小道，有坐禅的洞窟。种种设备，可谓十全十美。"

"如果有人对此经生起信解之心，并受持、读诵、教人抄写，以鲜花、末香供养经卷，以悦意花、金色花、胡麻籽等制油，在

《法华经》所在之处，燃灯薰之，以为供养。这种供养能得到无量的功德，就好像虚空一样，无边无际。何况有人能在受持此经的同时，兼行布施、持戒、忍辱、精进、禅定这五种波罗蜜法门，对一切众生不生瞋怒心，不恶言相加，对塔庙恭敬，对比丘谦下，远离妄自尊大的心理，时常体悟佛的智慧。遇到有人质问责难，也不发怒，随顺机缘，详细为其解说。若能如此修行，此人的功德将不可限量。遇见成就如此功德的法师，就应以天花、天衣散向其身。像对待如来佛一样对他顶礼膜拜，心中还应这样想，这位法师不久就会到达成佛的道场，证得清净微妙的智慧，并将为所有的天神和人类带来益处。在他所住的地方、散步的地方、坐卧的地方，甚至在他只说了一句经文的地方，都应该建起宝塔，并以各种方法装饰，使其非常美丽庄严；用各种供物供养，以示恭敬。这位法师作为佛的弟子，住在这里，如同佛一样享受这里的一切，在这里散步、打坐、安卧，一直不离开这个道场。"

随喜功德品第十八

【经文】

尔时，弥勒菩萨摩诃萨白佛言："世尊，若有善男子、善女人闻是法华经随喜者，得几所福？"而说偈言：

世尊灭度后，其有闻是经，若能随喜者，为得几所福。

尔时，佛告弥勒菩萨摩诃萨："阿逸多，如来灭后，若比丘、比丘尼、优婆塞、优婆夷及余智者，若长若幼，闻是经随喜已，从法会出，至于余处，若在僧坊、若空闲地、若城邑、巷陌、聚落、田里，如其所闻，为父母、宗亲、善友、知识，随力演说。是诸人等，闻已随喜，复行转教。余人闻已，亦随喜转教。如是展转至第五十。阿逸多，其第五十善男子、善女人随喜功德，我今说之，汝当善听。若四百万亿阿僧祇世界，六趣四生众生：卵生、胎生、湿生、化生，若有形、无形，有想、无想，非有想非无想，无足、二足、四足、多足。如是等在众生数者，有人求福，随其所欲，娱乐之具，皆给予之。一一众生，予满阎浮提金、银、琉璃、砗磲、珊瑚、琥珀诸妙珍宝，及象、马、车乘、七宝所成宫殿、楼阁等。是大施主，如是布施，满八十年已，而作是念：'我已施众生娱乐之具，随意所欲,然此众生皆已衰老,年过八十、发白、面皱、将死不久。我当以佛法而训导之。'即集此众生,宣布法化,示教利喜。一时皆得须陀洹道、斯陀含道、阿那含道、阿罗汉道,尽诸有漏,于深禅定,皆得自在,具八解脱。于汝意云何?是大施主所得功德,宁为多否?"

弥勒白佛言:"世尊,是人功德甚多,无量无边。若是施主,但施众生一切乐具,功德无量,何况令得阿罗汉果。"

【白话】

这时,弥勒大菩萨对释迦牟尼佛说:"世尊啊,若有善男子、善女人听了这部《法华经》之后,能够身心顺从,欢喜信奉,那么,他们能得多少福呢?"弥勒又以偈颂格式说了一遍:"世尊灭度以后,若有人听到此经后能身心顺从,欢喜信奉,此人能得多少福?"

释迦牟尼佛告诉弥勒菩萨说:"阿逸多,如来灭度之后,若有比丘、比丘尼、男居士、女居士及其他有智慧的人,不论其年龄大小,听到此经之后能够身心顺从,欢喜信奉,于是从讲经的法会上出来,到其他地方,如僧院、空地、城镇、街巷、村落、田间等,把自己所见到的,根据自己的能力,向父母、宗族、亲戚、好友、熟人讲说。这些人听闻之后,身心顺从,欢喜信奉,又向其他人讲说。其他人听了之后,也能身心顺从,欢喜信奉,并再向另外的人传授。如此辗转传授到第五十位。阿逸多,这第五十位善男子或善女人欢喜信从《法华经》的功德,我现在就为你讲一讲,你应当仔细听。

"在四百万亿阿僧祇那么多的世界里,有分别处于天界、人类、阿修罗、畜生、饿鬼、地狱等六种境界的四种形态的众生,即：从卵壳中出生的众生，由母胎中生出的众生，水中或湿气中出生的众生，无所依托而仅凭业力化出的众生。这四类众生，不论其有无物质性形体，若其无物质性形体，又不论其有无思想活动，或者是无所谓有无思想活动；若其有物质性形体，又不论其无足，还是二足、四足或者多足。有人为了求取福德，根据所有这一切属于众生范围之内的众生的欲望，给予他们所喜欢的享乐用品，如对每一位众生，分别赠予遍布人间世界的金、银、琉璃、砗磲、珊瑚、琥珀等各种美妙的珍宝以及象、马、车乘和用七宝所建成的宫殿、楼阁等。这样的大施主一直这样布施，长达八十年，然后，心中暗想：'我已为这些众生布施了各种享乐用具，算是随顺了他们的愿望。但这些众生如今年过八十，均已衰老，头发斑白，满面皱纹，死期将近。现在，我应当以佛法来训导他们。'于是，他便召集这些众生，宣布佛法，指示、教导他们，使他们得到佛法利益而感到欢喜。这些众生很快便得到小乘四圣的果位，即预流果、一来果、不还果、罗汉果。从此，这些众生便根除了一切烦恼，深入于各种禅定之中，无不逍遥自在，获得了八种排除世俗贪爱与系缚的解脱之道。在你看来，这位大施主所得到的功德多不多呢？"

弥勒菩萨说："世尊，此人的功德极多，多得无量无边。如果这位施主只布施给众生各种享乐用具，功德已是无量，何况让他们证得阿罗汉的果位，那功德就更大了。"

【经文】

佛告弥勒："我今分明语汝，是人以一切乐具，施于四百万亿阿僧祇世界六趣众生，又令得阿罗汉果，所得功德，不如是第五十人闻法华经一偈，随喜功德，百分、千分、百千万亿分不及其一，乃至算数譬喻所不能知。阿逸多，如是第五十人，展转闻法华经随喜功德，尚无量无边阿僧祇，何况最初于会中闻而随喜者，其福复胜，无量无边阿僧祇不可得比。

"又，阿逸多，若人为是经故，往诣僧坊，若坐、若立、须臾听受，缘是功德，转身所生，得好上妙象、马、车乘，珍宝辇舆及乘天宫。若复有人，于讲法处坐，更有人来，劝令坐听，若分座令坐。是人功德，转身得帝释坐处，若梵王坐处，若转轮圣王所坐之处。

"阿逸多，若复有人，语余人言：'有经名法华，可共往听。'即受其教，乃至须臾间闻。是人功德，转身得与陀罗尼菩萨共生一处，利根智慧，百千万世，终不瘖哑，口气不臭，舌常无病，口亦无病。齿不垢黑、不黄、不疏，亦不缺落、不差、不曲，唇不下垂，亦不褰缩，不粗涩，不疮胗，亦不缺坏，亦不㖒斜，不厚、不大，亦不黧黑，无诸可恶。鼻不扁㔸，亦不曲戾。面色不黑，亦不狭长，亦不窊曲，无有一切不可喜相。唇舌牙齿，悉皆严好，鼻修高直，面貌圆满，眉高而长，额广平正，人相具足。世世所生，见佛闻法，信受教诲。

"阿逸多，汝且观是，劝于一人令往听法，功德如此，何况一心听说、读诵，而于大众，为人分别，如说修行。"

【白话】

释迦牟尼佛告诉弥勒菩萨说："我现在明确对你说，此人以各种享乐之物布施给四百万亿阿僧祇世界中的六道众生，又说法教化使他们都证得阿罗汉果，他由此而获得的功德，不如上述第五十位善男子或善女人听到《法华经》一句而信从所获得的功德，就是其百分、千分、百千万亿分，也不及这种功德的一分，甚至用算数推算，用譬喻来说明，也无法知道这种功德的巨大程度。阿逸多，这第五十位辗转得闻《法华经》从而随顺其义而欢喜信奉的人的功德，尚且无量无边阿僧祇这么巨大，何况最初于法华会中听闻此经而随顺其义、欢喜信奉的人，其功德比这就更大了，纵使无量无边阿僧祇数，也不能相比。

"另外，阿逸多，如果有人为了听闻这部经典，专程到僧院中去，不论是坐着，还是站着，只要能在很短的时间内听讲、领受，那么，因为这个功德，他转生来世时，便会得到非常漂亮的象、马、车乘，或者生在帝王之家，乘坐珍宝装饰的帝王辇舆，或者转生天上，乘坐天神的七宝宫殿。如果另外有人在讲说《法华经》的地方坐着，这时又来了一人，他便劝此人也坐下听讲，并把自己的座位分出一部分让他坐，那么，他的功德可使他来世转生于天帝的坐处，或梵王的坐处，或国王的坐处。

"阿逸多，如果有人对其他人说：'有一部经名为《法华经》，我们一同去听讲吧。'其他人便接受其指教，甚至只在须臾间听闻此经，那么，此人的功德可使他来世与总持佛法的菩萨同生一处，获得六根聪利的智慧，在百千万世之中，始终不得瘖哑之症，口中不会吐出臭气，永远不患舌病和口病，牙齿不垢，不黑、不黄、不疏，也不缺落，不参差，不弯曲；唇不下垂，也不缩蹙，不粗涩，不生疮，不缺、不坏，不歪斜，不厚大，不发黑，总之，就是没有令人讨厌的地方；鼻子正直，不塌陷，不弯曲；脸色不黑，脸形不狭长，不凹陷，没有任何让人不喜欢的外相。总之，他会长得唇、舌、牙齿结实好看，鼻子高直，面貌圆润丰满，眉高而长，额宽而平，具备了一切美好的相貌。不光相貌堂堂，而且世世转生，都能看见佛陀，聆听佛法，信仰并接受佛的教诲。

"阿逸多，你且看看，劝一人前往听法，功德尚且如此，何况自己能一心一意地听讲、读诵，在大众中为大家分别解说，并根据经文所说而修行。"

【经文】

尔时，世尊欲重宣此义，而说偈言：若人于法会，得闻是经典，乃至于一偈，随喜为他说，如是展转教，至于第五十，最后人获福，今当分别之。如有大施主，供给无量众，具满八十岁，随意之所欲，见彼衰老相，发白而面皱，齿疏形枯竭，念其死不久，我今应当教，令得于道果。即为方便说，涅槃真实法，世皆不牢固，如水沫泡焰，汝等咸应当，疾生厌离心，诸人闻是法，皆得阿罗汉，具足六神通，三明八解脱。最后第五十，闻一偈随喜，是人福胜彼，不可为譬喻。如是展转闻，其福尚无量，何况于法会，初闻随喜者。若有劝一人，将引听法华，言此经深妙，千万劫难遇。即受教往听，乃至须臾闻，斯人之福报，今当分别说。世世无口患，齿不疏黄黑，唇不厚褰缺，无有可恶相，舌不乾黑短，鼻修高且直，额广而平正，面目悉端严，为人所喜见。口气无臭秽，优钵华之香，常从其口出。若故诣僧坊，欲听法华经，须臾闻欢喜，今当说其福。后生天人中，得妙象马车，珍宝之辇舆，及乘天宫殿。若于讲法处，劝人坐听经，是福因缘得，释梵转轮座。何况一心听，解说其义趣，如说而修行，其福不可限！

【白话】

这时,释迦牟尼佛为了重申以上义理,便又以偈颂格式说道:"如果有人在法会中听到这部经典,甚至只是一句,从而随顺其义,欣喜地向他人讲说,如此辗转传授,到第五十个人,这最后的第五十个人的福德,现在我为你们分别说明。譬如有一个大施主,为无量众生提供布施,满八十年,随众生所愿供给一切。后来,发现这些众生呈现出衰老之相,头发斑白,满面皱纹,牙齿松疏,形容枯竭,心想:'他们离死不远了,我现在应当教化他们,使他们证得道果。'于是就以方便法门为这些众生演说获证涅槃的真实之法,告诉众生:'世间的一切都是不牢固的,就像水上的泡沫,转瞬即逝;又像大地上的阳焰,似有似无。你们都应当赶紧生厌离之心,切莫再贪恋如梦空幻的红尘了。'这些众生听到这种说法以后,最终都获得阿罗汉的果位,具备了六种神通、三种通达无碍的智明和舍却对三界贪恋的八种定力。上述第五十位听闻《法华经》的人,哪怕他只听了一句,只要能随顺经义,欢喜信奉,那么,他的功德比此人八十年中供养众生并说法教化众生获得罗汉果所得的福德还要大,甚至大得不可譬喻。如此辗转得闻《法华经》者的福德尚且无边无量,何况于法会中最初听闻后随顺经义而欢喜信奉者,其福德就更大了。

"如果有人劝导一个人,要把他领去听闻《法华经》,对他说此经深奥微妙,千万劫中难以遇到。那人便接受教诲,跟他一同去聆听,哪怕只听了很短一会儿,这人的福德果报,我现在就分别说一说。此人以后,世世没有口腔疾病,牙齿不疏松,不黑不黄,嘴唇不肥厚,不缩不缺,没有令人厌恶的相状。舌头不干燥,不发黑,不短小;鼻子又高又直;额头又宽又平,面目无不端庄俊美，人见人爱。口中无臭气，常放优钵花的香味。如果有人想听《法华经》，专门到僧院中去，在须臾间听闻，从而欢喜信受，现在就讲讲此人的福报。此人来世转生天界或人间，能获得非常美妙的大象、骏马、车乘或珍宝制成的帝王辇舆，还可乘坐自由往来的天神宫殿。如果能在讲经说法的地方劝人坐下来一同聆听，由于这种福德的缘故，来世得以往生到帝释、梵王和国王的宝座上，何况能一心聆听，讲解经中义趣，根据经中所说修行，这种福德就大得不可限量了！"

法师功德品第十九

【经文】

尔时,佛告常精进菩萨摩诃萨:"若善男子、善女人受持是法华经,若读、若诵、若解说、若书写,是人当得八百眼功德,千二百耳功德,八百鼻功德,千二百舌功德,八百身功德,千二百意功德。以是功德,庄严六根,皆令清净。是善男子、善女人,父母所生清净肉眼,见于三千大千世界,内外所有山林河海,下至阿鼻地狱,上至有顶,亦见其中一切众生及业因缘果报生处,悉见悉知。"

尔时,世尊欲重宣此义,而说偈言:若于大众中,以无所畏心,说是法华经,汝听其功德。是人得八百,功德殊胜眼,以是庄严故,其目甚清净。父母所生眼,悉见三千界,内外弥楼山,须弥及铁围,并诸余山林,大海江河水,下至阿鼻狱,上至有顶处,其中诸众生,一切皆悉见,虽未得天眼,肉眼力如是。

【白话】

这时,释迦牟尼佛对常精进菩萨说:"如果善男子、善女人受持这部《法华经》，不论是朗读，还是背诵，不论是讲解，还是抄写，那么，此人将会得到八百种眼功德，一千二百种耳功德，八百种鼻功德，一千二百种舌功德，八百种身功德，一千二百种意功德。以这些功德来庄严眼、耳、鼻、舌、身、意六根，使六根清净无染。这位善男子、善女人，以父母所生的清净肉眼，就能看见三千大千世界内外的所有山林与河海。向下可以看到最下层的无间地狱，向上可以看到三界中最高一层的有顶天，也能看见其中的一切众生，对于这些众生的业行及报应转生的去处等，也悉见悉知。"

这时，释迦牟尼佛为了重宣此义，便以偈颂格式复述道："如果有人在大众之中以无所畏惧之心讲说这部《法华经》，你且听听我说此人的功德。此人能得八百种殊胜的眼功德，由此庄严其眼，所以其眼非常清净，虽然只是父母所生的肉眼，但已能全部看见三千大千世界内外的一切，如弥楼山、须弥山、铁围山，还有其他各种山林、大海、江河等，下至无间地狱，上至有顶天，其中的一切众生都能看见。虽然此人尚未获得天眼，但他的肉眼却已具备了如此的神力。"

【经文】

"复次，常精进，若善男子、善女人受持此经，若读、若诵、若解说、若书写，得千二百耳功德。以是清净耳，闻三千大千世界，下至阿鼻地狱，上至有顶，其中内外种种语言音声，象声、马声、牛声、车声、啼哭声、愁叹声、螺声、鼓声、钟声、铃声、笑声、语声，男声、女声、童子声、童女声、法声、非法声、苦声、乐声、凡夫声、圣人声，喜声、不喜声，天声、龙声、夜叉声、乾闼婆声、阿修罗声、迦楼罗声、紧那罗声、摩睺罗伽声,火声、水声、风声,地狱声、畜生声、饿鬼声、比丘声、比丘尼声,声闻声、辟支佛声、菩萨声、佛声。以要言之,三千大千世界中一切内外所有诸声,虽未得天耳,以父母所生清净常耳,皆悉闻知,如是分别种种音声,而不坏耳根。"

尔时,世尊欲重宣此义,而说偈言:父母所生耳,清净无浊秽,以此常耳闻,三千世界声。象马车牛声,钟铃螺鼓声,琴瑟箜篌声,箫笛之音声,清净好歌声,听之而不著。无数种人声,闻悉能解了。又闻诸天声,微妙之歌音,及闻男女声,童子童女声。山川险谷中,迦陵频伽声,命命等诸鸟,悉闻其音声。地狱众苦痛,种种楚毒声,饿鬼饥渴逼,求索饮食声。诸阿修罗等,居在大海边,自共言语时,出于大音声。如是说法者,安住于此间,遥闻是众声,而不坏耳根。十方世界中,禽兽鸣相呼,其说法之人,于此悉闻之。其诸梵天上,光音及遍净,乃至有顶天,言语之音声,法师住于此,悉皆得闻之。一切比丘众,及诸比丘尼,若读诵经典,若为他人说,法师住于此,悉皆得闻之。复有诸菩萨,读诵于经法,若为他人说,撰集解其义,如是诸音声,悉皆得闻之。诸佛大圣尊,教化众生者,于诸大会中,演说微妙法,持此法华者,悉皆得闻之。三千大千界,内外诸音声,下至阿鼻狱,上至有顶天,皆闻其音声,而不坏耳根。其耳聪利故,悉能分别知。持是法华者,虽未得天耳,但用所生耳,功德已如是。

【白话】

"再次,常精进菩萨,如果善男子、善女人受持这部《法华经》,不论是阅读还是背诵,不论是解说还是抄写,那么,他就可由此而获得一千二百种耳功德。凭这种清净的耳根,他就可以听到三千大千世界之内下至无间地狱、上至有顶天的一切语言音声,如象声、马声、牛声、车辆声、啼哭声、哀叹声、螺声、鼓声、钟声、铃声、笑声、说话声、男人声、女人声、童男声、童女声、如法声、非法声、痛苦声、欢乐声、凡夫声、圣人声、喜悦声、悲哀声、天神声、龙神声、夜叉声、乾闼婆声、阿修罗声、迦楼罗声、紧那罗声、摩睺罗伽声、火声、水声、风声、地狱声、畜生声、饿鬼声、比丘声、比丘尼声、声闻声、辟支佛声、菩萨声、佛声。总而言之,虽然他没有获得天耳,但仅以父母所生的平常而清净的耳根,对于三千大千世界中无论发生于内还是发生于外的一切声音,他都能听到。如此分别各种各样的声音,但却不会破坏耳根。"

这时,释迦牟尼佛为了重申以上义理,便又以偈颂格式复述道:"父母所生之耳,清净而无浊秽,以此平常之耳,能听到三千大千世界的一切声音。如象、马、车、牛声,钟、铃、螺、鼓声,琴、瑟、箜篌声,竹箫、铜笛声,能闻但不执着的清净妙歌声,闻后皆能分辨知晓的无数种人声,诸天神的声,微妙的歌声、男人女人声,童男童女声,山川险谷中迦陵频伽鸟鸟、共命鸟等鸟鸣声,地狱中受苦众生的种种惨烈哀叫声,集聚在大海边的阿修罗相互谈话时发出的巨大音声。这位讲说《法华经》的人,安住于此地,却能遥闻以上各种声音,而其耳根,并不会为这些声音破坏。在十方内的一切世界中,所有飞禽走兽互相争鸣呼叫,这位说法人都能听到。大梵天、光音天、遍净天直到有顶天，其中所有的天神言谈之声，这位法师在此都能听到。一切比丘、比丘尼无论是在读诵经典，还是为别人讲说，这位法师在此都能听到。又有所有的菩萨不论是在读诵经典，还是在为别人讲说，或者在撰写、汇集解释经义的作品，所有这些声音，这位法师都能听到。作为大圣尊的诸位如来，为了教化众生，在大众中演说微妙的佛法，受持这部《法华经》的法师，就能完完全全地听到。总而言之，三千大千世界之内，下至无间地狱，上至有顶天，其中的所有声音，无论是发生于内，还是发生于外，这位法师都能听到，而且还不会损坏耳根。由于他的耳根特别聪利，所以，对听到的声音都能分辨明了。受持这部《法华经》的法师，虽然尚未获得天耳，但他只用父母所生的肉耳，就能获得如此巨大的耳功德。"

【经文】

"复次，常精进，若善男子、善女人受持是经，若读，若诵，若解说，若书写，成就八百鼻功德。以是清净鼻根，闻于三千大千世界，上下内外种种诸香：须曼那花香、阇提花香、茉莉花香、薝葡花香、波罗罗花香、赤莲花香、青莲花香、白莲花香、花树香、果树香、栴檀香、沉水香、多摩罗跋香、多伽罗香及千万种和香，若末，若丸，若涂香。持是经者，于此间住，悉能分别。又复别知众生之香：象香、马香、牛羊等香，男香、女香、童子香、童女香及草木丛林香，若近，若远。所有诸香，悉皆得闻，分别不错。

"持是经者，虽住于此，亦闻天上诸天之香：波利质多罗，拘鞞陀罗树香、及曼陀罗花香、摩诃曼陀罗花香、曼殊沙花香、摩诃曼殊沙花香、栴檀、沉水、种种末香、诸杂花香。如是等天香和合所出之香，无不闻知。又闻诸天身香：释提桓因在胜殿上，五欲娱乐嬉戏时香，若在妙法堂上，为忉利诸天说法时香，若于诸园游戏时香，及余天等男女身香，皆悉遥闻。如是展转，乃至梵世，上至有顶诸天身香，亦皆闻之。并闻诸天所烧之香，及声闻香、辟支佛香、菩萨香、诸佛身香，亦皆遥闻，知其所在。虽闻此香，然于鼻根不坏不错，若欲分别为他人说，忆念不谬。"

【白话】

"再次，常精进菩萨，如果善男子、善女人受持此经，不论是阅读还是背诵，不论是解说还是抄写，皆能成就八百种鼻功德。凭借这种清净的鼻根，就可嗅到三千大千世界上下内外的各种香气，如："悦意花香、金钱花香、茉莉花香、金色花香、重生花香、赤莲花香、青莲花香、白莲花香、花树香、果树香、栴檀香、沉水香、藿香、根香以及千万种合香，或者为末香，或者为丸香，或者为涂香。受持这部经典的法师，住在这里，完全能分别出这些香气。这位法师还能分别嗅到各种众生的香气，如象香、马香、牛香、羊香、男人香、女人香、童男香、童女香以及草木丛林的香气。所有这些香，不论其远近，这位法师都能嗅到并能正确辨别，不会出错。

"受持这部经典的法师，虽然住在这里，也能嗅到天上各种天神境界的香气，如：圆生树香、游戏树香、小白花香、大白花香、小红花香、大红花香、栴檀香、沉水香、各种末香、各种杂花香。所有这些天界之香和合在一起，所放出的香气，这位法师无不嗅知。同时，这位法师还能嗅到诸天神身上的香气，如：天帝在胜殿享受五欲之乐和嬉戏时的香气，在妙法堂上为忉利天中的所有天神说法时的香气，在各个花园内游戏时的香气，还有其他天神不管是男的，还是女的，他们身上散发的香气，这位法师都能遥闻而知。由忉利天依次上升，直到有顶天，这中间的所有天神的身香，这位法师也都能嗅到。另外，他还能嗅到诸天神所烧的香，以及四种圣人即声闻、辟支佛、菩萨、诸佛身上的香气。这些香气虽然在很遥远的地方，但这位法师都能嗅到，而且知道这些香气的所在地。虽然嗅到这么多的香气，但对鼻根却没有任何损坏，也不会发生任何错乱。如果想为别人分别解说，他便会清楚无误地回忆起这些香气的情形。"

【经文】

尔时，世尊欲重宣此义而说偈言：是人鼻清净，于此世界中，若香若臭物，种种悉闻知。须曼那阇提，多摩罗栴檀，沉水及桂香，种种花果香，及诸众生香，男子女人香，说法者远住，闻香知所在。大势转轮王，小转轮及子，群臣诸官人，闻香知所在。身所著珍宝，及地中宝藏，转轮王宝女，闻香知所在。诸人严身具，衣服及璎珞，种种所涂香，闻香知其身。诸天若行坐，游戏及神变，持是法华者，闻香悉能知。诸树花果实，及酥油香气，持经者住此，悉知其所在。诸山深险处，栴檀树花敷，众生在中者，闻香悉能知。铁围山大海，地中诸众生，持经者闻香，悉知其所在。阿修罗男女，及其诸眷属，斗争游戏时，闻香皆能知。旷野险隘处，师子象虎狼，野牛水牛等，闻香知所在。若有怀妊者，未辨其男女，无根及非人，闻香悉能知。以闻香力故，知其初怀妊，成就不成就，安乐产福子。以闻香力故，知男女所念，染欲痴恚心，亦知修善者。地中众伏藏，金银诸珍宝，铜器之所盛，闻香悉能知。种种诸璎珞，无能识其价，闻香知贵贱，出处及所在。天上诸花等，曼陀曼殊沙，波利质多树，闻香悉能知。天上诸宫殿，上中下差别，众宝花庄严，闻香悉能知。天园林胜殿，诸观妙法堂，在中而娱乐，闻香悉能知。诸天若听法，或受五欲时，来住行坐卧，闻香悉能知。天女所著衣，好花香庄严，周旋游戏时，闻香悉能知。如是展转上，乃至于梵世，入禅出禅者，闻香悉能知。光音遍净天，乃至于有顶，初生及退没，闻香悉能知。诸比丘众等，于法常精进，若坐若经行，及读诵经典，或在林树下，专精而坐禅，持经者闻香，悉知其所在。菩萨志坚固，坐禅若读诵，或为人说法，闻香悉能知。在在方世尊，一切所恭敬，愍众而说法，闻香悉能知。众生在佛前，闻经皆欢喜，如法而修行，闻香悉能知。虽未得菩萨，无漏法生鼻，而是持经者，先得此鼻相。

【白话】

这时，释迦牟尼佛为了重申以上义理，便又以偈颂格式说道："这位受持《法华经》的法师鼻根清净，这个世界中的各种香气、臭气，他都能嗅到。须曼那花香、阇提花香、多摩罗香、栴檀香、沉水香、桂木香、各种花果香，还有各种众生身上的香气，无论其是男人或女人，这位说法者即使住在很远的地方，他都能嗅到这些香气，并知道各种香气的所在。大国王、小国王及王子、群臣、宫人等，这位法师一嗅其香，便知道他们在何处。身上所戴的珍宝，地下的宝藏，国王的宝贝女儿，这位法师一嗅其香,即知道其所在之处。人们用来装饰身相的饰物以及衣服、璎珞、各种涂香,经这位法师一嗅,便知其是什么。各种天神不论行走、安坐,还是游戏、神变,这位法师通过闻香,皆能知晓。各种树木、花果以及酥油香气,受持《法华经》的法师住在这里也完全知道其所在。在深山险峰处,栴檀树开花,若有众生来到这里,这位法师一嗅香气,便完全知晓。铁围山和大海以及地上的一切众生,经受持《法华经》的法师一嗅香气,便完全知道他们的所在。阿修罗的男女及其所有眷属,以争斗发怒作为消遣娱乐时,这位法师一嗅其香气,便能知晓他们的情形。在荒野或危险狭隘的关口,有狮子、大象、老虎、豺狼,或有野牛、水牛等。这位法师一嗅其香,便能分辨清楚。因为有嗅闻香气的神力,所以便知道它们的所在。假设有女人怀了孕,尚未辨清所怀之胎是男是女,或者是鬼胎还是怪胎,经这法师一嗅其香,便能知道孕妇初怀胎时的情形,也知道孕妇生产时机是否成熟,从而使孕妇能够安全而快乐地生下有福报的儿子。又因为有嗅闻香气的神力,所以便知道世间的男男女女们想的是什么,既知道谁有贪欲、愚痴、瞋恚等三毒之心,也知谁有一心向善、修持善行的心。大地之下埋藏的宝矿,不论是黄金白银,还是其他珍宝,就是铜器里所装的东西,这位法师一嗅其香气,便能知晓。各种各样的璎珞,无人能识别其价值,这位法师一嗅其香气,便知道它的贵贱、出产地和现在的位置。

"天界的各种花,如小白花、小红花以及圆生树花等,这位法师一嗅其香气,便完全知道。天上的各种宫殿分上、中、下三等,都用各种珍宝和各种奇花来装饰。这位法师一嗅其香气,便能完全知晓。天上花园及园中的胜殿、观台和妙法堂,天人在其中娱乐。这位法师一嗅其香气便完全知道它们的情形。各种天神听闻佛法或享受五欲时,无论是来是去,是行是坐,是立是卧,这位法师一嗅其香便完全知道。天女所穿的衣服，用美丽的花和上好的香来装饰。穿着这种漂亮而芬芳的衣服，天女们周旋嬉戏，快乐无比。这位法师一嗅香气，就完全知道她们游戏时的情形。由忉利天辗转向上，直到梵世，在这里，不论是正在坐禅的天神，还是已经出了禅定的天神，这位法师一嗅他们的香气，便完全知晓他们的情形。在光音天、遍净天直至有顶天之中，无论是最初投生而来者，还是最后衰退将要转生他处者，这位法师一嗅其香气，便完全知晓。

"出家修行的比丘大众，对于佛法总是精修行，不论他们在坐着还是走着，不论在读诵经典还是在树林下专精坐禅，受持《法华经》的法师一嗅其香，便完全知道他们所在之处。菩萨的志愿非常坚强，不论他们在坐禅还是读诵经典，或者为他人说法，这位法师一嗅其香气，便能完全知晓。十方世界中任何一方任何世界中的如来佛，是一切众生恭敬的世尊，他们怜悯众生，故为众生说法施教。这位法师一嗅香气，便完全知道何方何佛在演说何等佛法。众生在佛的面前听闻佛演说经典，从而皆大欢喜，如法修行。这位法师一嗅香气，便能完全知晓这种情形。

"这位受持《法华经》的法师，虽然尚未证得菩萨清净法下的鼻根神通，但由于受持了这部经典，所以便率先得到了这种清净鼻相。

【经文】

"复次，常精进，若善男子、善女人受持是经，若读、若诵、若解说、若书写，得千二百舌功德。若好若丑，若美不美及诸苦涩物，在其舌根，皆变成上味，如天甘露，无不美者。若以舌根，于大众中有所演说，出深妙声，能入其心，皆令欢喜快乐。又，诸天子、天女、释梵诸天，闻是深妙音声，所有演说，言论次第，皆悉来听。及诸龙、龙女、夜叉、夜叉女、乾闼婆、乾闼婆女、阿修罗、阿修罗女、迦楼罗、迦楼罗女、紧那罗、紧那罗女、摩睺罗伽、摩睺罗伽女，为听法故，皆来亲近，恭敬供养。及比丘、比丘尼、优婆塞、优婆夷，国王、王子、群臣、眷属，小转轮王、大转轮王、七宝千子、内外眷属，乘其宫殿俱来听法，以是菩萨善说法故。婆罗门、居士、国内人民尽其形寿，随侍供养。又，诸声闻、辟支佛、菩萨、诸佛，常乐见之。是人所在方面，诸佛皆向其外说法。悉能受持一切佛法，又能出于深妙法音。"

尔时，世尊欲重宣此义，而说偈言：是人舌根净，终不受恶味，其有所食噉，悉皆成甘露。以深净妙声，于大众说法，以诸因缘喻，引导众生心。闻者皆欢喜，设诸上供养，诸天龙夜叉，及阿修罗等，皆以恭敬心，而共来听法。是说法之人，若欲以妙音，遍满三千界，随意即能至。大小转轮王，及千子眷属，合掌恭敬心，常来听受法。诸天龙夜叉，罗刹毗舍阇，亦以欢喜心，常乐来供养。梵天王魔王，自在大自在，如是诸天众，常来至其所。诸佛及弟子，闻其说法音，常念而守护，或时为现身。

【白话】

"再次，常精进菩萨，如果善男子、善女人受持这部《法华经》，不论是阅读还是背诵，不论是解说还是抄写，那么，他就可获得一千二百种舌功德。有了这种舌功德，那么，诸味当中不论是好的还是不好的，美的还是不美的以及其他各种苦涩之物，一到这位法师的舌根上来，就全变成上等妙味，就像天降的甘露，无不甜美清香。若以这样的舌根在大众中演说佛法，则可发出浑厚微妙的音声，这音声能深入大众的心田，使他们皆大欢喜，快乐无比。另外，各位天神的儿女、帝释天、大梵天以及诸天的天主，他们听到这种浑厚微妙的声音在层次分明、有条不紊地演讲佛法，便全都前来聆听。天龙八部神中除了这些天神外，还有诸龙神和龙女，夜叉和夜叉女、乾闼婆和乾闼婆女，阿修罗和阿修罗女，迦楼罗和迦楼罗女，紧那罗和紧那罗女，摩睺罗伽和摩睺罗伽女，这些天神为了听闻佛法，都来亲近这位受持《法华经》而获得微妙舌功德的法师，并对他表示恭敬和供养。比丘、比丘尼、男女居士、国王、王子、群臣、眷属、小神圣国王、大神圣国王、各神圣国王的一千个儿子，里里外外的眷属等，都乘其宫殿，一同前来听法。因为这位法师是菩萨法师，善于说法，所以，婆罗门和居家修道的居士以及国内的人民，都终生跟随侍奉法师，供养法师。另外，各位声闻、辟支佛、菩萨、如来佛等四种圣者也都喜欢见到这位法师。这位法师不论在什么地方，诸位如来佛都会向其所在的地方说法。这位法师能完全受持诸佛所说的一切教法，又能讲出深奥微妙的佛法之音。"

这时，释迦牟尼佛欲重宣以上义理，便又以偈颂格式复述道："这位受持《法华经》的人舌根清净，始终不会受到恶味的侵害，即使吃到了恶味之物，也会使其全都变成甘露，此人以深沉、清净、微妙的声音，在大众中说法，用各种因缘、譬喻的方法，引导众生发菩提心。听闻其说法的人无不欣乐欢喜，为其设上各种高级的供养。诸天神、龙神、夜叉以及阿修罗等八部神都以恭敬之心同来听他讲经说法。这位说法的人，若想使微妙的法音遍满整个三千大千世界,那么,法音将随其意愿,到达任何一个地方。大小国王及国王的千子和眷属们,都双手合掌,以恭敬之心,常来听闻、领受佛法。诸天神、夜叉、罗刹、毗舍阇等诸鬼神也产生了欢喜之心,常来供养这位法师。大梵天王和魔王,自在天和大自在天等诸天的天神常来法师所住之处。诸佛和他们的弟子听到这位法师说法的声音,便时常忆念并守护这位法师,有时还现身来见这位法师。

【经文】

"复次,常精进,若善男子、善女人受持是经,若读、若诵、若解说、若书写,得八百身功德。得清净身,如净琉璃,众生喜见。其身净故,三千大千世界众生,生时、死时、上下、好丑、生善处、恶处,悉于中现。及铁围山、大铁围山、弥楼山、摩诃弥楼山等诸山,及其中众生,悉于中现。下至阿鼻地狱,上至有顶,所有及众生,悉于中现。若声闻、辟支佛、菩萨、诸佛说法,皆于身中现其色像。"

尔时,世尊欲重宣此义,而说偈言:若持法华者,其身甚清净,如彼净琉璃,众生皆喜见。又如净明镜,悉见诸色像,菩萨于净身,皆见世所有。唯独自明了,余人所不见,三千世界中,一切诸群萌,天人阿修罗,地狱鬼畜生,如是诸色像,皆于身中现,诸天等宫殿,乃至于有顶,铁围及弥楼,摩诃弥楼山,诸大海水等,皆于身中现。诸佛及声闻,佛子菩萨等,若独若在众,说法悉皆现。虽未得无漏,法性之妙身,以清净常体,一切于中现。

【白话】

"再次,常精进菩萨,若善男子、善女人受持这部《法华经》,不论是阅读还是背诵,不论是解说还是抄写,那么,此人便可获得八百种身功德。得到清净的身体,如同明净的琉璃一样明净光亮,众生都喜欢见到他。由于此人的身体清净,所以,三千大千世界中所有的众生,或者生的时候,或者死的时候,或者在天上,或者在地狱,或者相貌美丽,或者相貌丑陋,或者转生善处,或者转生恶道,所有这一切情况,都会在此人清净的身体中现出。还有,铁围山、大铁围山、弥楼山和大弥楼山等各种山及其中的众生,也都在此人清净的身体中显现出来。下至无间地狱,上至有顶天,所有诸天及其中的众生,都能在此人清净的身体中显现出来。如来声闻、辟支佛、菩萨、诸佛等四种圣者讲经说法,那么,他们的色身之相皆可在此人清净的身体中显现出来。"

这时,释迦牟尼佛欲重宣此义,又以偈颂格式说道:"受持《法华经》的人,其身极为清净,就像明净的琉璃,众生都喜欢见到。这种清净的身体又如清净的明镜,各种色像都能在上面显现出来。这位菩萨在其清净身中,看到了世间的一切,只是唯独自己明了,其他人并看不见。三千大千世界之中,所有一切众生和一切境界,即天神、人类、阿修罗、地狱、饿鬼、畜生等六类众生,他们的色身之像都可在此人的清净身中显现出来。诸天神的宫殿直至有顶天中的宫殿,以及铁围山、弥楼山、大弥楼山还有各个大海等,都能在此人的清净身体中显现出来。诸位如来佛和声闻、辟支佛、菩萨等四种圣者,不论单独自居还是在大众之中说法教化,他们都可在这位法师的清净身体中显现出来。这位受持《法华经》的法师,虽然尚未修成清净超凡的圣果,尚未获得法性的妙身，可是却能以父母所生的清净而平常的肉身之体，映现出所有的一切。

【经文】

"复次，常精进，若善男子、善女人，如来灭后，受持是经，若读、若诵、若解说、若书写，得千二百意功德。以是清净意根，乃至闻一偈一句，通达无量无边之义，解是义已，能演说一句一偈，至于一月、四月乃至一岁，诸所说法，随其义趣皆与实相不相违背。若说俗间经书，治世语言，资生业等，皆顺正法。三千大千世界六趣众生，心之所行，心所动作，心所戏论，皆悉知之。虽未得无漏智慧，而其意根，清净如此。是人有所思惟、筹量、言说，皆是佛法，无不真实。亦是先佛，经中所说。"

尔时，世尊欲重宣此义，而说偈言：是人意清净，明利无浊秽，以此妙意根，知上中下法。及至闻一偈，通达无量义，次第如法说，月四月至岁。是世界内外，一切诸众生，若天龙及人，夜叉鬼神等。其在六趣中，所念若干种，持法华之报，一时皆悉知。十方无数佛，百福庄严相，为众生说法，悉闻能受持。思惟无量义，说法亦无量，终始不忘错，以持法华故。悉知诸法相，随义识次第，达名字语言，如所知演说。此人有所说，皆是先佛法，以演此法故，于众无所畏。持法华经者，意根净若斯，虽未得无漏，先有如是相。是人持此经，安住希有地，为一切众生，欢喜而爱敬。能以千万种，善巧之语言，分别而说法，持法华经故。

【白话】

"再次,常精进菩萨,如果善男子、善女人在如来灭度之后受持这部《法华经》,不论是阅读还是背诵,不论是解说还是抄写,那么,他就可获得一千二百种意功德。有了这种清净的意根,就是只听到一首偈颂、一句经文,也能通达无量无边的佛法义理。理解了这么多的佛法义理之后,哪怕只演说一句经文、一首偈颂,也能演讲一个月、四个月甚至一年时间,所讲的佛法,都能随顺经文的义趣,与实相之理不相违背。如果讲说俗世间的经书,如治理国家的文字及钱财生计行业等,也都能随顺佛法,使之与佛法不相违背。三千大千世界中的六道众生,他们心中所想的行为,所起的动作,所生的虚妄而不严肃的言论,这位具有清净意根的法师也能完全知晓。虽然这位法师尚未获得清净圣洁的佛智慧,可是他的意根已如此清净无染。这位法师所思惟、筹量、言说的一切,都是佛法,无不真实可靠。它们也是原先诸位如来佛在经中所说过的道理。"

这时,释迦牟尼佛欲重申此义,便又以偈颂格式说道:"此人意根清净,明澈伶俐,没有浊秽。以此微妙的意根,可知上、中、下各类佛法,就是只听闻一道偈颂,也可通达全部佛法的无量妙义。按照佛法原义,有条不紊地演说,长达一月、四月甚至一年。这个世界内外的一切众生,如天神、龙神、人类、夜叉、鬼神等,他们都处在六道轮回之中,内心有各种各样的念头。这位法师,由于受持《法华经》得到报应,所以,一时间便完全知晓这些纷繁的念头。十方之内的无数位如来佛,有百福庄严起来的妙身相,他们为众生演说的佛法,这位法师全能听到并能信受奉行。这位法师所思惟的义理无量无边,所演说的佛法也是无量无边,而且任何时候都不会忘失,不会出错,这都是因为他受持

《法华经》的缘故。这位法师完全知晓有关法相的义理，能随着这种义理而依次认识了别，通达法相不可执着的道理，于是便知道世间的各种名称与语言只不过是虚假的施设。根据所悟到的法相非相、体悟实相的义理，这位法师又能为众生演说这种妙法。这位法师所说的一切，都是原来诸佛所讲的教法。因为他演说这种妙法的缘故，所在大众之中没有任何畏惧。

"受持《法华经》的法师，他的意根就是这么的清净。虽然他尚未获得断尽烦恼的圣洁之智，但却提前得到了这样的清净之相。这位法师受持此经，安住在难得的宝地，一切众生见了他都会生欢喜之心，从而对其爱戴和尊敬。他能以千万种巧妙的语言，分别为众生讲经说法，这都是他受持《法华经》的缘故。"

常不轻菩萨品第二十

【经文】

尔时，佛告得大势菩萨摩诃萨："汝今当知，若比丘、比丘尼、优婆塞、优婆夷，持法华经者，若有恶口，骂詈诽谤，获大罪报，如前所说。其所得功德，如向所说，眼耳鼻舌身意清净。得大势，乃往古昔，过无量无边不可思议阿僧祇劫，有佛名威音王如来、应供、正遍知、明行足、善逝、世间解、无上士、调御丈夫、天人师、佛、世尊。劫名离衰，国名大成。其威音王佛，于彼世中，为天、人、阿修罗说法。为求声闻者说应四谛法，度生老病死，究竟涅槃；为求辟支佛者说应十二因缘法；为诸菩萨，因阿耨多罗三藐三菩提，说应六波罗蜜法，究竟佛慧。

"得大势，是威音王佛，寿四十万亿那由他恒河沙劫。正法住世劫数，如一阎浮提微尘。像法住世劫数，如四天下微尘。其佛饶益众生已，然后灭度。正法、像法灭尽之后，于此国土，复有佛出，亦号威音王如来，应供、正遍知、明行足、善逝、世间解、无上士、调御丈夫、天人师、佛、世尊。如是次第有二万亿佛，皆同一号。

【白话】

这时,释迦牟尼佛告诉大势至菩萨说:"你现在应当知道,如果比丘、比丘尼、男女居士能够受持这部《法华经》,那么,若有谁对他们恶言相加、辱骂诽谤,如前面所说,谁便会获得很大的罪报,而受持《法华经》者因此所得到的功德,却如刚才所说,能获得眼、耳、鼻、舌、身、意等六根的清净。大势至,从现在向往昔过无量无边不可胜数阿僧祇劫的漫长岁月,在这个极其遥远的时代里,有一位佛,名叫威音王如来,同时具备十种称号,即应供、正遍知、明行足、善逝、世间解、无上士、调御丈夫、天人师、佛、世尊。当时所处的劫,名叫离衰;所居的国,名叫大成。这位威音王佛,在他所处的时代中,为天神、人类和阿修罗等三善道中的众生说法。其中为求声闻果的人说苦、集、灭、道的四谛之法,以救度他们的生、老、病、死诸苦,达到终极的涅槃境界;为求辟支佛果的人讲十二因缘之法;为求证至高无上的佛智的菩萨们讲布施、持戒、忍辱、精进、禅定、智慧等六波罗蜜之法,使他们最终成就佛的智慧。

"大势至菩萨,这位威音王佛的寿命长达四十万亿兆恒河的所有沙数那么多的劫数。这位佛的正法存在于世的劫数相当于一个阎浮提洲粉为微尘所得的微尘总数。这位佛的像法存在于世的劫数,相当于四大部洲粉为微尘所得的微尘总数。这位如来佛使所有的众生受到教益、得到救度之后,便进入涅槃,自我灭度。此佛的正法、像法完全消亡之后,在他的那块国土上又有一佛出世,此佛的名字也叫威音王如来,同时具足十种称号,即:应供、正遍知、明行足、善逝、世间解、无上士、调御丈夫、天人师、佛、世尊。像这样依次辗转,一共有二万亿个佛先后主持教化,他们的名号完全一样。

【经文】

"最初威音王如来,既已灭度,正法灭后,于像法中,增上慢比丘有大势力。尔时,有一菩萨比丘,名常不轻。得大势,以何因缘名常不轻?是比丘,凡有所见若比丘、比丘尼、优婆塞、优婆夷,皆悉礼拜赞叹,而作是言:'我深敬汝等,不敢轻慢。所以者何?汝等皆行菩萨道,当得作佛。'而是比丘,不专读诵经典,但行礼拜,乃至远见四众,亦复故往礼拜赞叹,而作是言:'我不敢轻于汝等,汝等皆当作佛。'四众之中,有生瞋恚,心不净者,恶口骂詈言:'是无智比丘,从何所来,自言我不轻汝,而予我等授记,当得作佛,我等不用如是虚妄授记。'如此经历多年,常被骂詈,不生瞋恚,常作是言:'汝当作佛。'说是语时,众人或以杖木瓦石而打掷之。避走远住,犹高声唱言:'我不敢轻于汝等,汝等皆当作佛。'以其常作是语故,增上慢比丘、比丘尼、优婆塞、优婆夷,号之为常不轻。是比丘临欲终时,于虚空中,具闻威音王佛、先所说法华经二十千万亿偈,悉能受持,即得如上眼根清净,耳鼻舌身意根清净。得是六根清净已,更增寿命二百万亿那由他岁,广为人说是法华经。

【白话】

"最初的那位威音王如来灭度之后,直到他的正法也消灭无闻的像法时代中,轻狂傲慢的比丘拥有强大的势力。那时,有一位修菩萨法门的比丘,名叫常不轻。大势至菩萨,你知道他为什么叫常不轻呢?因为这位比丘对凡是他所遇到的人,不论其是比丘还是比丘尼，不论是男居士还是女居士，都要施行叩拜，称扬赞叹，并对他们说：'我深深地敬仰你们，不敢对你们有半点轻慢，为什么呢？因为你们都修行菩萨之道，将会成为如来佛。'而这位常不轻比丘，并不专一地读诵经典，只是遍行礼拜，甚至远远看见比丘、比丘尼、男居士、女居士等四众弟子，他也要特意走上前去，对他们施礼叩拜，称扬赞叹，并且说道：'我不敢轻慢你们，你们皆当作佛。'四众弟子中有的人心地不净，产生瞋恚，恶言恶语地骂道：'这个没有智慧的比丘，从什么地方跑到这里，自言自语什么我不轻慢你们，甚至为我们授记作佛。我们不需要这种虚妄的授记。'这样，经历了好多年，常不轻经常被骂，但他从不生气发怒，始终这么说：'你将成佛。'说这种话时，众人有时用手杖、木条、瓦块、石头等打他。他只好躲避，跑到很远的地方，但嘴里依然高声大呼：'我不敢轻慢你们，你们皆当作佛！'因为这位比丘经常说这样的话，所以，轻狂傲慢的比丘、比丘尼、男居士、女居士便给他取了一个名号叫常不轻。

"这位比丘年老临终之时，从虚空中完全听到威音王佛先前所说的《法华经》二十千万亿句，并对此完全能够受持，于是他便获得了如上所述的眼根清净以及耳根、鼻根、舌根、身根、意根等六根清净。获得了这种六根清净之后，又增加了寿命二百万亿兆岁。由此，他便广泛为众人演说这部《法华经》。

【经文】

"于时，增上慢四众比丘、比丘尼、优婆塞、优婆夷，轻贱是人为作不轻名者，见其得大神通力、乐说辩力、大善寂力，闻其所说，皆信伏随从。是菩萨复化千万亿众，令住阿耨多罗三藐三菩提。命终之后，得值二千亿佛，皆号日月灯明，于其法中说是法华经，以是因缘，复值二千亿佛，同号云自在灯王。于此诸佛法中，受持、读诵、为诸四众说此经典故，得是常眼清净、耳鼻舌身意诸根清净，于四众中说法，心无所畏。得大势，是常不轻菩萨摩诃萨，供养如是若干诸佛，恭敬、尊重、赞叹，种诸善根。于后复值千万亿佛，亦于诸佛法中说是经典，功德成就，当得作佛。

"得大势，于意云何？尔时常不轻菩萨岂异人乎？则我身是。若我于宿世，不受持读诵此经，为他人说者，不能疾得阿耨多罗三藐三菩提。我于先佛所受持读诵此经、为人说故，疾得阿耨多罗三藐三菩提。得大势，彼时四众，比丘、比丘尼、优婆塞、优婆夷，以瞋恚意，轻贱我故，二百亿劫，常不值佛，不闻法，不见僧，千劫于阿鼻地狱受大苦恼。毕是罪已，复遇常不轻菩萨，教化阿耨多罗三藐三菩提。

"得大势，于汝意云何？尔时四众常轻是菩萨者，岂异人乎？今此会中，跋陀婆罗等五百菩萨，师子月等五百比丘，尼思佛等五百优婆塞，皆于阿耨多罗三藐三菩提不退转者是。得大势，当知是法华经，大饶益诸菩萨摩诃萨，能令至于阿耨多罗三藐三菩提。是故诸菩萨摩诃萨，如来灭后，常应受持、读诵、解说、书写是经。"

【白话】

"这个时候，那些轻狂傲慢的比丘、比丘尼、男居士、女居士，特别是轻贱此人并为他起名叫常不轻的人，见他获得了巨大的神通之力以及乐说雄辩的演讲能力和身心善良的忍辱能力，于是，他们听了这位比丘的说法，便全部信受拜伏，随从他一起修道。这位常不轻菩萨又教化了千万亿个众生，使他们都获得了至高无上的圣智。命终之后，他又多次转生，遇到了二千亿个佛，这些佛的名号都叫日月灯明。他在这些佛的法化事业中，继续演说这部《法华经》，由于这个缘故，他又遇到了二千亿个佛，这些佛的名号都叫做自在灯王佛。在这些佛的法化事业中，他依然受持、读诵并为四众弟子演说这部经典。由于这个缘故，他又获得了眼根清净、耳根、鼻根、舌根、身根、意根等六根的清净，所以，他在四众弟子中说法，心中没有任何怖畏。大势至菩萨，这位常不轻大菩萨供养了这么多的如来佛，对所有如来佛都非常恭敬，非常尊重，并进行了称颂赞叹，从而种下了很多善根。此后，这位常不轻菩萨又遇到了千万亿个佛，在这些佛的法化事业中，他还是演说这部经典，终于成就了所有的功德，应当就要作佛了。

"大势至菩萨，在你看来，那时的常不轻菩萨是旁人吗？其实，那时的常不轻菩萨就是我释迦牟尼佛的前身。如果我在前世不受持、读诵这部经典，不为他人演说，那么，我就不会这么快地得到至高无上的圣智。因我在原先的如来佛那里，受持、读诵这部经典，并为他人演说，所以，我才很快地得到了至高无上的圣智。大势至菩萨，那时的四众弟子，即比丘、比丘尼、男居士、女居士，以瞋怒的心态轻视我、卑贱我，因此，他们在二百亿劫的岁月中，一直遇不到佛，听不到法，看不到僧。他们无缘遇到佛、法、僧三宝，所以在长达一千劫的时间里，他们转生于无间地狱中遭受巨大的痛苦。等受完了这些罪报之后，他们又转生人世，再次遇到常不轻菩萨，受其教化，走上了求证至高无上的圣智的道路。

"大势至菩萨,在你看来,那时四众弟子中经常轻视这位菩萨的人难道是旁人吗?其实,他们就是今天法华会上的跋陀婆罗等五百位菩萨、师子月等五百位比丘、尼思佛等五百位男居士。他们如今已在求证至高无上的圣智的道路上,全部达到了不退转的阶位。

"大势至菩萨,你应当知道,这部《法华经》对所有的菩萨、大菩萨都有巨大的益处,能使他们成就至高无上的圣智。所以,一切的菩萨、大菩萨在如来灭度之后都应该时常受持、读诵、解说、书写这部经典。

【经文】

尔时,世尊欲重宣此义,而说偈言:过去有佛,号威音王,神智无量,将导一切,天人龙神,所共供养。是佛灭后,法欲尽时,有一菩萨,名常不轻。时诸四众,计著于法。不轻菩萨,往到其所,而语之言,我不轻汝,汝等行道,皆当作佛。诸人闻已,轻毁骂詈。不轻菩萨,能忍受之。其罪毕已,临命终时,得闻此经,六根清净。神通力故,增益寿命,复为诸人,广说是经。诸著法众,皆蒙菩萨,教化成就,令住佛道。不轻命终,值无数佛,说是经故,得无量福,渐具功德,疾成佛道。彼时不轻,则我身是。时四部众,著法之者,闻不轻言,汝当作佛,以是因缘,值无数佛。此会菩萨,五百之众,并及四部,清信士众,今于我前,听法者是。我于前世,劝是诸人,听受斯经,第一之法。开示教人,令住涅槃,世世受持,如是经典。亿亿万劫,至不可议,时乃得闻,是法华经。亿亿万劫,至不可议,诸佛世尊,时说是经。是故行者,于佛灭后，闻如是经，勿生疑惑，应当一心，广说此经。世世值佛，疾成佛道。

【白话】

这时，释迦牟尼佛欲重宣此义，便又以偈颂格式复述道："过去有位佛，名叫威音王，此佛的神通无量、智慧无量。他接引并指导一切众生，受到天神、人类和各种龙神的共同供养。此佛灭度后，佛法将灭时，有一位菩萨，名叫常不轻。那时，四众弟子执着于法相，故而滋生了轻狂傲慢的心理。常不轻菩萨来到他们所在的地方，对他们说：'我不轻视你们，你们都在修道，都会成佛。'这些人听了之后，对他轻视、诽谤、辱骂，常不轻菩萨皆能忍受。这位菩萨之所以受到如此轻视与毁骂，都是前世所造罪业的缘故。当这种罪业完毕之后，常不轻菩萨得以听到这部《法华经》，获得六根清净的神通之力，从而延长了寿命，又为其他人广泛讲说此经。原来执着于法相的那些四众弟子都蒙这位菩萨教化，有所成就，从而进住于无上的佛道。常不轻菩萨此生命终之后，又多次转生，生生世世之中遇到了无数个佛。由于他继续演说此经，所以获得了无量的福报，逐渐具足了功德，从而迅速成就了佛道。

"那时的常不轻菩萨，就是我的前身。那时执着于法相的四众弟子，因为听到常不轻菩萨说'你当作佛'，所以他们后来曾遇到无数位佛。现在法会中的五百位菩萨及比丘、比丘尼、男居士、女居士等四众弟子，如今正在我的面前听闻佛法，他们就是当时执着于法相的那些四众弟子。我在前世曾劝这些人听受此经的第一妙法，不断地开示教化他们，使他们能够进住于涅槃解脱的境界，并生生世世受持这部经典。

"经过亿亿万劫甚至不可思议长的劫数,才能够听到这部《法华经》。经过亿亿万劫甚至不可思议长的劫数,诸佛才讲这部《法华经》。所以,修行者在佛灭之后,若能听到这部经典,就不要产生疑惑,应当一心一意地广泛演说此经。果能如此,那么,他们生生世世都会遇到如来佛,从而能够很快地成就佛道。"

如来神力品第二十一

【经文】

尔时,千世界微尘等菩萨、摩诃萨,从地涌出者,皆于佛前一心合掌,瞻仰尊颜,而白佛言:"世尊,我等于佛灭后,世尊分身所在国土,灭度之处,当广说此经。所以者何?我等亦自欲得是真净大法,受持、读诵、解说、书写,而供养之。"

尔时,世尊于文殊师利等无量百千万亿旧住娑婆世界菩萨、摩诃萨及诸比丘、比丘尼、优婆塞、优婆夷、天龙、夜叉、乾闼婆、阿修罗、迦楼罗、紧那罗、摩睺罗伽、人非人等一切众前,现大神力,出广长舌,上至梵世,一切毛孔,放于无量无数色光,皆悉遍照十方世界。众宝树下,师子座上诸佛,亦复如是,出广长舌,放无量光。释迦牟尼佛及宝树下诸佛现神力时,满百千岁,然后还摄舌相。一时謦欬,俱共弹指,是二音声遍至十方诸佛世界,地皆六种震动。其中众生,天、龙、夜叉、乾闼婆、阿修罗、迦楼罗、紧那罗、摩睺罗伽、人非人等,以佛神力故,皆见此娑婆世界无量无边百千万亿众宝树下,师子座上诸佛,及见释迦牟尼佛,共多宝如来,在宝塔中坐师子座,又见无量无边百千万亿菩萨、摩诃萨及诸四众,恭敬围绕释迦牟尼佛,既见是已,皆大欢喜,得未曾有。

即时,诸天于虚空中高声唱言:"过此无量无边百千万亿阿僧祇世界,有国名娑婆,是中有佛,名释迦牟尼,今为诸菩萨,摩诃萨,说大乘经,名妙法莲华,教菩萨法,佛所护念。汝等当深心随喜,亦当礼拜供养释迦牟尼佛。"彼诸众生闻虚空中声已,合掌向娑婆世界作如是言:"南无释迦牟尼佛!南无释迦牟尼佛!"以种种花香、璎珞、幡盖及诸严身之具,珍宝妙物,皆共遥散娑婆世界。所散之物从十方来,譬如云集,变成宝帐,遍覆此间诸佛之上。于时十方世界,通达无碍,如一佛土。

【白话】

这时,一千世界微尘数那么多的菩萨、大菩萨,即从地下涌出的那些菩萨大众,都在释迦牟尼佛面前专心一意地合起双掌,瞻仰佛的尊颜,对佛说道:"世尊,我们在佛灭度之后,将在世尊分身所在国土的灭度之处,广泛演说这部经典。为什么呢?因为我们也想得到这种既真实又清净的大法,并受持、读诵、解说、书写、供养这部经典。"

这时,释迦牟尼佛在文殊师利等无量百千万亿过去曾住在这个娑婆世界的菩萨、大菩萨面前,在各位比丘、比丘尼、男居士、女居士等四众弟子面前,在天神、龙神、乾闼婆、阿修罗、迦楼罗、紧那罗、摩睺罗伽等八部众面前,在一切人和非人面前,显示出巨大的神通之力。他伸出既广又长的舌头,向上直达色界大梵天。佛身上所有的毛孔，都发放出无量无数、色彩斑斓的光芒，照遍了十方世界的各个角落。坐在各种宝树下狮子座上的各位分身佛也是如此，伸出既广又长的舌头，放出无量无数的光芒。释迦牟尼佛及坐在宝树下的各位分身佛显现神通之力的时间，延续了整整一百个千年之后，才收摄了这种广长舌相。他们同时发出轻咳声和弹指声，这两种声音响彻十方一切佛国世界，大地也随之发生了六种类型的震动。置身于法华会中的所有众生如天神、龙神、夜叉、乾闼婆、阿修罗、迦楼罗、紧那罗、摩睺罗伽以及人和各种非人的恶鬼、冥众等，凭借佛的神力，都看见了这个娑婆世界无量无边百千万亿棵宝树下狮子座上坐着的各位如来佛，也看见了释迦牟尼佛和多宝如来在宝塔之中坐在狮子座上，还看见了无量无边百千万亿个菩萨、大菩萨以及四众弟子正恭恭敬敬地围绕着释迦牟尼佛。看见了这种景象之后，大家无不欣乐欢喜，赞叹这是从未有过的妙事。

紧接着，诸位天神在虚空中高声说道："由此再过无量无边百千万亿阿僧祇个世界，那里有一处国土，名叫娑婆。在此国土之中，有一位如来佛，名叫释迦牟尼，现在正在为诸菩萨、大菩萨讲说一部名叫《妙法莲华经》的大乘经典。此经是教化菩萨的妙法，是佛对众生的护持与忆念。你们应当衷心随顺其义，欢喜信受，也应当礼拜、供养释迦牟尼佛。"所有众生听到虚空中的这种声音之后，都合掌面向娑婆世界，并口中说道："南无释迦牟尼佛！南无释迦牟尼佛！"众生们以各种鲜花、妙香、璎珞、宝幡、宝盖及各种装饰身体的用品和其他各类珍宝、妙物，一起向遥远的娑婆世界散去。所散之物从十方世界汇集而来，犹如云团相聚，变成了宝帐，周遍地覆盖在此间的各位如来佛的上空。这时，十方世界，通达无碍，犹如一块完整的佛土。

【经文】

尔时,佛告上行等菩萨大众:"诸佛神力如是无量无边,不可思议,若我以是神力于无量无边百千万亿阿僧祇劫,为嘱累故,说此经功德,犹不能尽。以要言之,如来一切所有之法,如来一切自在神力,如来一切秘要之藏,如来一切甚深之事,皆于此经宣示显说。是故,汝等于如来灭后,应一心受持、读诵、解说、书写,如说修行。所在国土,若有受持、读诵、解说、书写、如说修行。若经卷所住之处,若于园中、若于林中、若于树下、若于僧坊、若白衣舍、若在殿堂、若山谷旷野,是中皆应起塔供养。所以者何?当知是处即是道场,诸佛于此得阿耨多罗三藐三菩提,诸佛于此转于法轮,诸佛于此而般涅槃。"

【白话】

这时,释迦牟尼佛告诉上行等菩萨大众说:"诸佛神力如此无量无边,不可思议。假如我以这种神力在长达无量无边百千万亿阿僧祇劫的时间里,因为再三嘱托众生信受的缘故,不断讲述此经的功德,但依然是说不尽道不完的。总而言之,如来所拥有的一切教法,如来所具备的一切自在神力,如来所宣示的一切秘要法藏,如来所做的一切深妙法事,所有这一切都在此经中作了宣讲、指示和明明白白的叙说。所以,你们在如来佛灭度之后,应一心一意地受持、读诵、解说、书写这部经典,并按照经中所说的道理去修行。不论在任何一个国土,只要有人受持、读诵、解说、书写《法华经》,并按照经中所说的道理去修行,或者只要是这部经典所在的地方,如:花园、丛林、树下、僧院、民宅、殿堂、山谷、旷野,等等,所有这些地方都应该建起宝塔来供养。为什么呢?应该知道,这些地方就是道场,诸位如来佛就是在这里得了至高无上的圣智,诸位如来佛就是在这里转动法轮,教化众生,诸位如来佛就是在这里进入涅槃。"

【经文】

尔时,世尊欲重宣此义,而说偈言:诸佛救世者,住于大神通,为悦众生故,现无量神力,舌相至梵天,身放无数光。为求佛道者,现此希有事,诸佛謦欬声,及弹指之声。周闻十方国,地皆六种动。以佛灭度后,能持是经故,诸佛皆欢喜,现无量神力。嘱累是经故,赞美受持者,于无量劫中,犹故不能尽。是人之功德,无边无有穷,如十方虚空,不可得边际。能持是经者,则为已见我,亦见多宝佛,及诸分身者,又见我今日,教化诸菩萨,能持是经者,令我及分身,灭度多宝佛,一切皆欢喜。十方现在佛,并过去未来,亦见亦供养,亦令得欢喜。诸佛坐道场,所得秘要法,能持是经者,不久亦当得。能持是经者,于诸法之义,名字及言辞,乐说无穷尽,如风于空中,一切无障碍。于如来灭后,知佛所说经,因缘及次第,随义如实说,如日月光明,能除诸幽冥。斯人行世间,能灭众生暗,教无量菩萨,毕竟住一乘。是故有智者,闻此功德利,于我灭度后,应受持斯经,是人于佛道,决定无有疑。

【白话】

这时,释迦牟尼佛欲重宣此义,便又以偈颂格式重述道:

"诸佛是世间一切众生的救度者,为了使众生获得究竟的快乐,所以他们进住于神通之地,并显现其所拥有的神通之力。诸佛首先现出神妙的舌相,舌头变得又广又长,直达梵天之境,诸佛之身也发放无量光芒,五彩缤纷。佛是为求佛道的众生,才现出这种稀有的现象。诸佛轻咳之声和弹指之声,遍闻十方国土,所到之处,大地都出现了六种震动。因为诸佛灭度后有人能受持此经,所以,诸佛均十分欢喜,故而现此神力。佛为了表示再三的叮咛,故而赞美受持《法华经》的人,在长达无量劫的漫漫岁月中,这种赞叹依然不能穷尽。所以,受持《法华经》的人,其所获得的功德,是无边无际,永无穷尽的,就像十方的虚空一样,不可找到它的边际。能够受持这部经典的人,就等于见到了我的身相,也见到了多宝如来和我的所有分身诸佛,也就等于见到了我今日在此教化所有菩萨的情景。能受持这部经典的人,即可令我和我的所有分身佛以及业已灭度的多宝佛,都感到十分欢喜。也能见到、也能供养十方世界内的现在诸佛和过去诸佛、未来诸佛,也能使他们得到欢喜。所有这一切如来佛,他们坐在道场中所悟得的秘要之法,对于这些受持《法华经》的人来说,他们不久也将得到。能受持这部经典的人,对于诸佛所说各种法义,如经中的名相、经中的言辞,能得到乐说无碍的辩才的境界,好像风在空中一样,没有任何的限制与阻碍。在佛灭度之后,要是知道佛所说的经典,佛说法的因缘与次序,并随顺经中的义理,如实的解说,那么,就好比日月之光明,能消除一切黑暗之处。这些人在世间行道,能消灭众生心中的暗昧,教化无量菩萨,使他们最终进入佛乘,证成佛果。所以,凡是有智慧的人,听到受持这部经典能有这样的功德利益,他们在我灭度之后,就应当受持这部经典。那么,他们在成佛这个问题上,是绝对没有任何疑问的。"

嘱累品第二十二

【经文】

尔时,释迦牟尼佛从法座起,现大神力,以右手摩无量菩萨摩诃萨顶,而作是言:"我于无量百千万亿阿僧祇劫,修习是难得阿耨多罗三藐三菩提法,今以付嘱汝等,汝等应当一心流布此法,广令增益。"如是三摩诸菩萨摩诃萨顶,而作是言:"我于无量百千万亿阿僧祇劫,修习是难得阿耨多罗三藐三菩提法,今以付嘱汝等,汝等当受持、读诵、广宣此法,令一切众生普得闻知。所以者何?如来有大慈悲,无诸悭吝,亦无所畏,能予众生佛之智慧、如来智慧、自然智慧。如来是一切众生之大施主。汝等亦应随学如来之法,勿生悭吝,于未来世,若有善男子、善女人信如来智慧者,当为演说此法华经,使得闻知,为令其人得佛慧故。若有众生不信受者,当于如来余深法中,示教利喜。汝等若能如是,则为已报诸佛之恩。"

时,诸菩萨、摩诃萨闻佛作是说已,皆大欢喜,遍满其身,益加恭敬,屈躬低头,合掌向佛,俱发声言:"如世尊敕,当俱奉行,唯然!世尊,愿不有虑。"诸菩萨摩诃萨众,如是三反,俱发声言:"如世尊敕,当俱奉行,唯然!世尊,愿不有虑。"

尔时，释迦牟尼佛令十方来诸分身佛各还本土，而作是言："诸佛各随所安，多宝佛塔还可如故。"说是语时，十方无量分身诸佛坐宝树下师子座上者，及多宝佛并上行等无边阿僧祇菩萨大众，舍利佛等声闻四众及一切世间天、人、阿修罗等，闻佛所说，皆大欢喜。

【白话】

这时，释迦牟尼佛从法座上站起来，显现了巨大的神通之力。他伸出右手，抚摩无量无数个菩萨、大菩萨的头顶，对他们这样说道："我在无量百千万亿阿僧虎劫那么长的漫漫岁月中，修习这种难得的无上圣智之法，今天，我把这种妙法嘱托于你们，你们应当专一其心地流布此法，以更广泛地增加受益的范围。"像这样，先后三次抚摩诸位菩萨、大菩萨的头顶之后，释迦牟尼佛又说："我在无量百千万亿劫那么长的漫漫岁月中，修习这种难得的无上圣智之法，今天，我把这种妙法嘱托于你们，你们应当受持、读诵、广泛宣传这种妙法，使一切众生都能听闻得知。为什么呢？因为，如来有大慈大悲之心，没有一丝一毫的悭吝，没有一丝一毫的畏惧，能够给予众生佛的智慧、如来的智慧和自性本有的智慧。所以，如来是一切众生的大施主，你们也应当跟随如来学习佛法，不要产生悭吝之心。在未来世的时候，如果有善男子、善女人相信如来的智慧，那么，就应当为他们演说这部《法华经》。使其闻知此经，就是为了使其获得佛的智慧。如果有的众生不信受这部《法华经》，则应当在佛的其他深奥之法中，开示他，教化他，令他得到利益，从而产生欢喜之心。你们若能如此去作，那就等于报答了诸位如来佛的恩情。"

这时，诸位菩萨、大菩萨听佛说了这样的话之后，皆大欢喜。他们全身充满欣喜，对佛更加恭敬，于是个个弯腰低头，合掌向佛致礼，同声说道："世尊的敕令，我们自当完全奉行，所以，还请世尊不要有什么顾虑。"诸位菩萨、大菩萨这样反复了三遍之后，又同声说道："世尊的敕令，我们自当完全奉行，所以，还请世尊不要有什么顾虑。"

这时，释迦牟尼佛命令从十方来的所有分身佛各还本土，他这样说道："诸位分身佛现在可以各随所安，回到各自安住的国土。多宝佛塔也可返回原来的地方。"释迦牟尼佛说这话时，坐在宝树下狮子座上那些从十方而来的无数个分身佛和多宝佛以及上行等无数个菩萨，还有舍利弗等声闻乘的四众弟子与所有世间的天神、人类、阿修罗等众生，听了佛的说法，个个心中充满了欢喜。

药王菩萨本事品第二十三

【经文】

尔时,宿王华菩萨白佛言:"世尊,药王菩萨云何游于娑婆世界?世尊,是药王菩萨有若干百千万亿那由他难行苦行。善哉!世尊,愿少解说。诸天、龙神、夜叉、乾闼婆、阿修罗、迦楼罗、紧那罗、摩睺罗伽、人非人等,又他国土诸来菩萨及此声闻众,闻皆欢喜。

尔时,佛告宿王华菩萨:"乃往过去无量恒河沙劫,有佛号日月净明德如来、应供、正遍知、明行足、善逝、世间解、无上士、调御丈夫、天人师、佛、世尊。其佛有八十亿大菩萨、摩诃萨,七十二恒河沙大声闻众,佛寿四万二千劫,菩萨寿命亦等。彼国无有女人、地狱、饿鬼、畜生、阿修罗等及以诸难。地平如掌,琉璃所成。宝树庄严,宝帐覆上,垂宝华幡。宝瓶香炉,周遍国界。七宝为台,一树一台,其树去台尽一箭道。此诸宝树皆有菩萨、声闻而坐其下,诸宝台上,各有百亿诸天作天技乐,歌叹于佛,以为供养。

【白话】

这时，宿王华菩萨对释迦牟尼佛说："世尊，药王菩萨是何因缘来到这个娑婆世界游历的？世尊，这位药王菩萨修习过若干百千万亿兆种难以修行的苦行，好啊！世尊，愿您为我们稍作解说。"法会上的各位天神、龙神、夜叉、乾闼婆、阿修罗、迦楼罗、紧那罗、摩睺罗伽等天龙八部和人与非人的鬼神等，另外还有从其他国土来的诸位菩萨以及此方的声闻乘弟子等，听了宿王华菩萨向佛请问后，都十分欢喜。

这时，释迦牟尼佛告诉宿王华菩萨说："从现在向过去追溯无量条恒河的所有沙数那么多的劫数，那时，有一位佛名叫日月净明德如来，同时具足十种称号，即：应供、正遍知、明行足、善逝、世间解、无上士、调御丈夫、天人师、佛、世尊。这位佛身边有八十亿个大菩萨，有七十二条恒河沙数那么多的大声闻乘弟子。佛的寿命达四万二千劫，菩萨的寿命也是这么长。这个佛国中没有女人，没有地狱、饿鬼、畜生、阿修罗等诸种恶道，也没有各种灾难和痛苦。大地平坦得犹如手掌一般，全都是琉璃铺成。大地上，宝树成行，一派庄严。宝树上，宝帐覆盖，宝华披挂，宝幡下垂。宝瓶与香炉，遍布全国各地。七宝作成高台，每有一树即有一台，宝树与宝台相距一箭之地。这些宝树下都坐有菩萨和声闻弟子。所有的宝台上，各有百亿天神演奏天乐，表演伎艺，歌颂佛陀，作为供养。

【经文】

"尔时，彼佛为一切众生喜见菩萨及众菩萨、诸声闻众说法华经。是一切众生喜见菩萨乐习苦行，于日月净明德佛法中，精进修行，一心求佛，满万二千岁已，得现一切色身三昧。得此三昧已，心大欢喜，即作是言：'我得现一切色身三昧，皆是得闻法华经力，我今当供养日月净明德佛及法华经。'即时入是三昧于虚空中，雨曼陀罗花、摩诃曼陀罗花、细末坚黑栴檀，满虚空中，如云而下。又雨海此岸栴檀之香，此香六铢，价值娑婆世界，以供养佛。

"作是供养已，从三昧起，而自念言：'我虽以神力供养于佛，不如以身供养。'即服诸香，栴檀、薰陆、兜楼婆、毕力迦、沉水、胶香，又饮瞻葡诸花香油，满千二百岁已，香油涂身，于日月净明德佛前，以天宝衣而自缠身，灌诸香油，以神通力愿而自燃身，光明遍照八十亿恒河沙世界。其中诸佛同时赞言：'善哉！善哉！善男子，是真精进，是名真法供养如来。若以花、香、璎珞、烧香、末香、涂香、天缯、幡盖及海此岸栴檀之香，如是等种种诸物供养，所不能及，假使国城、妻子布施亦所不及。善男子，是名第一之施，于诸施中最尊最上，以法供养诸如来故'。作是语已，而各默然。其身燃千二百岁，过是已后，其身乃尽。

【白话】

"那时，日月净明德佛为一切众生都喜欢见到的菩萨以及其他各位菩萨、各位声闻乘弟子演说《法华经》。这位名叫一切众生喜见的菩萨喜欢修习苦行，他在日月净明德佛的正法中，精进修行，一心追求佛果。经过整整一万二千年之后，终于获得了变现一切色身的禅定神力。获得了这种禅定神力后，一切众生喜见菩萨心中十分欢喜，于是他这样说道：'我之所以能获得变现一切色身的禅定之力，都是因为得闻《法华经》的力量所致，所以，我应当供养日月净明德佛和《法华经》。'于是，他立即进入这种禅定状态，升于虚空之中，像下雨一样将小曼陀罗花、大曼陀罗花和坚硬的黑色栴檀香末细末散落下来，一时间，整个天空犹如密云相聚，缤纷而下。同时，还像下雨一样洒下了北海南岸产的栴檀之香，这种香的六铢重量，其价值就相当于一个娑婆世界。如今，一切众生喜见菩萨把它拿来供养日月净明德佛。

"作完了这些供养之后，一切众生喜见菩萨从禅定中起来，心中暗自想道：'我虽然以神力供养了佛，不如以身躯来供养佛。'于是，他立即饮服各种妙香，如栴檀香、薰陆香、兜楼婆香、毕力迦香、沉水香、胶香。他又饮下了薝葡等鲜花制成的香油。如此经过一千二百年，他又用香油涂抹身体，然后，在日月净明德佛前，用天上的宝衣将自己的身躯缠绕起来，再灌下各种香油。这时，一切众生喜见菩萨以其神通愿力，自焚其身。火光照遍了八十亿恒沙数那么多的世界。这些世界之中的每一位佛都异口同声地赞叹道：'好啊！好啊！善男子，这才是真正的精进修行，这才是真法供养如来。以华、香、璎珞以及各种烧香、末香、涂香以及天缯、幡盖和北海此岸的栴檀香等种种东西供养，比不上这种以身体而进行的供养，即使以国城、以妻子进行布施，也比不上这种以身躯而进行的布施。善男子，你这种焚身供佛的布施叫做第一布施，这是所有布施中最尊贵、最上等的布施，因为，这实际上是在以法来供养所有的如来佛。'说完这些话后，诸位如来佛便各自默然不语。大火燃烧一千二百年后，一切众生喜见菩萨的身躯才全部焚烧而尽。

【经文】

"一切众生喜见菩萨，作如是法供已，命终之后，复生日月净明德佛国中，于净德王家结跏趺坐，忽然化生。即为其父而说偈言：大王今当知，我经行彼处，即时得一切，现诸身三昧，勤行大精进，舍所爱之身，供养于世尊，为求无上慧。

"说是偈已，而白父言：'日月净明德佛，今故现在。我先供养佛已，得解一切众生语言陀罗尼，复闻是法华经八百千万亿那由他甄伽罗、频婆罗、阿閦婆等偈。大王，我今当还供养此佛。'白已，即坐七宝之台，上升虚空，高七多罗树，往到佛所，头面礼足，合十指爪，以偈赞佛：容颜甚奇妙，光明照十方，我适曾供养，今复还亲觐。

【白话】

"一切众生喜见菩萨作完这种法供养之后，生命便完结了。由此他又转生到日月净明德佛的佛国中，在一个名叫净德的王室之家双膝打坐，忽然间便化生成一个童子，并对其托生的父亲以偈语格式说道：'大王现在应当知道，我当年游历到你这里时，获得了变现一切色身的禅定神力。我勤加修行这种法门，勇猛精进不息，后来，便舍去了所爱惜的身躯，把它供养给了世尊，以求得至高无上的智慧。'

"说完这些偈语之后，又对其父亲说：'日月净明德佛今天依然还在这个世界中。我原先供养了这位如来佛后，获得了通晓一切众生语言的陀罗尼法门，接着又从此佛处听到这部《法华经》中的八百千万亿兆甄伽罗、频婆罗、阿閦婆等为数巨大的经偈词句。大王，我今应当再回去供养这位日月净明德佛。'说完之后，一切众生喜见菩萨托生的童子便坐到七宝台上，自行上升到空中，高达七棵多罗树。来到佛的住地后，他走下宝台，在佛面前顶礼膜拜，双手合十，以偈颂格式赞叹佛说：'佛的容颜极为奇

妙，佛的光明遍照十方。我前生时曾供养于您，今天，我再来亲自觐见于您。'

【经文】

"尔时，一切众生喜见菩萨说是偈已，而白佛言：'世尊，世尊犹故在世。'尔时，日月净明德佛告一切众生喜见菩萨：'善男子，我涅槃时到，灭尽时至，汝可安施床座，我于今夜当般涅槃。'又敕一切众生喜见菩萨：'善男子，我以佛法嘱累于汝及诸菩萨、大弟子，并阿耨多罗三藐三菩提法，亦以三千大千七宝世界诸宝树、宝台及给侍诸天，悉付于汝。我灭度后，所有舍利亦付嘱汝，当令流布，广设供养，应起若干千塔。'如是日月净明德佛敕一切众生喜见菩萨已，于夜后分入于涅槃。

"尔时，一切众生喜见菩萨见佛灭度，悲感懊恼，恋慕于佛，即以海此岸栴檀为㯽，供养佛身，而以烧之。火灭已后，收取舍利，作八万四千宝瓶，以起八万四千塔，高三世界，表刹庄严，垂诸幡盖，悬众宝铃。尔时一切众生喜见菩萨复自念言：'我虽作是供养，心犹未足，我今当更供养舍利。'便语诸菩萨大弟子及天龙、夜叉等一切大众：'汝等当一心念我今供养日月净明德佛舍利。'作是语已，即于八万四千塔前，然百福庄严臂七万二千岁，而以供养，令无数求声闻众、无量阿僧祇人，发阿耨多罗三藐三菩提心，皆使得住现一切色身三昧。

"尔时，诸菩萨、天、人、阿修罗等，见其无臂，忧恼悲哀而作是言：'此一切众生喜见菩萨，是我等师，教化我者，而今烧臂，身不具足。'于时一切众生喜见菩萨，于大众中立此誓言：'我舍两臂，必当得佛金色之身，若实不虚，令我两臂还复如故。'作是誓已，自然还复，由斯菩萨福德智慧淳厚所致。当尔之时，三千大千世界，六种震动，天雨宝华，一切人天，得未曾有。"

【白话】

"一切众生喜见菩萨说完这首偈颂之后，又对日月净明德佛这样说：'世尊啊世尊，您依然在这世上！'这时，日月净明德佛告诉一切众生喜见菩萨说：'善男子，我涅槃的时候到了，灭尽的时期来临了。你现在可以安置床座，我于今天夜里，将要进入涅槃。'日月净明德佛又敕令一切众生喜见菩萨说：'善男子，我把佛法嘱托给你和各位菩萨、各位大弟子。除了这无上圣智之法外，我把三千大千世界的七种珍宝、各世界中的所有宝树、宝台以及专门从事供给与侍奉的各位天神也都交付于你。我灭度之后，所得的全部舍利也交付嘱托于你，你应当把它们分散各地，广设供养，建起数千座宝塔。'如此一一嘱托完毕之后，日月净明德佛便在后半夜进入了涅槃。

"一切众生喜见菩萨见佛去世灭度，悲感交集，懊恼不已。出于对佛的恋慕，他便用北海此岸的名贵栴檀木作为薪柴，先对佛的身躯作了供养，然后便点火烧之。火灭之后，他又收取佛的舍利，制作了八万四千个宝瓶，建起了八万四千座佛舍利塔，每座塔都有三个世界那么高，塔刹非常庄严，上面垂挂着各种宝幡、宝盖，还悬挂着各种宝铃。这时，一切众生喜见菩萨又暗自想道：'我虽作了这些供养，可对佛的心愿并未满足，我现在应当再供养佛的舍利。'于是，他就对各位菩萨大弟子及天神、龙神、夜叉等所有大众说：'你们应当专一心念，我现在要供养日月净明德佛的舍利了。'说完这话之后，一切众生喜见菩萨就在八万四千座佛舍利塔前，将自己那以百福严饰的胳臂燃烧起来，足足烧了七万二千岁，以此作为对佛舍利的供养，也使无数追求声闻果位的弟子和其他无量无数的人都发下了求证至高无上圣智的心愿，使他们都能进住于变现一切色身的禅定神通之中。

"这时，诸位菩萨以及天神、人类、阿修罗等，看见一切众生喜见菩萨没有了胳臂，都非常忧愁烦恼，悲伤哀怜，他们说：'这位一切众生喜见菩萨是教化我们的师父，他如今燃臂供佛，致使身体残缺。'这时，一切众生喜见菩萨在大众中立下誓言说：'我虽舍去了两臂，却必将得到佛的金色之身。若此话真实不虚，就让我两臂恢复原状吧！'发了这个誓愿之后，一切众生喜见菩萨的双臂果真自然复原如初。这都是这位菩萨的福德与智慧非常淳厚所致。当此之时，三千大千世界发生了六种震动，天空之中下雨般降下了各种宝花，所有的人和天神都经历了一次前所未有的盛事。"

【经文】

佛告宿王华菩萨："于汝意云何？一切众生喜见菩萨岂异人乎？今药王菩萨是也，其所舍身布施如是无量百千万亿那由他数。宿王华，若有发心欲得阿耨多罗三藐三菩提者，能然手指乃至足一指，供养佛塔，胜以国城妻子及三千大千国土山林河池、诸珍宝物而供养者。若复有人，以七宝满三千大千世界，供养于佛及大菩萨、辟支佛、阿罗汉，是人所得功德，不如受持此法华经，乃至一四句偈，其福最多。

"宿王华，譬如一切川流江河诸水之中，海为第一，此法华经亦复如是，于诸如来所说经中，最为深大。又如土山、黑山、小铁围山、大铁围山及十宝山。众山之中，须弥山为第一，此法华经亦复如是，于诸经中最为其上。又如众星之中，月天子最为第一，此法华经亦复如是，于千万亿种诸经法中，最为照明。又如日天子能除诸暗，此经亦复如是，能破一切不善之暗。又如诸小王中，转轮圣王最为第一，此经亦复如是，于诸经中，最为其尊。又如帝释，于三十三天中王，此经亦复如是，诸经中王。又如大梵天王，一切众生之父，此经亦复如是，一切贤、圣、学、无学及发菩萨心者之父。又如一切凡夫人中，须陀洹、斯陀含、阿那含、阿罗汉、辟支佛为第一，此经亦复如是，一切如来所说、若菩萨所说、若声闻所说诸经法中，最为第一。有能受持是经典者，亦复如是，于一切诸众生中，亦为第一。一切声闻、辟支佛中，菩萨为第一，此经亦复如是，于一切经法中，最为第一。如佛为诸法王，此经亦复如是，诸经中王。

【白话】

释迦牟尼佛对宿王华菩萨说："在你看来，一切众生喜见菩萨难道是旁人吗？他其实就是现在的药王菩萨。他这样舍身布施，已有无量百千万亿兆的次数了。宿王华，如果哪位发愿欲得无上圣智的人能燃手指或脚中的一指，以供养佛塔，那么，他的布施便胜过以国城、妻子及三千大千世界的国土、山林、河池与各种珍宝所进行的供养。如果又有人把七种珍宝布满整个三千大千世界，拿来供养于佛以及菩萨、辟支佛、阿罗汉，那么此人所获得的功德，不如受持这部《法华经》甚至只受持其中的一首四句诗颂所获得的功德。受持《法华经》的功德是最多的。

"宿王华，譬如所有川流江河等诸水之中，海为第一，这部《法华经》也是如此，在诸位如来佛所说的各种佛经中，《法华经》最为深奥，最为博大。又譬如，在土山、黑山、小铁围山、大铁围山以及十宝山等众山之中，须弥山为第一，这部《法华经》也是如此，在所有的佛经中地位最高。又譬如，在群星之中，月亮为第一，这部《法华经》也是如此，在千万亿种经法之中，此经的光辉最为明亮。又譬如太阳，它能照破一切黑暗，这部经典也是这样，它能照破一切不善的黑暗。又譬如在各种国王之中，持轮圣王为第一，此经也是如此，它在诸经中最为尊贵。又譬如天帝是三十三天中所有天神的大王，此经也是如此，它是所有佛经中的王。又譬如大梵天王，他是一切众生的父亲，此经也是如此，它是一切圣贤和证得小乘有学果和无学果的圣者以及发愿修菩萨道的菩萨们的父亲。又譬如在一切凡夫面前，须陀洹、斯陀含、阿那含、阿罗汉、辟支佛位处第一，此经也是如此，在所有如来佛所说或菩萨、声闻所说的各种经法之中，此经位处第一。受持这部经典的人也是这样，他在一切众生之中位处第一。在所有的声闻、辟支佛面前，菩萨位处第一，此经也是如此，在一切经法之中，此经位处第一。再如佛为一切佛法中的法王，此经也是如此，是一切经典之王。

【经文】

"宿王华，此经能救一切众生者，此经能令一切众生离诸苦恼，此经能大饶益一切众生，充满其愿。如清凉池能满一切诸渴乏者，如寒者得火，如裸者得衣，如商人得主，如子得母，如渡得船，如病得医，如暗得灯，如贫得宝，如民得王，如贾客得海，如炬除暗，此法华经亦复如是，能令众生离一切苦、一切病痛，能解一切生死之缚。若人得闻此法华经，若自书，若使人书，所得功德，以佛智慧筹量多少，不得其边。若书是经卷，花、香、璎珞、烧香、末香、涂香、幡盖、衣服、种种之灯，酥灯、油灯、诸香油灯、薝蔔油灯、须曼那油灯、波罗罗油灯、婆利师迦油灯、那婆摩利油灯供养，所行功德，亦复无量。

"宿王华，若有人闻是药王菩萨本事品者，亦得无量无边功德。若有女人闻是药王菩萨本事品，能受持者，尽是女身，后不复受。若如来灭后，后五百岁中，若有女人闻是经典，如说修行，于此命终，即往安乐世界阿弥陀佛、大菩萨众围绕住处，生莲华中，宝座之上，不复为贪欲所恼，亦复不为瞋恚、愚痴所恼，亦复不为憍慢嫉妒诸垢所恼，得菩萨神通，无生法忍。得是忍已，眼根清净，以是清净眼根，见七百万二千亿那由他恒河沙等诸佛如来。是时，诸佛遥共赞言：'善哉！善哉！善男子，汝能于释迦牟尼佛法中，受持、读诵、思惟是经，为他人说，所得福德无量无边，火不能烧，水不能漂，汝之功德，千佛共说，不能令尽。汝今已能破魔贼，坏生死军，诸余怨敌，皆悉摧灭。善男子，百千诸佛，以神通力，共守护汝。于一切世间、天人之中，无如汝者。惟除如来，其诸声闻、辟支佛乃至菩萨、智慧禅定，无有与汝等者。'

【白话】

"宿王华，这部经典能充当一切众生的救度者，它能使一切众生离开各种苦恼，能为一切众生带来巨大的利益，使所有众生圆满自己的心愿。譬如清凉的水池能满足一切干渴困乏的人，又如寒者得火，裸者得衣，如商人得到顾主，游子得到母亲，又如渡河得船，病中得医，如黑暗时见到光明，贫困时得到宝贝，如人民遇到英明的国王，商贾得到海中的珠宝，如火炬驱除一切黑暗，这部《法华经》也是这样，它能使众生远离一切痛苦、一切疾病，能解除一切众生流转生死的束缚。如果有人听到这部《法华经》后，能够自己抄写或让他人抄写，那么，他所得到的功德，即使以佛的智慧来筹算其多少，也难以穷其边际。如果抄写了这部经卷之后，还能用鲜花、香料、璎珞、烧香、末香、涂香、宝幡、宝盖、衣服、各种灯明如酥油灯、香油灯、各种混合香油灯、金色花油灯、悦意花油灯、重生花油灯、夏生花油灯、杂色花油灯等各种各样的供具来供养经卷，那么，由此所得的功德，也是不可计量的。

"宿王华菩萨，如果有人听到了《法华经》中的这篇《药王菩萨本事品》，那么，此人由此也可获得无边的功德。如果哪位女人听到了这篇《药王菩萨本事品》后，能够信受、持行，那么，她此生的女身完结之后，来世转生将不再是女人。在佛灭度之后五个五百岁的最后一个五百岁中，若有女人听到这部经典，并按经中所说去修行，那么，她在此生命终之后，即可往生西方极乐世界阿弥陀佛和围绕在阿弥陀佛身边的大菩萨众的住处，从莲花中化生，在宝座上安坐，不再为贪欲所恼乱，也不再为瞋怒、愚痴所恼乱，也不再为傲慢和嫉妒等尘垢所恼乱，获得了菩萨的神通，证到了安住于不生不灭的真如实相理体的智慧。获得了这种智慧之后，他的眼根变得清净无染，从而看到了七百万二千亿兆恒河所有沙数那么多的如来佛。此时，这些如来佛各自从遥远的地方称赞道：'善哉！善哉！善男子，你能在释迦牟尼的佛法中，受持、读诵、思惟这部《法华经》，为他人演说，所以，你所获得的福德是无量无边的。大火不能烧毁，洪水不能漂没，你的功德，就是千佛共说也不能穷尽。你现在已能破除各种魔贼，尽享清净之乐；毁坏生死之军，不受轮回之苦。其他各种怨敌，也都能摧灭。善男子，成百上千的佛以神通之力共同守护着你。在所有世间的一切天神与人类之中，没有谁能像你一样。除过如来佛之外，在一切摆脱世间轮回的圣者之中，声闻、辟支佛甚至菩萨，在智慧与禅定方面，都不能与你相比。'

【经文】

"宿王华，此菩萨成就如是功德智慧之力。若有人闻是药王菩萨本事品，能随喜赞善者，是人现世，口中常出青莲花香，身毛孔中常出牛头栴檀之香。所得功德，如上所说。是故，宿王华，以此药王菩萨本事品嘱累于汝，我灭度后，后五百岁中，广宣流布于阎浮提，无令断绝，恶魔、魔民、诸天龙、夜叉、鸠槃荼等，得其便也。宿王华，汝当以神通之力守护是经。所以者何？此经则为阎浮提人，病之良药，若人有病，得闻是经，病即消灭，不老不死。宿王华，汝若见有受持是经者，应以青莲华，盛满末香，供散其上。散已，作是念言：'此人不久必当取草坐于道场，破诸魔军。当吹法螺，击大法鼓，度脱一切众生老病死海。'是故，求佛道者，见有受持是经典人，应当如是生恭敬心。"

说是药王菩萨本事品时，八万四千菩萨得解一切众生语言陀罗尼。多宝如来于宝塔中赞宿王华菩萨言："善哉！善哉！宿王华，汝成就不可思议功德，乃能问释迦牟尼佛如此之事，利益无量一切众生。"

【白话】

"宿王华,这位闻经修行、往生净土的菩萨,他的确能获得这样的功德,成就这样的智慧之力。若有人听到这篇《药王菩萨本事品》后,能够随顺经义,生欢喜之心,赞其美好,那么,此人在现世中,口里经常可以呼出青莲花那样的香味,身上各毛孔中也能时常放出牛头栴檀的香气。他所获得的功德,和上面所说的功德完全一样。所以,宿王华,我要将这篇《药王菩萨本事品》嘱托于你,你应在我灭度之后的最后一个五百年中,在这个人类居住的阎浮提洲广泛宣讲此品经文,不要让它中断消失,以免恶魔、魔民、某些天神、龙神、夜叉以及恶鬼等有可乘之机。宿王华,你应当以神通之力守护此经,为什么呢?因为,此经是这个阎浮提洲所有人治病的良药。如果有人病了,听到这部经典,疾病即可祛除,甚至不会衰老,不会死亡。宿王华,你如果看见有人受持这部经典,就应以青莲花供养他,同时盛满末香,散布在他的身上。散毕之后,这样想:'此人不久必将取草为座,坐在菩提道场之中,破除各路魔军。他必将吹响大法螺,击响大法鼓,把一切众生从生、老、病、死的苦海之中度脱出来。'所以,凡是要求证佛道的人,如果看到有人受持这部经典,就应当对其生起恭敬之心。"

释迦牟尼佛讲说《药王菩萨本事品》时,有八万四千菩萨获得了通晓一切众生语言的陀罗尼法门。多宝如来在宝塔中称赞宿王华菩萨说:"善哉!善哉!宿王华,你成就了不可思议的功德,因此你能向释迦牟尼佛询问这样的事缘,使无量无边的众生都由此获得了利益。"

妙音菩萨品第二十四

【经文】

尔时，释迦牟尼佛放大人相肉髻光明，及放眉间白毫相光，遍照东方百八万亿那由他恒河沙等诸佛世界。过是数已，有世界名净光庄严，其国有佛号净华宿王智如来、应供、正遍知、明行足、善逝、世间解、无上士、调御丈夫、天人师、佛、世尊，为无量无边菩萨大众恭敬围绕，而为说法，释迦牟尼佛白毫光明遍照其国。

尔时，一切净光庄严国中，有一菩萨名曰妙音，久已植众德本，供养亲近无量百千万亿诸佛，而悉成就甚深智慧，得妙幢相三昧、法华三昧、净德三昧、宿王戏三昧、无缘三昧、智印三昧、解一切众生语言三昧、集一切功德三昧、清净三昧、神通游戏三昧、慧炬三昧、庄严王三昧、净光明三昧、净藏三昧、不共三昧、日旋三昧，得如是等百千万亿恒河沙等诸大三昧。释迦牟尼佛光照其身，即白净华宿王智佛言："世尊，我当往诣娑婆世界，礼拜、亲近、供养释迦牟尼佛，及见文殊师利法王子菩萨、药王菩萨、勇施菩萨、宿王华菩萨、上行意菩萨、庄严王菩萨、药上菩萨。"

尔时，净华宿王智佛告妙音菩萨："汝莫轻彼国，生下劣想。善男子，彼娑婆世界，高下不平，土石诸山、秽恶充满。佛身卑小，诸菩萨众，其形亦小，而汝身四万二千由旬，我身六百八十万由旬，汝身第一端正，百千万福，光明殊妙，是故汝往，莫轻彼国，若佛菩萨及国土，生下劣想。"

妙音菩萨白其佛言："世尊，我今诣娑婆世界，皆是如来之力，如来神通游戏，如来功德智慧庄严。"于是，妙音菩萨不起于座，身不动摇，而入三昧，以三昧力，于耆阇崛山，去法座不远，化作八万四千众宝莲花，阎浮檀金为茎，白银为叶，金刚为须，甄叔迦宝以为其台。

【白话】

这时，释迦牟尼佛从三十二种大人相中的肉髻相中放出光明，又从两眉之间放出白毫相光，这两种佛光照遍东方一百八十万亿兆恒河所有沙数那么多的佛国世界。越过这些数目的世界之后，有一个世界名叫净光庄严。在这个净光庄严世界里，有一个佛，名叫净华宿王智如来，此佛同时具足十号，即：应供、正遍知、明行足、善逝、世间解、无上士、调御丈夫、天人师、佛、世尊。净华宿王智如来为恭敬围绕在他身边的无量无边的菩萨大众讲经说法。释迦牟尼佛的白毫相光照遍了其国。

那时，这个一切净光庄严佛国中有一个菩萨名叫妙音。此菩萨在很久很久之前，就已种下了许多善根，供养、亲近过无量百千万亿的佛，所以成就了甚深的智慧，获得了各种三昧即妙定的境界，如：妙幢相三昧、法华三昧、净德三昧、宿王戏三昧、无缘三昧、智印三昧、解一切众生语言三昧、集一切功德三昧、清净三昧、神通游戏三昧、慧炬三昧、庄严王三昧、净光明三昧、净藏三昧、不共三昧、日旋三昧，等等，共获得了百千万亿恒河沙数那么多的三昧。释迦牟尼佛的光明照耀在妙音菩萨的身上，妙音菩萨便对净华宿王智佛说："世尊，我应当前往娑婆世界礼拜、亲近、供养释迦牟尼佛，并拜见法王子文殊师利菩萨、药王菩萨、勇施菩萨、宿王华菩萨、上行意菩萨、庄严王菩萨、药上菩萨。"

这时，净华宿王智佛告诉妙音菩萨说："你不要轻视那个国土，不要产生下劣的想法。善男子，那个娑婆世界高低不平，充满了各种土山、石山和污秽、恶浊。那里的佛陀，身材矮小，诸菩萨大众的身材也很小，而你的身高四万二千由旬，我的身高六百八十万由旬。你的身相最为端正，具备了百千万种福相，又能放出清净而殊妙的光明，所以，你到娑婆世界，切莫轻慢那里的一切，譬如不要对那里的佛、菩萨和国土产生下劣的想法。"

妙音菩萨对净华宿王智佛说："世尊，我现在到娑婆世界去，都是凭佛的力量，佛的神通游戏，佛的功德智慧来庄严自己。"于是，妙音菩萨仍然坐在座上，既不站起，也不摇动，而是进入禅定状态，并以这种定力来到娑婆世界的耆阇崛山，在离释迦牟尼佛法座不远的地方，化出八万四千朵众宝而成的莲花，这种莲花以阎浮檀金为茎，以白银为叶，以金刚为花须，用甄叔迦宝石作为花台。

【经文】

尔时，文殊师利法王子见是莲花，而白佛言："世尊，是何因缘，先现此瑞，有若干千万莲花，阎浮檀金为茎，白银为叶，金刚为须，甄叔迦宝以为其台。"

尔时，释迦牟尼佛告文殊师利："是妙音菩萨、摩诃萨欲从净华宿王智佛国，与八万四千菩萨围绕而来，至此娑婆世界，供养、亲近、礼拜于我，亦欲供养听法华经。"

文殊师利白佛言："世尊，是菩萨种何善本，修何功德，而能有是大神通力？行何三昧？愿为我等说是三昧名字，我等亦欲勤修行之。行此三昧，乃能见是菩萨色相大小，威仪进止，惟愿世尊以神通力，彼菩萨来，令我得见。"

尔时，释迦牟尼佛告文殊师利："此久灭度多宝如来，当为汝等而现其相。"时，多宝佛告彼菩萨："善男子！来，文殊师利法王子欲见汝身。"

于时，妙音菩萨于彼国没，与八万四千菩萨俱共发来，所经诸国，六种震动，皆悉雨于七宝莲花，百千天乐，不鼓自鸣。是菩萨目如广大莲花叶，正使和合百千万月，其面貌端正、复过于此，身真金色，无量百千功德庄严，威德炽盛，光明照耀，诸相具足，如那罗延坚固之身。入七宝台，上升虚空，去地七多罗树，诸菩萨众恭敬围绕，而来诣此娑婆世界耆阇崛山。

到已，下七宝台，以价值百千璎珞持至释迦牟尼佛所，头面礼足，奉上璎珞，而白佛言："世尊，净华宿王智佛问讯世尊，少病、少恼，起居轻利，安乐行否？四大调合否？世事可忍否？众生易度否？无多贪欲、瞋恚、愚痴、嫉妒、悭慢否？无不孝父母、不敬沙门、邪见、不善心，不摄五情否？世尊，众生能降伏诸魔怨否？久灭度多宝如来在七宝塔中，来听法否？又问讯多宝如来，安稳、少恼、堪忍久住否？世尊，我今欲见多宝佛身，惟愿世尊示我令见。"尔时，释迦牟尼佛语多宝佛："是妙音菩萨欲得相见。"

时，多宝佛告妙音言："善哉！善哉！汝能为供养释迦牟尼佛及听法华经，并见文殊师利等，故来至此。"

【白话】

这时，文殊师利法王子见到这些殊胜的莲花，便对释迦牟尼佛说："世尊，是什么因缘而现出这样的祥瑞景象呢？那成千上万朵莲花，个个以阎浮檀金为茎，以白银为叶，以金刚为花须，以赤红的甄叔迦宝石为花台。"

释迦牟尼佛告诉文殊师利菩萨说："这是妙音大菩萨想与围绕在他身边的八万四千菩萨，从净华宿王智佛的东方净光庄严佛国，来到这个娑婆世界，前来供养我、亲近我、礼拜我，也是为了供养并聆听《法华经》。"

文殊师利菩萨对佛说："世尊，这位菩萨种下了何种善根？修下了何种功德？怎么会有这么大的神通之力呢？他修得的是什么样的禅定呢？愿你为我们讲说这种妙定的名称，我们也想勤奋修习这种妙定。因为，修行这种妙定，才能看见这位菩萨身相大小，才能看见他的行、住之威仪。等那位菩萨来到后，愿世尊以神通力使我们能够看见。"

这时，释迦牟尼佛告诉文殊师利菩萨说："这位久已灭度的多宝如来将为你们现出妙音菩萨的景象。"这时，多宝佛告诉妙音菩萨说："善男子，请你来吧，文殊师利法王子想见到你的身相。"

当此之时，妙音菩萨在他所处的佛国中隐没了。他率领八万四千菩萨一起出发，直奔娑婆世界而来，途中所经过的每一个佛国,大地均发生了六种震动,天空都像下雨般散下七宝莲花,成百上千种天乐,不用鼓动,自然响彻云霄。这位妙音菩萨的双目就像宽大的莲花叶,目光犹如百千万个月亮交相辉映。其面貌之端正更胜过了这种情景。他的身体是真金的颜色。无量的功德使其无处不美丽,无处不庄严,所以,他的威德如火般炽盛,他的身光,灿烂明亮,照耀一切,他的外相,无不具足,无不庄严,就像金刚力士那样健壮而潇洒。妙音菩萨坐在七宝莲花台上,上升到虚空之中,离地面有七棵多罗树那么高,在那些菩萨大众的恭敬围绕下,来到了这个娑婆世界的耆阇崛山。

来到耆阇崛山之后,妙音菩萨从七宝台上下来,手持价值连城的百千种璎珞,来到释迦牟尼佛面前,顶礼膜拜,奉上璎珞,对佛说:"世尊,净华宿王智佛向您问好,您没有病痛,没有烦恼吧?您日常起居轻松顺利吧?您行、住、坐、卧安稳快乐吧?体内的地、水、火、风互相调和吧?对世间的事情还能忍受吧?众生容易救度吧?众生不会有太多的贪欲、瞋怒、愚痴、嫉妒、悭慢吧?没有不孝敬父母、不恭敬沙门的众生吧?没有充满邪见和不善之心、不能收摄喜、怒、爱、恶、欲等五种情感的众生吧?世尊,众生能降伏一切魔怨吧?久已灭度的多宝如来在七宝塔中也来听您说法吧?净华宿王智佛还让我向多宝如来问好,他近来身心安稳、无忧无恼吧,还能忍耐而久住吧?世尊,我现在就想见到多宝如来的身相,惟愿世尊指示以便让我见到这位如来佛。"这时,释迦牟尼佛对多宝佛说:"这位妙音菩萨想与你相见。"

这时,多宝佛告诉妙音菩萨说:"善哉!善哉!你为了供养释迦牟尼佛和聆听《法华经》并拜见文殊师利等菩萨,而来到这个娑婆世界。"

【经文】

尔时，华德菩萨白佛言："世尊，是妙音菩萨种何善根，修何功德，有是神力？"

佛告华德菩萨："过去有佛，名云雷音王多陀阿伽度、阿罗诃、三藐三佛陀，国名现一切世间，劫名喜见。妙音菩萨于万二千岁，以十万种伎乐，供养云雷音王佛，并奉上八万四千七宝钵，以是因缘果报，今生净华宿王智佛国，有是神力。华德，于汝意云何？尔时，云雷音王佛所，妙音菩萨伎乐供养，奉上宝器者，岂异人乎？今此妙音菩萨摩诃萨是。华德，是妙音菩萨，已曾供养亲近无量诸佛，久植德本，又值恒河沙等百千万亿那由他佛。

"华德，汝但见妙音菩萨，其身在此，而是菩萨现种种身，处处为诸众生说是经典，或现梵王身，或现帝释身，或现自在天身，或现大自在天身，或现天大将军身，或现毘沙门天王身，或现轮轮王身，或现诸小王身，或现长者身，或现居士身，或现宰官身，或现婆罗门身，或现比丘、比丘尼、优婆塞、优婆夷身，或现长者居士妇女身，或现宰官妇女身，或现婆罗门妇女身，或现童男童女身，或现天龙、夜叉、乾闼婆、阿修罗、迦楼罗、紧那罗、摩睺罗伽、人非人等身，而说是经。诸有地狱、饿鬼、畜生及众难处，皆能救济，乃至于王后宫，变为女身，而说是经。华德，是妙音菩萨能救护娑婆世界诸众生者。是妙音菩萨如是种种变化现身，在此娑婆国土，为诸众生说是经典，于神通、变化、智慧，无所损减。

"是菩萨,以若干智慧明照娑婆世界,令一切众生各得所知,于十方恒河沙世界中,亦复如是。若应以声闻形得度者,现声闻形而为说法;应以辟支佛形得度者,现辟支佛形而为说法;应以菩萨形得度者,现菩萨形而为说法;应以佛形得度者,即现佛形而为说法。如是种种,随所应度而为现形,乃至应以灭度而得度者,示现灭度。华德,妙音菩萨、摩诃萨成就大神通智慧之力,其事如是。"

【白话】

这时,法会中有一位名叫华德的菩萨对佛说:"世尊,这位妙音菩萨,他在往昔种下了何种善根?修下了何种功德?怎么会有这样的神力呢?"

释迦牟尼佛告诉华德菩萨说:"很早以前,有一位佛,名叫云雷音王佛,他有如来、应供、正遍知等称号。当时的国名叫现一切世间,所处的劫,名叫喜见。妙音菩萨在一万二千年当中,以十万种伎乐供养云雷音王佛,并为佛奉献了八万四千个七宝制成的宝钵,由于这个原因和果报,他现在才生在净华宿王智佛国,并具备了这样的神力。华德菩萨,在你看来,那时在云雷王佛面前,以伎乐进行供养并奉上宝钵的妙音菩萨难道是另一个人吗?他就是现在的这位妙音大菩萨。华德,这位妙音菩萨已曾供养、亲近过无数位如来佛,很久很久以来,就种下了善根,另外,他所遇到的佛,有恒河之沙那么多的成百上千直至万亿兆。

"华德,你只看见妙音菩萨的身躯在此,其实,这位菩萨能现各种身相,到处为各类众生演说这部《法华经》。他或者现梵王身,或者现天帝身,或者现自在天身,或者现大自在天身，或者现天大将军身，或者现四大天王中的毗沙门天王身，或者现持轮宝的神圣国王身，或者现各种小王身，或者现长者身，或者现居士身、或者现宰官身，或者现婆罗门身，或者现比丘身、比丘尼身、男居士身、女居士身，或者现长者妇女、居士妇女身，或者现官吏妇女身，或者现婆罗门妇女身，或者现童男、童女身，或者现天神、龙神、乾闼婆、阿修罗、迦楼罗、紧那罗、摩睺罗伽等天龙八部以及人与非人等的身相。通过示现这些不同的身相而为不同的众生讲说这部《法华经》。在地狱、饿鬼、畜生之中以及各种困难的场合，他都能前去救济，甚至变成女身，深入国王的后宫之中，为宫女们讲说这部经典。华德，这位妙音菩萨是能够救护娑婆世界所有众生的菩萨。这位妙音菩萨如此显现各种各样的变化身相，在这个娑婆世界，为所有众生讲说《法华经》，可是，他的神通力、他的显化力以及他的智慧，却毫无损减。

"这位菩萨用他的种种智慧光明来照耀我们这个娑婆世界，使一切众生各自得到应该知道的佛法。不但在娑婆世界如此，就是在十方恒沙数那么多的世界中，妙音菩萨也是这样来救度众生。如果有应该以声闻身形获得救度的众生，妙音菩萨就示现声闻身形而为其说法；如果有应该以辟支佛身形获得救度的众生，妙音菩萨就示现辟支佛身形而为其说法；如果有应该以菩萨身形获得救度的众生，妙音菩萨就示现菩萨身形而为其说法；如果有应该以佛的身形而获得救度的众生，妙音菩萨便示现佛的身形而为其说法。如此各种各样的身形，都是随着所应救度的众生的不同身形而显现出相应的身形，甚至遇到应该以灭度的涅槃身形获得救度的众生，妙音菩萨还会示现灭度之相。华德，妙音大菩萨所成就的巨大神通与智慧之力，就是这样。"

【经文】

尔时，华德菩萨白佛言："世尊，是妙音菩萨深种善根。世尊，是菩萨住何三昧而能如是在所变现，度脱众生？"

佛告诉华德菩萨："善男子，其三昧名现一切色身，妙音菩萨住是三昧中，能如是饶益无量众生。"

说是妙音菩萨品时，与妙音菩萨俱来者八万四千人，皆得现一切色身三昧。此娑婆世界无量菩萨，亦得是三昧及陀罗尼。

尔时，妙音菩萨摩诃萨供养释迦牟尼佛及多宝佛塔已，还归本土。所经诸国，六种震动，雨宝莲花，作百千万亿种种伎乐。既到本国，与八万四千菩萨围绕至净华宿王智佛所，白佛言："世尊，我到娑婆世界饶益众生，见释迦牟尼佛，及见多宝佛塔，礼拜供养。又见文殊师利法王子菩萨，及见药王菩萨，得勤精进力菩萨、勇施菩萨等，亦令是八万四千菩萨得现一切色身三昧。"

说是妙音菩萨来往品时，四万二千天子得无生法忍，华德菩萨得法华三昧。

【白话】

这时，华德菩萨对佛说："世尊，这位妙音菩萨的确深深种下了善根。世尊，此菩萨安住于何种妙定而能如此随时随地变化示现不同的身相，以救度众生脱离苦难？"

释迦牟尼佛告诉华德菩萨说："善男子，妙音菩萨所安住的妙定境界，名叫现一切色身。妙音菩萨住在这种妙定之中，所以，能像刚才所说的那样给众生带来很大的好处。"

释迦牟尼佛讲说这篇《妙音菩萨品》时，与妙音菩萨一同前来的八万四千人都证得了名叫现一切色身的妙定。这个娑婆世界中的无数菩萨也获得了这种妙定以及陀罗尼的法门。

妙音大菩萨供养释迦牟尼佛及多宝佛塔后，便返回自己所在的国土。途中所经过的各个国土都发生了六种震动，天空中像下雨一样散下宝莲之花，并自然出现了百千万亿种歌舞与妙乐。到达本国之后，妙音菩萨与围绕在他周围的八万四千菩萨来到净华宿王智佛面前，对佛说："世尊，我这次到娑婆世界去，使那里的众生蒙益受惠，我还见到了释迦牟尼佛，见到了多宝佛塔，并对其都进行了礼拜和供养。我还见了文殊师利法王子菩萨，见到药王菩萨、得勤精进力菩萨、勇施菩萨等大菩萨，也使与我随形的八万四千菩萨都获得了名叫现一切色身的妙定。"

释迦牟尼佛讲说这部《妙音菩萨来往品》时，有四万二千名天子证得了安住不生不灭之实相理体的无生法忍，华德菩萨则证得了依据《法华经》谛观中道实相之理的法华三昧。

观世音菩萨普门品第二十五

【经文】

尔时,无尽意菩萨即从座起,偏袒右肩,合掌向佛而作是言:"世尊,观世音菩萨以何因缘名观世音?"

佛告无尽意菩萨:"善男子,若有无量百千亿众生,受诸苦恼,闻是观世音菩萨,一心称名,观世音菩萨即时观其音声,皆得解脱。若有持是观世音菩萨名者,设入大火,火不能烧,由是菩萨威神力故。若为大水所漂,称其名号,即得浅处。若有百千万亿众生,为求金银、琉璃、砗磲、玛瑙、珊瑚、琥珀、真珠等宝,入于大海,假使黑风吹其船舫,漂堕罗刹鬼国,其中若有乃至一人,称观世音菩萨名者,是诸人等,皆得解脱罗刹之难。以是因缘,名观世音。

"若复有人临当被害,称观世音菩萨名者,彼所执刀杖,寻段段坏而得解脱。若三千大千国土,满中夜叉、罗刹,欲来恼人,闻其称观世音菩萨名者,是诸恶鬼,尚不能以恶眼视之,况复加害。设复有人,若有罪、若无罪、杻械、枷锁,检系其身,称观世音菩萨名者,皆悉断坏,即得解脱。若三千大千国土,满中怨贼,有一商主,将诸商人,齐持重宝,经过险路，其中一人作是唱言：'诸善男子，勿得恐怖，汝等应当一心称观世音菩萨名号。是菩萨能以无畏施于众生，汝等若称名者，于此怨贼，当得解脱。'众商人闻，俱发声言：'南无观世音菩萨。'称其名故，即得解脱。

"无尽意，观世音菩萨、摩诃萨威神之力巍巍如是。

【白话】

这时，无尽意菩萨从座位上站起来，裸露右肩，双手合十向释迦牟尼佛致礼，开口言道："世尊，观世音菩萨以什么因缘，而立名为观世音呢？"

释迦牟尼佛告诉无尽意菩萨说："善男子，如果有无量百千万亿那么多的众生，他们遭受到种种苦恼，在听说过观世音菩萨之后，只要一心称念他的名号，观世音菩萨就会立即观察到这音声，使那些身处苦恼中的人都得到解脱。如果有人奉持称诵观世音菩萨的名号，那么即使他不幸陷入大火之中，大火也不能将其烧着，这是因为此菩萨有大威力大神力的缘故。假如有人不幸被大水卷走，只要他称念观世音菩萨的名号，他就能很快到达浅处。假如有百千万亿那么多的众生，为了寻求金、银、琉璃、砗磲、玛瑙、珊瑚、琥珀、珍珠等宝物，乘船进入大海，即使正好碰上狂风，将其船只吹到罗刹鬼国，如果其中有人，甚至仅仅一人，称念观世音菩萨的名号，那么所有遇难的人都能从鬼国中解脱出来。因为这种因缘，所以就称其为观世音菩萨。

"假如又有人，在他临难被害之际，只要能称念观世音菩萨的名号，那么，杀人者手里的刀杖，就会应声折坏为碎段，使受害者从危难中得到解脱。假如在三千大千世界的国土中，到处都是夜叉鬼和罗刹鬼，它们想来伤害别人，然而只要一听到有人称念观世音菩萨的名号,这些恶鬼连睁开眼睛看看都不可能,何况加害于人呢?又假使有人,无论是有罪或无罪,如果手脚被戴上镣铐,全身被枷锁缚绑,可他只要称念观世音菩萨名号,那么所有刑具都会自动断坏,使其从束缚中得到解脱。假如三千大千世界国土上,到处都有谋财害命的盗贼,有一位商主,率领许多商人,携带贵重珍宝,经过一段险峻的道路,其中一个商人建议大家说:'善男子,大家不要惊恐,你们只要能一心一意地念诵观世音菩萨的名号,这位菩萨能将其无畏神力布施给大家,你们就能从怨贼的危害中获得解脱。'众商人听完他的话后,都大声念道:"南无观世音菩萨。"因为诵念了观世音菩萨名号的缘故,他们都立即从危难中解脱出来。

"无尽意菩萨,这位菩萨众中的大菩萨观世音菩萨,他的威德神力就是如此巍巍宏大。

【经文】

"若有众生,多于淫欲,常念恭敬观世音菩萨,便得离欲。若多瞋恚,常念恭敬观世音菩萨,便得离瞋。若多愚痴,常念恭敬观世音菩萨,便得离痴。无尽意,观世音菩萨有如是等大威神力,多所饶益,是故,众生常应心念。若有女人,设欲求男,礼拜供养观世音菩萨,便生福德智慧之男;设欲求女,便生端正有相之女,宿植德本,众人爱敬。

"无尽意,观世音菩萨有如是力,若有众生,恭敬礼拜观世音菩萨,福不唐捐,是故众生皆应受持观世音菩萨名号。无尽意,若有人受持六十二亿恒河沙菩萨名字,复尽形供养饮食、衣服、卧具、医药,于汝意云何?是善男子、善女人功德多否？"

无尽意言："甚多！世尊。"

佛言："若复有人受持观世音菩萨名号，乃至一时礼拜、供养，是二人福，正等无异，于百千万亿劫，不可穷尽。无尽意，受持观世音菩萨名号，得如是无量无边福德之利。"

【白话】

"假如有众生过度沉溺于淫欲，只要常常念诵并恭敬观世音菩萨，就会自然脱离淫欲。若有众生常常瞋怒，只要经常念诵并恭敬观世音菩萨，便能自然脱离瞋恨。若有人十分愚痴，只要经常念诵并恭敬观世音菩萨，就会自然脱离愚痴。无尽意菩萨啊！观世音菩萨有如此种种大威德神力，能使一切众生得到益处，因此，众生常应在内心虔诚地念诵观世音菩萨的名号。如果有女人想求男孩，只要礼拜、供养观世音菩萨，就会生下一个既有福德又有智慧的男孩；假如她想求一个女孩，便会生下一个相貌端正的女孩，而且这个女孩在前世就种下了善根，因此众人都很喜爱并尊敬她。

"无尽意菩萨，观世音菩萨有如此神奇的威力，假使众生，能恭敬、礼拜观世音菩萨，他的福报绝不会落空。因此，众生都应该受持、念诵观世音菩萨名号。无尽意菩萨，如果有人能信奉护持六十二亿恒河沙数那样多的菩萨名号，又能终生供养饮食、衣服、卧具、医药，在你看来，这样的善男子、善女人，他们的功德多不多呢？"

无尽意菩萨回答说："当然非常多啊！世尊。"

释迦牟尼佛说："假使另外有人受持念诵观世音菩萨名号，甚至作短时间的礼拜和供养，那么，他所获得的福报，与前面所说的善男子、善女人所获的福报，完全相等而毫无差异，在百千万亿劫那么长的时间里，也不能穷尽他们的福报。无尽意菩萨啊！念诵观世音菩萨的名号，就能得到如此无量无边的福德利益。"

【经文】

无尽意菩萨白佛言："世尊，观世音菩萨云何游此娑婆世界？云何而为众生说法？方便之力，其事云何？"

佛告无尽意菩萨："善男子，若有国土众生，应以佛身得度者，观世音菩萨即现佛身而为说法；应以辟支佛身得度者，即现辟支佛身而为说法；应以声闻身得度者，即现声闻身而为说法；应以梵王身得度者，即现梵王身而为说法；应以帝释身得度者，即现帝释身而为说法；应以自在天身得度者，即现自在天身而为说法；应以大自在天身得度者，即现大自在天身而为说法；应以天大将军身得度者，即现天大将军身而为说法；应以毗沙门身得度者，即现毗沙门身而为说法；应以小王身得度者，即现小王身而为说法；应以长者身得度者，即现长者身而为说法；应以居士身得度者，即现居士身而为说法；应以婆罗门身得度者，即现婆罗门身而为说法；应以比丘、比丘尼、优婆塞、优婆夷身得度者，即现比丘、比丘尼、优婆塞、优婆夷身而为说法；应以长者、居士、宰官、婆罗门妇女身得度者，即现妇女身而为说法；应以童男、童女身得度者，即现童男、童女身而为说法；应以天、龙、夜叉、乾闼婆、阿修罗、迦楼罗、紧那罗、摩睺罗伽、人非人等身得度者，即皆现之而为说法；应以执金刚神得度者，即现执金刚神而为说法。

【白话】

无尽意菩萨对佛说："世尊，观世音菩萨怎样游历这个娑婆世界？怎样为众生说法？他教化众生的方便神力是怎样的呢？"

释迦牟尼佛告诉无尽意菩萨说："善男子，在三千大千世界的国土中，若有众生应以佛身而获得救度，观世音菩萨即现佛身为其说法；应以辟支佛身获得救度的，即现辟支佛身为其说法；应以声闻身获得救度的，即现声闻身为其说法；应以梵王身获得救度的，即现梵王身为其说法；应以帝释身获得救度的，即现帝释身为其说法；应以自在天身获得救度的，即现自在天身为其说法；应以大自在天身获得救度的，即现大自在天身为其说法；应以天上大将军身获得救度的，即现天上大将军身为其说法；应以毗沙门身获得救度的，即现毗沙门身为其说法；应以小王身获得救度的，即现小王身为其说法；应以长者身获得救度的，即现长者身为其说法；应以居士身获得救度的，即现居士身为其说法；应以婆罗门身获得救度的，即现婆罗门身为其说法；应以比丘、比丘尼、男居士、女居士身获得救度的，即现比丘、比丘尼、男居士、女居士身为其说法；应以长者、居士、宰官、婆罗门的妇女身获得救度的，即现相应的妇女身为其说法；应以童男、童女身获得救度的，即现童男、童女身为其说法；应以天神、龙神、夜叉、乾闼婆、阿修罗、迦楼罗、紧那罗、摩睺罗伽以及人和非人之身获得救度的，即现各自之身为其说法；应以金刚神身获得救度的，即现金刚神身为其说法。

【经文】

"无尽意,是观世音菩萨成就如是功德,以种种形游诸国土,度脱众生,是故,汝等应当一心供养观世音菩萨。是观世音菩萨摩诃萨于怖畏急难之中,能施无畏,是故,此娑婆世界皆号之为施无畏者。"

无尽意菩萨白佛言:"世尊,我今当供养观世音菩萨。"即解颈众宝珠璎珞,价值百千两金,而以予之,作是言:"仁者,受此法施珍宝璎珞。"时,观世音菩萨不肯受之。无尽意菩萨复白观世音菩萨言:"仁者,悯我等故,受此璎珞。"尔时,佛告观世音菩萨:"当悯此无尽意菩萨及四众。天、龙、夜叉、乾闼婆、阿修罗、迦楼罗、紧那罗、紧那罗、摩睺罗伽、人非人等故,受是璎珞。"即时,观世音菩萨悯诸四众及于天、龙、人非人等,受其璎珞,分作二分:一分奉释迦牟尼佛,一分奉多宝佛塔。

"无尽意,观世音菩萨有如是自在神力,游于娑婆世界。"

【白话】

"无尽意,这位观世音菩萨成就了如此的功德,能够以各种身形游历各个国土,救度那里的众生,所以,你们应当一心一意地供养观世音菩萨。这位观世音菩萨能在众生遇到恐怖与危急、灾难之时,把无畏布施给众生,所以,这个娑婆世界都称观世音菩萨为施无畏者。"

无尽意菩萨对释迦牟尼佛说:"世尊,我现在就应当供养观世音菩萨。"于是,无尽意解下脖子上的各种宝珠与璎珞,总计价值达百千两黄金,把它们供给观世音菩萨,说道:"仁慈有德的菩萨啊,请接受这如法布施的珍宝与璎珞吧!"此时,观世音菩萨不肯接受。无尽意菩萨又对观世音菩萨说:"仁慈有德的菩萨啊,请您怜悯我们,收下这些璎珞吧!"这时,释迦牟尼佛告诉观世音菩萨说:"你应当怜悯这位无尽意菩萨以及四众弟子和天神、龙神、夜叉、乾闼婆、阿修罗、迦楼罗、摩睺罗伽,还有人和非人等,因此,你就接受这些璎珞吧!"于是,观世音菩萨出于对四众弟子及天龙八部、人与非人等的怜悯,便立即收下了这些璎珞。他把这些璎珞分作两份,一份奉献给释迦牟尼佛,一份供奉给多宝佛塔。

释迦牟尼佛对无尽意说:"无尽意,观世音菩萨有如上所述的自在神力,所以他才自由地游历于这个娑婆世界。"

【经文】

尔时,无尽意菩萨以偈问曰:世尊妙相具,我今重问彼,佛子何因缘,名为观世音。具足妙相尊,偈答无尽意。汝听观音行,善应诸方所,宏誓深如海,历劫不思议,侍多千亿佛,发大清净愿。我为汝略说,闻名及见身,心念不空过,能灭诸有苦。假使兴害意,推落大火坑,念彼观音力,火坑变成池。或漂流巨海,龙鱼诸鬼难,念彼观音力,波浪不能没。或在须弥峰,为人所推堕,念彼观音力,如日虚空住。或被恶人逐,堕落金刚山,念彼观音力,不能损一毛。或值怨贼绕,各执刀加害,念彼观音力,咸即起慈心。或遭王难苦,临刑欲寿终,念彼观音力,刀寻段段坏。或囚禁枷锁,手足被杻械,念彼观音力,释然得解脱。咒诅诸毒药,所欲害身者,念彼观音力,还著于本人。或遇恶罗刹，毒龙诸鬼等，念彼观音力，时悉不敢害。若恶兽围绕，利牙爪可怖，念彼观音力，疾走无边方。蚖蛇及蝮蝎，气毒烟火然，念彼观音力，寻声自回去。云雷鼓掣电，降雹澍大雨，念彼观音力，应时得消散。众生被困厄，无量苦逼身，观音妙智力，能救世间苦。具足神通力，广修智方便，十方诸国土，无刹不现身。种种诸恶趣，地狱鬼畜生，生老病死苦，以渐悉令灭。真观清净观，广大智慧观，悲观及慈观，常愿常瞻仰。无垢清净光，慧日破诸暗，能伏灾风火，普明照世间。悲体戒雷震，慈意妙大云，澍甘露法雨，灭除烦恼焰，争讼经官处，怖畏军阵中，念彼观音力，众怨悉退散。妙音观世音，梵音海潮音，胜彼世间音，是故须常念，念念勿生疑。观世音净圣，于苦恼死厄，能为作依怙。具一切功德，慈眼视众生，福聚海无量，是故应顶礼。

尔时，持地菩萨即从座起，前白佛言："世尊，若有众生，闻是观世音菩萨品，自在之业普门示现神通力者，当知是人功德不少。"

佛说是普门品时，众中八万四千众生，皆发无等等阿耨多罗三藐三菩提心。

【白话】

这时，无尽意菩萨以偈颂格式重问道："具足各种妙相的世尊啊，我现在再问一问那位观世音菩萨，这位佛子以什么因缘而名叫观世音呢？"

具足各种妙相的世尊也以偈颂格式回答无尽意菩萨说："你

听着，观世音菩萨的行持，善于应化于十方一切处所。他救度众生的宏誓就像大海一样深厚，即使经历许多劫数，也很难思议其程度。他奉持过千亿那么多的佛，并发下了清净的大愿。我现在为你略加讲述，如果听到观世音的名字，见到观世音的身相，心中不停地念诵菩萨的名号，那么就可以消灭三界中的各种苦难。假使有谁兴起害人之心，把某人推落到大火坑中，通过念诵那个观音名号所获得的感应之力，就可使火坑变成清凉的水池。或者有人漂流于大海之中，遇到毒龙、大鱼及各种鬼怪的灾难，通过念诵观音的名号所获得的感应之力，即使再大的波浪也淹没不了他。或者当某人在须弥山峰上，被人推下山崖，通过念诵观音菩萨名号所获得的感应之力，就可使他像太阳住在虚空一样堕落不下。或者某人被坏人追逐，跌落到金刚山下，通过念诵那个观音菩萨名号所获得的感应之力，就可使他不损一毛。或者有人遇到怨贼包围，各自持刀加害于他，通过念诵那个观音菩萨名号所获得的感应之力，就可使所有的怨贼立即生出仁慈之心。或者有人遭受国王相加的危难之苦，死亡即将临头时，通过虔诚念诵那位观音菩萨名号所获得的感应之力，就可使行刑之刀接连断成几截。或者有人被枷锁囚禁起来，手与足均被镣铐束缚，通过念诵那位观音菩萨名号所获得的感应之力，就可使他获释而得到解脱。如果有人遇到诅咒或各种毒药加害其身，通过念诵那位观音菩萨名号所获得的感应之力，就可使这些诅咒和毒药不但不能害他，而且还会反回去加于诅咒与投毒之人。

"如果有人遇到凶恶的罗刹鬼以及毒龙和其他鬼怪等，通过念诵那位观音菩萨名号所获得的感应之力，就可即时使它们全都不敢加害。如果某人被凶恶的野兽包围，这些野兽露出锐利的牙齿和爪子，十分可怖，通过念诵观音菩萨名号所获得的感应之力，就可使这些野兽迅速跑到天边的远方。如果有人遇到蚖蛇、蝮蛇和蝎子，被如同燃烧着的烟火一样剧烈的毒气所威胁，通过念诵观音菩萨的名号所获得的感应之力，就可使这些毒虫闻声而各自退回。如果遇到乌云密布，打雷闪电，降下冰雹或倾盆大雨，通过念诵那位观音菩萨名号所获得的感应之力，就可使这种状况即时得到消散。

"众生深陷于困苦危厄之中，无量无数的痛苦逼迫其身心。观音菩萨的妙智力能够救度世间的苦难。观音菩萨具足神通之力，广泛修习智慧与方便的法门，在十方的所有国土之中，无处不现其身。各种恶道，即地狱、饿鬼、畜生以及善道中的生、老、病、死等各种痛苦，观音菩萨都可逐渐使其全部消灭。观音菩萨具备看破外相的真空观、毫不执着的清净观、广大圆满的智慧观，还具备拔除众生一切苦的悲观和给予众生一切乐的慈观，所以，你们应当时常祝愿，时常瞻仰观音菩萨。观音菩萨远离一切尘垢，所以才会有微妙的清净之光。他的智慧像太阳一样把一切黑暗全都照破了，把一切风火之灾都降伏了，从而使其智慧之光遍照一切世间。观音菩萨由持戒而获得的大悲之法体如同天雷震动一样，观音菩萨的慈悲心怀好似天上的彩云一样微妙，从而降下了甘露般的法雨，灭除了众生心头的烦恼之焰。如果争斗诉讼到官府那里，或者在两军阵前的恐惧之中，通过念诵那位观音菩萨名号所获得的感应之力，就可使一切怨恨全都退散。

"观世音菩萨具有微妙的声音，就像其本身的名号之音一样。观世音的音声不但微妙，而且清净，犹如大海的潮音。观世音菩萨的声音胜过了世间所有的声音，所以，你们要经常念诵观世音，每念一下都不生出疑惑之心。观世音菩萨这位清净的圣者，能在众生遇到痛苦烦恼之时，或面临死亡危险之时，作为众生的依靠。他具备了一切功德，以慈父的眼光看待一切众生，所修的福德像众水聚成大海一样无边无量，所以，你们应该顶礼膜拜观音菩萨。"

这时，持地菩萨从座位上站起来，走向前来对释迦牟尼佛说："世尊，若有众生听到这篇《观世音菩萨品》，知道观音菩萨自在无碍的业行，了解观音菩萨广开无量法门，示现各种神通之力以救度众生，那么，我们就应当知道，此人所获得的功德的确不少。"

释迦牟尼佛讲说这篇《普门品》时，参加法会的大众中有八万四千众生都发下了求证至高无上圣智的誓愿。

陀罗尼品第二十六

【经文】

尔时,药王菩萨即从座起,偏袒右肩,合掌向佛而白佛言:"世尊,若善男子、善女人有能受持法华经者,若读诵通利,若书写经卷,得几所福?"

佛告药王:"若有善男子、善女人供养八百万亿那由他恒河沙等诸佛,于汝意云何,其所得福宁为多否?""甚多,世尊。"佛言:"若善男子、善女人能于是经乃至受持一四句偈,读诵、解义、如说修行,功德甚多。"

尔时,药王菩萨白佛言:"世尊,我今当与说法者陀罗尼咒以守护之。"即说咒曰:

安尔。曼尔。摩祢。摩摩祢。旨隶。遮黎第。赊咩。赊履多玮。羶帝。目帝。目多履。娑履。阿玮娑履。桑履。娑履。叉裔。阿叉裔。阿耆腻。羶帝。赊履。陀罗尼。阿庐伽婆娑簸蔗毗叉腻。祢毗剃。阿便哆逻祢履剃。阿亶哆波隶输地。欧究隶。牟究隶。阿罗隶。波罗隶。首迦差。阿三磨三履。佛陀毗吉利袠帝。达磨波利差帝。僧伽涅瞿沙祢。婆舍婆舍输地,曼哆逻。曼哆逻叉夜多。邮楼哆邮楼哆㤭舍略,恶叉逻。恶叉冶多冶。阿婆卢。阿摩若那多夜。

"世尊,是陀罗尼神咒,六十二亿恒河沙等诸佛所说,若有侵毁此法师者,则为侵毁是诸佛已。"时,释迦牟尼佛赞药王菩萨言:"善哉!善哉!药王,汝悯念拥护此法师故,说是陀罗尼,于诸众生,多所饶益。"

【白话】

这时,药王菩萨从座位上站起来,他身披袒露右肩的袈裟,双手合十,向释迦牟尼佛致礼,开口言道:"世尊,如果有善男子、善女人能够受持这部《法华经》,或者非常流利地阅读背诵或者抄写经卷,那么,他们能得到多少福呢?"

释迦牟尼佛告诉药王菩萨说:"如果有善男子、善女人供养与八百万亿兆恒河的所有沙数相等那么多的如来佛,在你看来,他所获得的福报多不多呢?"药王菩萨回答说:"非常多,世尊。"释迦牟尼佛说:"如果善男子、善女人能在此经中甚至只受持一首四句偈颂,对其读诵、解释,并按其所说义理修行,那么,此人的功德也同样是很多的。"

这时,药王菩萨对释迦牟尼佛说:"世尊,我现在应当给讲说《法华经》的法师说陀罗尼神咒,以守护他们。"于是,药王菩萨便说出了如下神咒:

安尔。曼尔。摩祢。摩摩祢。旨隶。遮黎第。赊咩。赊履多玮。羶帝。目帝。目多履。娑履。阿玮娑履。桑履。娑履。叉裔。阿叉裔。阿耆腻。羶帝。赊履。陀罗尼。阿卢伽婆娑簸蔗毗叉腻。祢毗剃。阿便哆逻祢履剃。阿亶哆波隶输地。欧究隶。牟究隶。阿罗隶。波罗隶。首迦差。阿三磨三履。佛陀毗吉利袠帝。达磨波利袠帝。僧伽涅瞿沙祢。婆舍婆舍输地。曼哆逻,曼哆逻叉夜多，邮楼哆。邮楼哆㤭舍略。恶叉逻。恶叉冶多冶。阿婆庐。阿摩若那多夜。

说完以上咒语，药王菩萨又对释迦牟尼佛说："世尊，这个陀罗尼神咒乃是过去六十二亿恒河沙数那么多的如来佛所说出来的，如果有谁侵扰诋毁这位说《法华经》的法师，那他就是侵扰诋毁这些如来佛。"这时，释迦牟尼佛称赞药王菩萨说："善哉！善哉！药王，你怜悯、关怀、拥护讲说《法华经》的法师，所以才说出这个陀罗尼神咒，这对于所有的众生，都是大有裨益的。"

【经文】

尔时，勇施菩萨白佛言："世尊，我亦为拥护读诵受持法华经者，说陀罗尼。若此法师得是陀罗尼，若夜叉、若罗刹、若富单那、若吉蔗、若鸠槃荼、若饿鬼等，伺求其短，无能得便。"即于佛前说咒曰：

座隶。摩诃座隶。郁枳。目枳。阿隶。阿罗婆第。涅隶第。涅隶多婆第。伊致柅。韦致柅。旨致柅。涅隶墀柅。涅犁墀婆底。

"世尊，是陀罗尼神咒，恒河沙等诸佛所说，亦皆随喜。若有侵毁此法师者，则为侵毁是诸佛已。"

尔时，毗沙门天王护世者白佛言："世尊，我亦为悯念众生，拥护此法师故，说是陀罗尼。"即说咒曰：

阿梨。那梨。㝹那梨。阿那庐。那履。拘那履。

"世尊，以是神咒，拥护法师，我亦自当拥护持是经者，令百由旬内，无诸衰患。"

尔时，持国天王在此会中，与千万亿那由他乾闼婆众，恭

敬围绕,前诣佛所,合掌白佛言:"世尊,我亦以陀罗尼神咒,拥护持法华经者。"即说咒曰:

阿伽祢。伽祢。瞿利。乾陀利。栴陀利。

摩蹬耆。常求利。浮楼莎柅。頞底。"世尊,是陀罗尼神咒,四十二亿诸佛所说。若有侵毁此法师者,则为侵毁是诸佛已。"

【白话】

这时,一位名叫勇施的菩萨对释迦牟尼佛说:"世尊,我也为拥护、读诵、受持《法华经》的法师们说一个陀罗尼神咒。如果这些法师得到了这个陀罗尼神咒,那么,即使遇到或者夜叉鬼,或者罗刹鬼,或者富单那鬼,或者吉蔗鬼,或者鸠槃茶鬼,或者饿鬼,不论这些恶鬼如何寻找他们的短处,他们也不会为恶鬼留下可乘之机。"于是,勇施菩萨便在释迦牟尼佛前说出如下咒语:

痤隶。摩诃痤隶。郁枳。目枳。阿隶。阿罗婆第。涅隶第。涅隶多婆第。伊致柅。韦致柅。旨致柅。涅隶墀柅。涅犁墀婆底。

说完如上咒语,勇施菩萨又对释迦牟尼佛说:"世尊,这个陀罗尼神咒是与恒河沙数一样多的如来佛所说的,而且,这些如来佛都随顺此咒,心生欢喜。如果有谁侵扰诋毁这些讲说《法华经》的法师,那么,谁就是侵扰诋毁了这恒河沙数一样多的如来佛。"

这时,四大天王中守护北方世界毗沙门天王对释迦牟尼佛说:"世尊,我也为了怜悯、关怀众生,拥护讲说《法华经》的法师,而说一个陀罗尼神咒。"于是,这位天王便说出如下咒语:

阿梨。那梨。菟那梨。阿那庐。那履。拘那履。

说完如上咒语,毘沙门天王又对释迦牟尼佛说:"世尊,除了用这种神咒拥护讲说《法华经》的法师外,我自己本身也应当拥护受持这部经典的所有众生,使他们在一百由旬之内,没有任何衰退与祸患。"

那时,四大天王中的持国天王,也在法华会上,他与恭敬围绕在他身边的千万亿兆乾闼婆神走到释迦牟尼佛的面前,双手合掌,对佛说道:"世尊,我也以陀罗尼神咒来拥护受持《法华经》的法师。"于是,持国天王说出如下咒语:

阿伽祢。伽祢。瞿利。乾陀利。栴陀利。摩蹬耆。常求利。浮楼莎柅。頞底。

说完以上咒语,持国天王又对释迦牟尼佛说:"这个陀罗尼神咒,是从前四十二亿位如来佛所说的。如果谁侵扰诋毁这些受持《法华经》的法师,那谁就等于是侵扰诋毁了这四十二亿如来佛。"

【经文】

尔时,有罗刹女等,一名蓝婆,二名毘蓝婆,三名曲齿,四名华齿,五名黑齿,六名多发,七名无厌足,八名持璎珞,九名皋帝,十名夺一切众生精气。是十罗刹女与鬼子母并其子及眷属,俱诣佛所,同声白佛言:"世尊,我等亦欲拥护读诵受持法华经者,除其衰患。若有伺求法师短者,令不得便。"即于佛前而说咒曰:

伊提履。伊提泯。伊提履。阿提履。伊提履。泥履。泥履。泥履。泥履。泥履。楼醯。楼醯。楼醯。楼醯。多醯。多醯。多醯。兜醯。菟醯。

"宁上我头上，莫恼于法师。若夜叉、若罗刹、若饿鬼、若富单那、若吉蔗、若毗陀罗、若犍驮、若乌摩勒伽、若阿跋摩罗、若夜叉吉蔗、若人吉蔗、若热病，若一日、若二日、若三日、若四日乃至七日，若常热病，若男形、若女形、若童男形、若童女形，乃至梦中，亦复莫恼。"即于佛前，而说偈言：

若不顺我咒，恼乱说法者，
头破作七分，如阿梨树枝。
如杀父母罪，亦如压油殃，
斗秤欺诳人，调达破僧罪。
犯此法师者，当获如是殃。

诸罗刹女说此偈已，白佛言："世尊，我等亦当身自拥护受持、读诵、修行是经者，令得安稳，离诸衰患，消众毒药。"

佛告诸罗刹女："善哉！善哉！汝等但能拥护受持法华名者，福不可量，何况拥护具足受持、供养经卷，花、香、璎珞、末香、涂香、烧香、幡盖、伎乐；然种种灯：酥灯、油灯、诸香油灯、酥摩那花油灯、蒼卜花油灯、婆师迦花油灯、优钵罗花油灯，如是等百千种供养者。皋帝，汝等及眷属应当拥护如是法师。"

说是陀罗尼品时，六万八千人得无生法忍。

【白话】

这时，法会中有十位罗刹女，第一位名叫蓝婆，第二位名叫毗蓝婆，第三位名叫曲齿，第四位名叫华齿，第五位名叫黑齿，第六位名叫多发，第七位名叫无厌足，第八位名叫持璎珞，第九位名叫皋帝,第十位名叫夺一切众生精气。这十位罗刹女与鬼子母及其儿子与眷属一同来到佛的面前,同声对佛说道:"世尊,我们也想拥护那些读诵、受持《法华经》的法师,以消除他们的衰退与祸患。如果有谁寻找法师的短处,使他们不能得逞。"于是,这位罗刹女等便在释迦牟尼佛前说出如下咒语:

伊提履。伊提泯。伊提履。阿提履。伊提履。泥履。泥履。泥履。泥履。泥履。楼醯。楼醯。楼醯。楼醯。多醯。多醯。多醯。兜醯。菟醯。

说完如上咒语,罗刹女等又继续说:"我们宁愿诸鬼在我们头上为所欲为,也不让他们去扰乱受持《法华经》的法师。这些恶鬼,如夜叉鬼、罗刹鬼、饿鬼、富单那鬼、吉蔗鬼、毗陀罗鬼、犍驮鬼、乌摩勒伽鬼、阿跋摩罗鬼、夜叉吉蔗鬼、人吉蔗鬼、热病鬼。假使在一日、二日、三日,四日甚至七日之中,常有热病鬼出没,不论其以男形还是女形,不论其以童男形还是童女形,甚至在梦中,都不能扰乱这些受持《法华经》的法师。"

罗刹女等又在释迦牟尼佛前说偈语道:"如果谁不顺从我的咒语,扰恼讲说《法华经》的法师,那么,谁的头就会被破成七份,就像阿梨树枝一样坠落于地上,破碎为七片。如同杀父母的大罪,也如同压油压死其他生命的灾殃,以大斗小秤来欺骗他人所获致的恶报,也好像提婆达多破坏僧团的罪业,凡是侵犯这位讲说《法华经》的法师的众生,就会获致如上这些灾殃。"

罗刹女们说完这些偈语之后,对释迦牟尼佛说:"世尊,我们也应当亲自拥护那些受持、读诵《法华经》并依《法华经》而修行的法师,使他们身心得到安稳,远离各种衰退与祸患,消除各种害人的毒药。"

释迦牟尼佛告诉罗刹女们说:"善哉!善哉!你们即使仅仅拥护那些受持《法华经》的名字的人,所获得的福报已不可限量,何况拥护那些受持整个《法华经》并供养经卷的人。这些供养经卷的人,或者以鲜花、香料、璎珞供养,或者以末香、涂香、烧香供养,或者以宝幡、宝盖、歌舞供养,或者点燃各种油灯供养,如酥油灯、香油灯、酥摩那花油灯、蘑菖花油灯、婆师迦花油灯、优钵罗花油灯。诸如此类通过成百上千种方式来供养《法华经》的法师,皋帝,你们这些鬼众与眷属应当拥护这些法师。"

释迦牟尼佛说这篇《陀罗尼品》时,法会中有六万八千人获得了安住不生不灭之实相理体的无生法忍。

妙庄严王本事品第二十七

【经文】

尔时,佛告诸大众:"乃往古世、过无量无边不可思议阿僧祇劫,有佛名云雷音宿王华智、多陀阿伽度、阿罗诃、三藐三佛陀,国名光明庄严,劫名喜见。彼佛法中有王,名妙庄严,其王夫人,名曰净德。有二子,一名净藏,一名净眼。是二子有大神力,福德智慧,久修菩萨所行之道,所谓檀波罗蜜、尸罗波罗蜜、羼提波罗蜜、毗离耶波罗蜜、禅波罗蜜、般若波罗蜜、方便波罗蜜、慈、悲、喜、舍乃至三十七品助道法,皆悉明了通达。又得菩萨净三昧:日星宿三昧、净光三昧、净色三昧、净照明三昧、长庄严三昧、大威德藏三昧。于此三昧,亦悉通达。

"尔时,彼佛欲引导妙庄王及愍念众生故,说是法华经。时,净藏、净眼二子到其母所,合十指爪掌白言:'愿母往诣云雷音宿王华智佛所,我等亦当侍从、亲近、供养、礼拜。所以者何?此佛于一切天人众中说法华经,宜应听受。'母告子言:'汝父信受外道,深著婆罗门法,汝等应往白父,与共俱去。'净藏、净眼合十指爪掌白母:'我等是法王子,而生此邪

见家。'母告子言：'汝等当忧念汝父，为现神变，若得见者，心必清净，或听我等，往至佛所。'

"于是，二子念其父故，涌在虚空，高七多罗树，现种种神变，于虚空中行、住、坐、卧。身上出水，身下出火；身下出水，身上出火。或现大身，满虚空中；而复现小，小复现大。于空中灭，忽然在地。入地如水，履水如地。现如是等种种神变，令其父王心净信解。

"时，父见子神力如是，心大欢喜，得未曾有，合掌向子言：'汝等师为是谁？谁之弟子？'二子白言：'大王，彼云雷音宿王华智佛，今在七宝菩提树下法座上坐，于一切世间天人众中广说法华经，是我等师，我是弟子。'父语子言：'我今亦欲见汝等师，可共俱往。'

【白话】

这时，释迦牟尼佛告诉法华会上的大众说："远古之世，从现在向过去追溯无量无边不可思议阿僧祇那么多的劫数，那时，有一位佛名叫云雷音宿王华智，同时具足如来、应供、正遍知等各种称号。佛所在的国土，名叫光明庄严，所处的时劫，名叫喜见。在这位如来佛的法化范围之中，有一位国王，名叫妙庄严，国王的夫人名叫净德。妙庄严王有两个儿子，一个名叫净藏，一个名叫净眼。这两位儿子皆有很大的神通之力，福德与智慧同时兼备。他们很久以来就修大乘菩萨所行的道法，即所谓布施波罗蜜、持戒波罗蜜、忍辱波罗蜜、精进波罗蜜、禅定波罗蜜、般若波罗蜜、方便波罗蜜，还有大慈、大悲、大喜、大舍直至三十七品助道法，他们全都明了而通达。净藏和净眼二位王子还证得了大乘菩萨的各种清净妙定，如：日星宿妙定、净光妙定、净色妙定、净照明妙定、长庄严妙定、大威德藏妙定。对于这些妙定，二王子也都能通达无碍。

"当时，那位云雷音宿王华智佛欲引导妙庄严王并出于对一切众生怜愍关怀的缘故，所以便开讲这部《法华经》。这时，净藏、净眼两位王子来到他们母亲的住所，双手合十，对母亲说：'愿母后前去云雷音宿王华智佛那里，我们也应当随您一同前去，以便侍从、亲近、供养、礼拜这位如来佛。为什么呢？因为此佛在所有天神与人类大众中讲说《法华经》，所以我们应该前去聆听受教。'母亲告诉儿子说：'你们的父亲信受外道，深深地执着于婆罗门教法。你们应该前去告诉父亲，让他与我们一同去。'净藏、净眼双手合十，对母亲说：'我们是法王如来佛的弟子，竟生在这个执持邪见的家庭。'母亲净德后告诉两位儿子说：'你们应当为父亲感到担忧，为父亲多想想。若能为父亲示现种种神通变化，他看见以后，内心会清净，那时，他或许会听我们的劝告，与我们一同到佛的住所听闻佛法。'

"于是，两位王子出于对父亲的关怀忆念，便以神通力，涌向空中，距地面有七棵多罗树那么高。二人在空中示现出各种神变景象，他们在空中行走、站立、打坐、睡卧。一会儿身上出水，身下出火；一会儿身下出水，身上出火。有时又示现巨大的身躯，以至遍满整个虚空；忽而他们又示现小身，又由小身变为大身。甚至又在虚空中消失，忽然间，却处在地上。能像入水一样进入地中，又能像走平地一样行走在水面。他们示现这些神变，以使父王心地清净，能生信解佛法之心。

"这时，父亲看见儿子有这般神通之力，心中十分欢喜，深感此乃从未有过的奇事。于是妙庄严王双手合掌对儿子说：'你们的师父是谁？你们是谁的弟子？'两位儿子回答说：'大王，那位云雷音宿王华智佛现在正在七宝菩提树下的法座上坐着，在一切世间的天神与人类大众中广泛演说《法华经》。此佛是我们的师父，我们是他的弟子。'父亲对儿子说：'我现在也想拜见你们的师父，我们可以一同前往。'

【经文】

"于是，二子从空中下，到其母所，合掌白母：'父王今已信解，堪任发阿耨多罗三藐三菩提心。我等为父已作佛事，愿母见听，于彼佛所出家修道。'尔时，二子欲重宣其意，以偈白母：

愿母放我等，出家作沙门，诸佛甚难值，我等随佛学。如优昙钵花，值佛复难是，脱诸难亦难，愿听我出家。

"母即告言：'听汝出家，所以者何？佛难值故。'于是二子白父母言：'善哉！愿时往诣云雷音宿王华智佛所，亲近供养。所以者何！佛难得值，如优昙钵罗花，又如一眼之龟，值浮木孔。而我等宿福深厚，生值佛法，是故，父母当听我等，令得出家。所以者何？诸佛难值，时亦难遇。'

"彼时，妙庄严王后宫八万四千人，皆悉堪任受持是法华经。净眼菩萨于法华三昧久已通达，净藏菩萨已于无量百千万亿劫通达离诸恶趣三昧，欲令一切众生离诸恶趣故。其王夫人得诸佛集三昧，能知诸佛秘密之藏。二子如是以方便力善化其父，令心信解，好乐佛法。

"于是，妙庄严王与群臣眷属俱，净德夫人与后宫采女眷属俱，其王子与四万二千人俱，一时共诣佛所。到已，头面礼足，绕佛三匝，却住一面。尔时，彼佛为王说法，示教利喜。王大欢悦。尔时，妙庄严王及其夫人，解颈真珠璎珞，价值百千，以散佛上，于虚空中化成四柱宝台，台中有大宝床，敷百千万天衣，其上有佛，结跏趺坐，放大光明。尔时，妙庄严王作是念，佛身希有，端严殊特，成就第一微妙之色。

"时，云雷音宿王华智佛告四众言：'汝等见是妙庄严王于我前合掌立否？此王于我法中作比丘，精勤修习，助佛道法，当得作佛，号娑罗树王，国名大光，劫名大高王。其娑罗树王佛，有无量菩萨众及无量声闻，其国平正，功德如是。'其王即时以国付弟，与夫人、二子并诸眷属，于佛法中出家修道。

【白话】

"于是，两位王子从空中下来，来到他们母亲的住所，双手合掌，对母亲说：'父王现已信解佛法，可以在此基础上发下求证至高无上之圣智的誓愿。我们已为父亲作了佛事，愿母亲允许我们在那位如来佛的住所出家修道。'

"这时，两位王子欲重申其意，便以偈颂格式向母亲复述道：'愿母亲放我们出家作沙门。诸佛很难遇到，现在有佛出世，我们要去随佛学习。就好像三千年才开一次的优昙钵罗花，很难遇到，要遇到佛也是这样的难啊！救世的佛陀难遇，要脱离各种苦难也就很难很难。所以，愿母亲允许我们出家。'

"母亲便告诉儿子说：'我同意你们出家，为什么呢？因为佛陀千载难逢啊。'于是，两位儿子对父母双亲说：'善哉！愿我们即时前去云雷音宿王华智佛的住所，亲近、供养这位如来佛。为什么呢？因为佛难得遇，就像优昙钵罗花历久才得一现一样，又像独眼之龟在大海上要找一个浮木的小孔一样。可由于我们先世已种下了深厚的善根，有了这样好的福报，今生得以遇到佛法，所以，父母应当允许我们的请求，使我们得以出家。为什么呢？因为诸佛难遇，时机也是千载难逢。'

"那时，妙庄严王后宫的八万四千宫女都已能够受持这部《法华经》。净眼菩萨很久以来就已通达了法华三昧，净藏菩萨已在无量百千万亿劫那么长的岁月中，为了使一切众生远离各种恶道，通达了离诸恶道的妙定。国王夫人净德也获得了名叫诸佛集的妙定，能够知晓诸佛的秘密法藏。两位王子就这样，以方便法门的力量，谆谆善诱，化导了他们的父亲，使其产生了相信并了解佛法的心意，从而喜爱上了佛法。

"于是，妙庄严王与群臣及其眷属一起，净德夫人与后宫嫔妃及其眷属一起，两位王子与四万二千人一起，大家一时间都动身前往佛的住所。到达佛的住所以后，他们向佛行头面礼足的顶礼，绕佛三周，退而站在一旁。这时，那位云雷音宿王华智佛向国王说法，开示教法，赐以利乐。国王听后，十分高兴。这时，妙庄严王及其夫人便解下脖子上的珍珠、璎珞，把这些价值百千黄金的珍宝散在佛的身上。这些珍珠、璎珞在虚空中化成有四根柱子的宝台，台中有一宽大的宝床，宝床上敷盖着百千万种天衣，天衣上有一位如来佛，正在双膝打坐，身放出耀眼的光明。这时，妙庄严王心想，佛身真是稀有难得，端庄威严，奇特无比，成就了最为微妙的色身宝相。

"这时，云雷音宿王华智佛对四众弟子说：'你们看见这位妙庄严王在我面前合掌站立着吗？此国王将在我的佛法中作比丘，他精勤修习，助佛弘道，日后必将成佛，佛号为娑罗树王，国名叫大光,劫名叫大高王。这位娑罗树王佛拥有无数菩萨大众和无数声闻弟子。他的佛国平坦方正。他的功德就是如此的巨大。'这位妙庄严王便立即把国家交付给弟弟治理,自己与夫人、两位王子和所有眷属们,在佛法中出家修道。

【经文】

"王出家已,于八万四千岁常勤精进,修行妙法莲华经。过是已后,得一切净功德庄严三昧。即升虚空,高七多罗树,而白佛言:'世尊,此我二子已作佛事,以神通变化转我邪心,令得安住于佛法中,得见世尊。此二子者,是我善知识,为欲发起宿世善根,饶益我故,来生我家。'

"尔时,云雷音宿王华智佛告妙庄严王言:'如是!如是!如汝所言,若善男子,善女人种善根故,世世得善知识。其善知识能作佛事,示教利喜,令入阿耨多罗三藐三菩。大王当知,善知识者,是大因缘,所以化导令得见佛,发阿耨多罗三藐三菩提心。大王,汝见此二子否?此二子已曾供养六十五百千万亿那由他恒河沙诸佛,亲近恭敬于诸佛所,受持法华经。愍念邪见众生,令住正见。'

"妙庄严王即从虚空中下,而白佛言:'世尊,如来甚希有!以功德智慧故,顶上肉髻,光明显照。其眼长广,而绀青色。眉间毫相,白如珂月。齿白齐密,常有光明。唇色赤好,如频婆果。'尔时,妙庄严王赞叹佛如是等无量百千万亿功德已,于如来前,一心合掌,复白佛言:'世尊,未曾有也!如来之法,具足成就不可思议微妙功德,教戒所行,安稳快善。我从今日，不复自随心行，不生邪见、憍慢、瞋恚诸恶之心。'说是语已，礼佛而出。"

佛告大众："于意云何？妙庄严王岂异人乎？今华德菩萨是。其净德夫人，今佛前光照庄严相菩萨是，哀愍妙庄严王及诸眷属故，于彼中生。其二子者，今药王菩萨、药上菩萨是。是药王、药上菩萨，成就如此诸大功德，已于无量百千万亿诸佛所植众德本，成就不可思议诸善功德。若有人识是二菩萨名字者，一切世间诸天、人民亦应礼拜。"

佛说是妙庄严王本事品时，八万四千人远离尘垢，于诸法中得法眼净。

【白话】

"国王出家以后，在长达八万四千年之中，勤奋不息，精进不息，依《妙法莲华经》从事修行。经过如此长时间的修行之后，妙庄严王获得了名叫一切净功德庄严三昧的妙定神力。于是，妙庄严王升上虚空中，距地面高达七棵多罗树。他在空中对云雷音宿王华智佛说：'世尊，我的两个儿子在过去已经大作佛事，从而获得了许多神通妙用。他们以神通变化的方式转变了我的邪心，使我得以安住于佛法之中，得以见到世尊。这两位儿子是我的良师，他们为发起我前世种下的善根，为使我从佛法中蒙益受惠，故而前来投生于我家。'

"这时，云雷音宿王华智佛对妙庄严王说：'是这样！是这样！正像你所说的，如果善男子、善女人能够种下善根，那么，他们每一世都可以得到良师的指点。他所遇到的良师能大作佛事，指示众生，教化众生，使众生获得利乐，并最终证入至高无上的圣智。大王，你应当知道，良师益友是一个非常重要的因缘，他能教化指导众生使其得以见到佛陀，并发了求证至高无上之圣智的心愿。大王，你看见你的这两位儿子吗？这两个儿子在过去曾供养过六十五百千万亿兆恒河沙那么多的如来佛，对这些佛都表示了亲近和恭敬。在这些佛那里，他们受持《法华经》，怜悯关怀持邪见的众生，使这些众生转而安住于正知正见的佛法中。'

"妙庄严王便从虚空中下来，对云雷音宿王华智佛说：'世尊，如来真是稀有难得，因为有功德，有智慧的缘故，头顶上的肉髻大放光明，照亮了一切。如来的双眼既宽又长，呈绀青之色。如来的两眉之间有非凡的白毫光相，白如珂月一样的清洁。如来的牙齿，洁白，整齐，密实，时常发放光明。如来的唇色像频婆果一样鲜红而润泽。'妙庄严王对佛的这些无量百千万亿种功德大加赞叹之后，在云雷音宿王华智佛面前，一心合掌，又向佛说：'世尊，真是亘古未有啊！如来的教法非常圆满，可以成就不可思议的微妙功德，教戒众生，诸恶莫作，众善奉行，令众生得到安稳和快乐。我从今日起，不再随心所欲，妄自行事，再不生邪见之心，不生骄慢之心，不生瞋恨等各种恶劣之心。'说完这些话后，妙庄严王向佛再次行礼，然后退了出去。"

释迦牟尼佛对法华会上的大众说："在你们看来，妙庄严王难道是旁人吗？他就是现在的华德菩萨。那位净德夫人就是现在站在佛座前的名叫光照庄严相的菩萨。她当年因为哀怜妙庄严王及其所有眷属，所以在这个家中投生。国王的两个儿子，就是现在的药王菩萨和药上菩萨。药王菩萨和药上菩萨成就了如此巨大的功德，他们已于过去在无量百千万亿个如来佛那里种下了各种功德的根子，从而成就了今日不可思议的各种善功与福德。如果有人能识得这两位菩萨的名字,那么一切世间内的所有天神、人民也便应该礼拜这两位菩萨。"

释迦牟尼佛讲说这篇《妙庄严王本事品》时,有八万四千人远离了尘垢,在各种佛法中获得了观察并通晓世间一切现象的法眼清净境界。

普贤菩萨劝发品第二十八

【经文】

尔时,普贤菩萨以自在神通力,威德名闻,与大菩萨无量无边不可称数,从东方来。所经诸国,普皆震动。雨宝莲花,作无量百千万亿种种伎乐。又与无数诸天、龙、夜叉、乾闼婆、阿修罗、迦楼罗、紧那罗、摩睺罗伽、人非人等,大众围绕,各现威德神通之力。到娑婆世界耆阇崛山中,头面礼释迦牟尼佛,右绕七匝,白佛言:"世尊,我于宝威德上王佛国,遥闻此娑婆世界说法华经,与无量无边百千万亿诸菩萨众共来听受,惟愿世尊当为说之。若善男子、善女人于如来灭后,云何能得是法华经?"

佛告普贤菩萨:"若善男子、善女人成就四法,于如来灭后,当得是法华经。一者,为诸佛护念;二者,植众德本;三者,入正定聚;四者,发救一切众生之心。善男子、善女人如是成就四法,于如来灭后,必得是经。"

尔时,普贤菩萨白佛言:"世尊,于后五百岁,浊恶世中,其有受持是经典者,我当守护,除其衰患,令得安稳,使无伺求,得其便者,若魔、若魔子、若魔女、若魔民、若为魔所著者，若夜叉、若罗刹，若鸠槃荼、若毘舍阇、若吉蔗、若富单那、若韦陀罗等，诸恼人者，皆不得便。是人若行、若立，读诵此经，我尔时乘六牙白象王，与大菩萨众俱诣其所，而自现身，供养守护，安慰其心，亦为供养法华经故。是人若坐，思惟此经，尔时，我复乘白象王，现其人前。其人若于法华经有所忘失一句一偈，我当教之，与共读诵，还令通利。尔时，受持读诵《法华经》者，得见我身，甚大欢喜，转复精进。以见我故，即得三昧及陀罗尼，名为旋陀罗尼，百千万亿旋陀罗尼、法音方便陀罗尼，得如是等陀罗尼。

【白话】

这时，以自在无碍的神通之力和声威与德行著称的普贤菩萨，与无量无边不可称数的大菩萨一起，从东方前来这个娑婆世界的耆阇崛山。途中所经诸国，大地普皆震动，天空中像下雨一样散下宝莲之花，并出现了百千万亿种歌舞与音乐。与普贤同行的还有无数天神、龙神、夜叉、乾闼婆、阿修罗、迦楼罗、紧那罗、摩睺罗伽八部神以及人与非人等。他们恭敬地围绕在普贤菩萨的周围，各自都示现出威严、福德与神通之力。普贤率领这些大众来到娑婆世界的耆阇崛山中，向释迦牟尼佛行以己之头礼佛之足的顶礼，又由右向左绕佛七周以示敬拜，然后对佛说："世尊，我在宝威德上王佛的国土中，遥闻娑婆世界正在讲说《法华经》，于是，我便率领无量无边百千万亿的菩萨大众同来听讲领受，惟愿世尊为我们演说。譬如在如来灭度之后，善男子、善女人如何才能得到这部《法华经》呢？"

释迦牟尼佛告诉普贤菩萨说:"如果善男子善女人能够成就四种法,那么,在如来佛灭度之后,他们就可得到这部《法华经》。这四种法是:第一,得到诸佛的爱护与关怀;第二,种下各种福德的根子;第三,进入破除颠倒妄想、必能最终证悟者的行列;第四,发下了救度一切众生的誓愿。善男子、善女人若能如此成就这四种法,那么,就是在如来灭度之后,他们也能得到这部经典。"

这时,普贤菩萨对释迦牟尼佛说:"世尊,在您灭度之后的最后一个五百年中,正处五浊恶世之时,此时如果有受持这部经典的众生,我就会守护他,消除他的衰败与患祸,使他得到安稳,使如下魔鬼无可乘之机,如魔王、魔子、魔女、魔民、为魔附体者、夜叉鬼、罗刹鬼、鸠槃头鬼、毗舍阇鬼、吉蔗鬼、富单那鬼、韦陀罗鬼等等。所有这一切恼人的妖魔鬼怪都没有可乘之机去伤害受持《法华经》的众生。五浊恶世中受持《法华经》的人,不论他行走还是站立,只要他读诵这部经典,我便于那时骑乘长有六牙的白象王,与大菩萨众一起去到他的跟前,然后自己现出身相,供养并守护他,安慰他的心灵,当然这也是为了供养《法华经》。此人如果在打坐中思惟此经,那时,我也会骑乘白象王,现身在他的面前。此人如果对《法华经》中的某句话或某个偈颂一时忘记了,我就去教他,与他一起读诵,使他恢复到流利的程度。那时,受持、读诵《法华经》的人可以看到我的身相,所以,他会极其欢喜,由此更加精进。因为看见我的缘故,他便会得到妙定和总持一切佛法的真言神咒,其名为在法门中旋转自在的旋陀罗尼,共有百千万亿种这样的旋陀罗尼,还有应机说法、方便自在的法音方便陀罗尼。总而言之,他能够得到如此神妙、如此众多的陀罗尼。

【经文】

"世尊,若后世后五百岁浊恶世中,比丘、比丘尼、优婆塞、优婆夷,求索者,受持者,读诵者,书写者,欲修习是法华经,于三七日中,应一心精进,满三七日已,我当乘六牙白象,于无量菩萨而自围绕,以一切众生所喜见身,现其人前而为说法,示教利喜,亦复予其陀罗尼咒。得是陀罗尼故,无有非人能破坏者,亦不为女人之所惑乱,我身亦自常护是人。惟愿世尊听我说此陀罗尼咒。"即于佛前而说咒曰:

阿檀地。檀陀婆地。檀陀婆帝。檀陀鸠舍隶。檀陀修陀隶。修陀隶。修陀罗婆底。佛陀波羶祢。萨婆陀罗尼阿婆多尼。萨婆婆沙阿婆多尼。修阿婆多尼。僧伽婆履叉尼。僧伽涅伽陀尼。阿僧祇。僧伽婆伽地。帝隶阿惰僧伽兜略阿罗帝波罗帝。萨婆僧伽地三摩地伽兰地。萨婆达磨修波利刹帝。萨婆萨埵楼驮忄乔舍略阿㝹伽地。辛阿毘吉利地帝。

"世尊,若有菩萨得闻是陀罗尼者,当知普贤神通之力。若法华经行阎浮提,有受持者,应作此念:'皆是普贤威神力。'若有受持、读诵、正忆念、解其义趣、如说修行,当知是人行普贤行,于无量无边诸佛所,深种善根,为诸如来,手摩其头。若但书写,是人命终,当生忉利天上。是时,八万四千天女作众伎乐而来迎之。其人即著七宝冠,于采女中娱乐快乐。何况受持、读诵、正忆念、解其义趣、如说修行。若有人受持、读诵、解其义趣,是人命终,为千佛授手,令不恐怖,不堕恶趣,即往兜率天上弥勒菩萨所。弥勒菩萨有三十二相,大菩萨众所共围绕,有百千万亿天女眷属,而于中生。有如是等功德利益，是故，智者应当一心自书，若使人书、受持、读诵、正忆念、如说修行。世尊，我今以神通力故，守护是经，于如来灭后阎浮提内，广令流布，使不断绝。"

【白话】

"世尊，如果在后世最后五百年的恶浊之世中，比丘、比丘尼、男居士、女居士中有人求索《法华经》，有人受持《法华经》，有人读诵《法华经》，有人书写《法华经》，总之就是想依据《法华经》而修行，那么，他们就应该在三个七日即二十一天之内，专心致志，精进不息。满二十一天后，我将骑乘六牙白象，在无数菩萨的围绕下，以一切众生所喜欢看见的身相，显现在他们的面前，为他们说法，开示、教导他们，使他们获得利乐，同时再给予他们陀罗尼神咒。由于他们获得了这个陀罗尼神咒，所以，不可能再有什么非人的鬼怪之类妖邪之徒来破坏他们，他们由此也不会被女人所迷惑和扰乱，我的法身也会时常亲自守护这些人。现在，就请世尊允许我说这陀罗尼咒。"

于是，普贤菩萨便在释迦牟尼佛前说出如下咒语：

阿檀地，檀陀婆地。檀陀婆帝。檀陀鸠舍隶。檀陀修陀隶。修陀隶。修陀罗婆底。佛陀波膻祢。萨婆陀罗尼阿婆多尼。萨婆婆沙阿婆多尼。修阿婆多尼。僧伽婆履叉尼。僧伽涅伽陀尼。阿僧祇。僧伽婆伽地。帝隶阿惰僧伽兜略阿罗帝波罗帝。萨婆僧伽地三摩地伽兰地。萨婆达磨修波利刹帝。萨婆萨埵楼驮憍舍略阿蕤伽地。辛阿毗吉利地帝。

说完如上咒语，普贤菩萨接着又对释迦牟尼佛说："世尊，如果有哪位菩萨听到这个陀罗尼神咒，那么他应该知道这是普贤菩萨的神通力量所成就的。如果《法华经》流行于人类居住的阎浮提洲，那么，其中受持《法华经》的人就应该这样想：'这全靠普贤菩萨的威神之力。'如果有人受持、读诵《法华经》，并正确无误地忆念，理解经中的义趣，根据经中所说而修行，那么应当知道此人是在修行普贤的行门，这人必然已在无数个佛的住所，深深地种下了善根，并为这些如来佛摩顶授记。如果有人只是抄写《法华经》，那么，此人今生命终之后，将转生于忉利天上。那时，会有八万四千个天女演奏起各种各样的歌舞音乐来迎接他。此人便会戴上七种珍宝所成的宝冠，在众多的美女之中，享受各种娱乐，快乐无比。仅仅抄写经书尚且如此，何况受持、读诵《法华经》，并正确忆念，理解其中义趣，根据经中所说而修行，那福报就更大了。如果有人受持、读诵《法华经》，并理解其中的义趣，那么，此人命终时，会有上千位如来佛为他伸手，使他毫不恐惧，使他不转生堕于诸恶道中，而是往生于兜率天中弥勒菩萨的住所。弥勒菩萨具足三十二种超凡脱俗的妙相，大菩萨们围绕在他的周围，还有百千万亿的天女眷属也生活在这里。既然有如此的功德与利益，所以，有智慧的人应当专心致志地亲自抄写或让别人抄写此经，受持、读诵此经，正确忆念此经，并根据经中所说而修行，世尊，我现在以神通之力守护这部经典，在如来灭度后，将使此经在人类居住的阎浮提洲内，广泛流布，永不断绝。"

【经文】

尔时，释迦牟尼佛赞言："善哉！善哉！普贤，汝能护助是经，令多所众生安乐利益，汝已成就不可思议功德，深大慈悲。从久远来，发阿耨多罗三藐三菩提意，而能作是神通之愿，守护是经。我当以神通力守护能受持普贤菩萨名者。普贤菩萨，若有受持、读诵、正忆念、修习、书写是法华经者，当知是人则见释迦牟尼佛，如从佛口闻此经典；当知是人供养释迦牟尼佛；当知是人，佛赞善哉；当知是人为释迦牟尼佛手摩其头；当知是人为释迦牟尼佛衣之所覆。如是之人，不复贪著世乐，不好外道经书、手笔、亦复不喜亲近其人及诸恶者，若屠儿，若畜猪、羊、鸡、狗、若猎师、若炫卖女色，是人心意质直，有正忆念，有福德力，是人不为三毒所恼，亦复不为嫉妒、我慢、邪慢、增上慢所恼；是人少欲知足，能修普贤之行。

"普贤，若如来灭后，后五百岁，若有人见受持读诵法华经者，应作是念：'此人不久当诣道场，破诸魔众，得阿耨多罗三藐三菩提，转法轮、击法鼓、吹法螺、雨法雨，当坐天人大众中师子法座上。普贤，若于后世受持、读诵是经典者，是人不复贪著衣服、卧具、饮食、资生之物，所愿不虚，亦于现世得其福报。若有人轻毁之言：'汝狂人耳，空作是行，终无所获。'如是罪报，当世世无眼。若有供养赞叹之者，当于今世得现果报。若复见受持是经者，出其过恶，若实，若不实，此人现世得白癞病。若有轻笑之者，当世世牙齿疏缺，丑唇、平鼻、手脚缭戾，眼目角睐，身体臭秽，恶疮、脓血、水腹、短气诸恶重病。是故普贤，若见受持是经典者，当起远迎，当如敬佛。"

说是普贤劝发品时，恒河沙等无量无边菩萨得百千万亿旋陀罗尼，三千大千世界微尘等诸菩萨具普贤道。

佛说是经时，普贤等诸菩萨、舍利弗等诸声闻及诸天、龙、人非人等一切大众，皆大欢喜，受持佛语，作礼而去。

【白话】

这时，释迦牟尼佛称赞普贤菩萨说：

"善哉！善哉！普贤，你能守护《法华经》并帮助其流通于世，使许多地方的众生获得安乐与利益，你已成就了不可思议的功德和大慈大悲的心愿。你从久远的时代以来，立下了求证至高无上之圣智的心愿，所以，才能在今日发下这种神通愿力，表示要永远守护这部《法华经》。我将以神通之力守护那些能受持普贤菩萨名号的人。普贤菩萨，如果有人能受持、读诵、正确忆念、修习、书写这部《法华经》，那么，应当知道，此人就等于是见到了释迦牟尼佛，就好像是从佛的口中亲闻这部经典一样；同时也应当知道，此人就等于在供养释迦牟尼佛；还应当知道，此人为佛所赞叹叫好；另外还应当知道，此人就等于被释迦牟尼佛用手摩顶；最后还应当知道，此人就等于被释迦牟尼佛用佛衣覆盖。像这样的人，已不再贪恋于世俗的享乐，不会喜欢外道的经书和外道的手笔，也不会再去亲近外道信徒和其他各类造作恶业的人，如屠夫、畜养猪羊鸡狗的人、猎人、出卖色相的妓女等；此人心地质朴直率，有正确的心念，有福德的力量；此人不为贪欲、瞋恨、愚痴等三毒所恼乱，也不再为嫉妒、我慢、邪慢以及自以为业已修行证果的增上慢等恶习所恼乱；此人少欲知足，能修行普贤菩萨的行门。

"普贤，如来灭度之后的最后一个五百年，如果有人看见受持、读诵《法华经》的人，那么，他就应该这么想：'此人不久将去道场，破除各类魔众，证得至高无上的圣智，从而成就佛果，并由此而转法轮、击法鼓、吹法螺、雨法雨，此人将在天神和人类大众之中高坐于佛的宝座即狮子法座上教化众生。普贤，如果能在后世受持、读诵这部经典，那么，此人就不会再贪著于衣服、卧床、饭食以及其他生活用品，他就会有求必应，心愿绝不落空，而且还能在现世获得福报。如果有人轻视而诋毁他说：'你真是个疯子，白白地作了这些修行，最终却是一无所获。'此人因为这种诋毁所获得的罪报，将于以后的每一世中，转生为无眼的众生。如果有人见了受持《法华经》的人，对他进行供养和称赞，那么，此人今生就可获得善报。如果还有一部分人看见受持这部经典的人之后，说出人家过去的各种恶行，以进行打击和中伤，那么，不管这种恶行是真的还是假的，这些中伤别人的人现世就会患上白癜病。如果有人轻视讥笑受持《法华经》的人，那么，他所获得的果报是生生世世牙齿疏松、缺漏，口唇丑陋，鼻子扁平，手脚弯曲，双眼歪斜，身上臭秽，并患恶疮、脓血、水肿、气喘等各种重病。所以，普贤，如果见到受持这部经典的人，就应当起身远迎，就像敬拜如来佛一样敬拜他。"

释迦牟尼佛讲说这篇《普贤劝发品》时，与恒河沙数一样无量无边的菩萨获得了百千万亿种名叫旋陀罗尼的自在无碍的总持法门。与三千大千世界所有微尘数一样多的菩萨都完全掌握了普贤菩萨所行的道法。

释迦牟尼佛讲说此经时，普贤等各位大乘菩萨、舍利弗等各位小乘声闻弟子以及各位天神、龙神等八部神众、人及非人的鬼神等法会上的一切大众，都非常欢喜，他们受持了佛所宣说的一切法语，向佛致礼后离开了法会。